U0366362

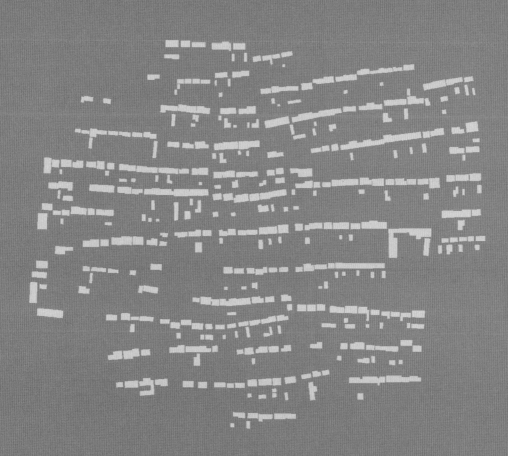

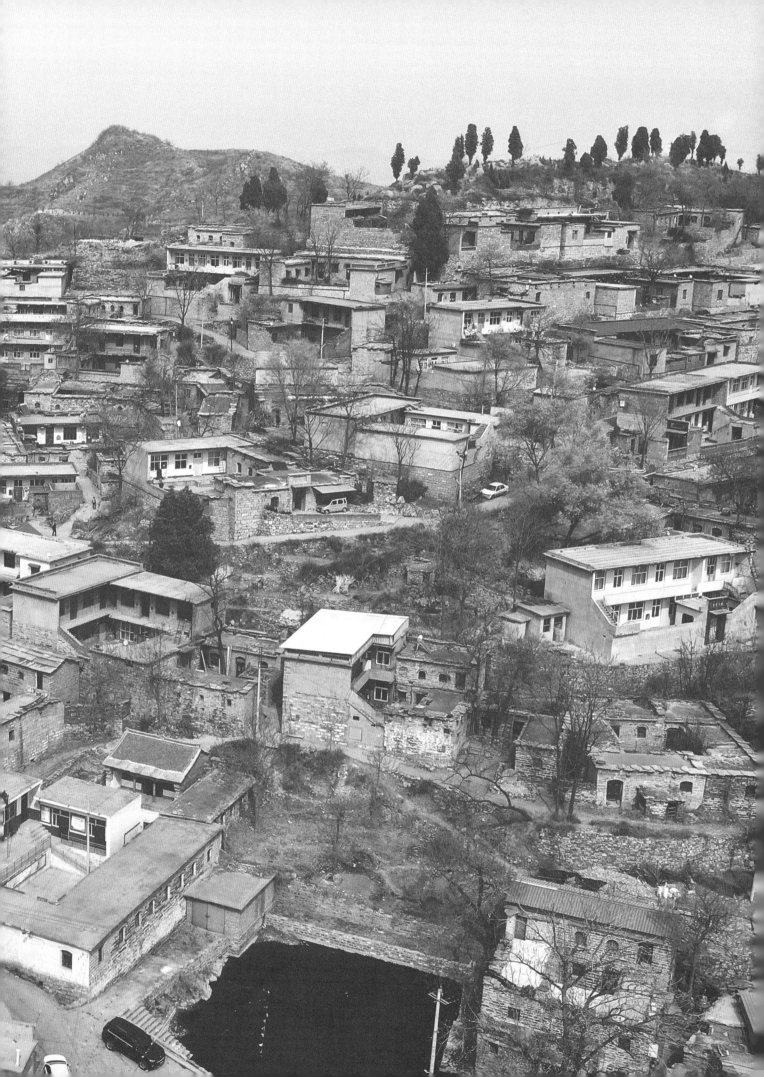

保定府輿地圖

畿輔輿地總圖

聚

落

国家出版基金项目
NATIONAL PUBLICATION FOUNDATION

国家重大出版工程项目
「十三五」国家重点图书

中国传统聚落
保护研究丛书

河北聚落

范霄鹏　著

中国建筑工业出版社

总编委会

《中国传统聚落保护研究丛书　河北聚落》

范霄鹏　　著

审　稿：朱向东

一、引子

中国传统文化将一个地方的环境气候和风俗民情的特质和韵味称为"风土"。《国语·周语上》韦昭注："风土，以音律省土风，风气和则土气养也"，即从当地方言的乡音民谣中便可感知一方土地、民风的文化气息，因而"风土"一词与英文的Vernacular近义。"风"指风习、风俗、风气，"土"指水土、土地、地方，所谓一方水土养育一方人，供奉 方神，从这个意义上，"风土"与西方的"场所精神（Genius Loci）"也有一定的关联性。日本近代哲学家和辻哲郎著有《风土》一书，他对"风土"的定义是自然环境气候诸因素加上"景观"，这里的"景观"应指审美角度的自然和人文两个方面，二者相融合的文化景观就是一种典型的传统聚落。

然而，在当今乡村振兴的时代大潮中，传统聚落最常见的关键词是"乡土"而非"风土"，差不多已约定俗成了。"乡土"一词是中国农耕社会中故乡、家乡、老家和乡下的意思，至今中国社会还延续着这个传统的语义。但中文"乡土"与英文Vernacular的语境存在差异，因为西方并不存在以宗法制为基础的传统乡民社会，其乡村也就不会有类似于中国"乡土"的概念内涵。而乡村的发展前景是要走出农耕语境的乡土，留住文化记忆的乡愁，延续场所精神的风土，再造生态文明的田园。再说自近代以来，乡土并不包括城里的传统聚落，比如北京的胡同，西安、成都、苏州的巷子，上海的弄堂等属于"风土"而非"乡土"的范畴。

自1930年朱启钤先生发起成立中国营造学社以来，在梁思成和刘敦桢两位学科巨擘的引领下，我国建筑界对传统民居和乡土建筑的研究持续推进，成就斐然，形成了传统建筑研究的一大专业领域。但如何使这些研究更多地关联和影响城乡建设的进程，对整个建筑类学科都是一个很大的挑战。

二、中国传统聚落的源流与特征

1. "匝居"与城乡同构

中国传统聚落营造的信史可追溯到商周时期的聚落遗址。其中有关"营造"的最早文字记载见于《诗·大雅·灵台》："经始灵台，经之营之"。这里的"经"，是策划、管控的意思；而"营"，原意即"匝居"，是围而建之的意思，例如"营窟""营市（阛、阓）""营垒""营国"等一系列聚落营造范畴的词汇。因此，古代聚落即以"匝居"的方式，形成血缘的乡村聚落，地缘的城邑聚落，以至作为国家统治中心的都邑聚落——都城。这些华夏聚落以宗庙或祠堂为空间秩序的中心，以城垣壕堑为空间领域的边界，虽层级和功用不同，但从深层构成看却大多同构，保持和发展着"匝居"的聚落营造方式，从而部分地诠释了城乡一体的"亚细亚生产方式"学说。因为，一方面，许多乡村聚落拥有城垣、堡楼、街坊、庙宇等要素，俨如一座座城邑，如从汉代的"坞堡"到明清的庄寨、围堡均是如此；另一方面，城邑甚至都邑虽然看上去坚固伟岸，依然不过是政治权力和经济活动高度集中，等级制度极为森严，壕堑防卫更加严密，水平向扩展开来的巨型村寨而已，是乡村聚落的放大升级版。

2. 聚落原型与变换

从"匝居"的外在方式到聚落的内在构成，可以看到中国传统聚落源于商周"井田制"的"井"字形空间概念及其原型意象。所谓"井田制"，即以王室收取贡赋为目的的土地经营制度和划分方式。如周代王室拥公田，公卿以下据私田，遗有周代理想的营国制度，以百亩为夫，九夫为井，九井为国（都邑）。据此制度，田野的纵横阡陌就演变为聚落内经纬交错的街衢，并围合成闾、里等空间尺度及单位。后世的里坊、厢坊、街坊，以及后来的胡同、街巷和弄堂等都是这样演变而来的。但这一"井"状网格空间原型的聚落并非处处趋同，而是因地制宜，异彩纷呈，依循了"因天材，就地利，故城郭不必中规矩，道路不必中准绳"（《管子·立政篇》）的变通法则，适应地理环境和地貌条件的差异而产生拓扑变换。这就犹如某种语言，尽管"方言"各异，但"句法"和"语义"相通。或许以这样的解读，方可辩异认同、知恒通变，把握住中国传统聚落的结构本质及其演变方向。

3. 水系与聚落分布

中国传统聚落源于近水的邑居，据《史记·五帝本纪》："禹耕历山……一年而所居成聚，二年成邑，三年成都"。其中，对水畔、雷泽、河滨等的劳作场所描述，均寓意了聚落是伴水而生的文化地景。甲骨文中的"邑"字右边旁加三撇表示傍水，即"邕"字的金文来历，同样表示聚落即环水的邑居。除了统治与防卫上的考虑，古代聚落选址的首要地理条件，是必须依傍满足漕运需要，方便物资供给的水系。因此，自上古以来聚落选址一般都位于大河的二级台地或其支流的一级或二级台地上。在物流以漕运为主的古代，这些水系可以说是聚落生存的命脉，对于都城而言尤甚，如长安、洛阳、汴梁（开封）沿黄河及其支流东西走向一字排开，建康（南京）、江都（扬州）濒临江淮，北京（涿郡）和临安（杭州）则处于南北大运河的两端。实际上历代中心聚落——都城在空间上的移动，均因应了文化地理的条件和漕运线路的兴衰，并与社会动荡、族际战争和人口迁徙相伴随。

4. 乡村风土聚落

在中国古代，与城邑聚落不同的是，乡村聚落社会是按血缘关系和经济共同体为纽带所形成的聚居系统，聚族而居的社会秩序和居住形式仰赖宗法制度维系，特别是自宋代以来，程朱理学倡导"敬宗收族"，形成了以祠堂、族田和族谱为核心的宗族组织及其聚居制度，宗法的社会结构更加趋于自组织化。但由于特定地域下的自然环境（如气候、地貌、水土、材料等）和人文环境（如宗法、宗教、数术、仪式等）的差异，聚落中的宗法秩序和空间布局亦有着同中有异的呈现方式，营造活动很少有统一法式的约束，较之城邑营造更加因地制宜，灵活多变，因而在与自然地景融为一体的有机生长中，保留了纯朴的古风和浓郁的地方性，可以说是千姿百态，谱系纷呈，表现了与西方的"场所精神"相类似的地方特质。以下按地理纬度和等降水量线，将中国各地域的聚落建筑分为四个区段。

1）农耕—游牧混合地区，即400毫米等降水量线以北半干旱北方地区的聚落建筑。如昆仑山南北侧和蒙古草原上游牧民族的帐幕、蒙古包；塔里木盆地周缘突厥语族—东伊朗民族的木构平顶阿以旺住宅；青藏高原上的藏式碉房，甘青地区各族建筑元素相混合的"庄窠"式缓坡顶两合院与三合院，以及青藏高原东部边缘的羌式碉房及合院等。

2）西北、华北和东北地区，即400毫米等降水量线以南至800毫米等降水量线以北之间半湿润北方地区的聚落建筑。如豫、晋、陕、甘各式窑洞，木构坡顶及包砖土坯（胡墼）墙房屋组成的晋系狭长四合院；东北、京、冀、鲁、豫木构坡顶、平顶、囤顶建筑构成的宽敞四合院等。

3）西南、江淮、江南地区，即800毫米等降水量线以南湿润地区的聚落建筑，如川、黔、桂、滇地区，以穿斗体系、干阑—吊脚为显著特征的楼居及合院，藏缅语族各民族的"土掌房""一颗印"（"窨子屋"）"三坊一照壁"等合院；湘、赣、闽北地区"四水归堂"的天井合院或"土库"建筑；江淮地区介于南北方之间的合院和圩堡；徽州地区以堂楼为中心，高耸的马头墙、墙厦、精工木雕、楼面地砖为特色的天井合院；江浙地区穿斗—抬梁混合式的多进厅堂和宅园等。

4）华南地区，即大部处于1600毫米等降水量线范围的高湿多雨地区聚落建筑，如闽南、粤北地区客家、潮汕（闽系）聚落以夯土墙和木屋架构成的大厝、土楼、土堡、围龙屋；粤南广府地区大屋、天井、冷巷构成的合院群等。

总体而言，延续至今的乡村传统聚落基本上都是明清以来的遗存，说明经过两晋南北朝开始的由北而南为主流的历次民族、民系大迁徙，明清时期各地乡村建筑相对稳定的地域分布格局已基本形成，可以从民间流传的营造匠书和聚落族谱中得到印证。如元明之际的《鲁般营造正式》、明万历年间的《鲁班经匠家镜》和清末民初的《营造法原》等，对江南地方的民间建筑影响尤其广泛。

至于少数民族地区的乡村传统聚落，因源于不同的文化传统，其构成及相互关系比较复杂，与汉民族聚落也存在交融现象。比如，明清两代逐渐推进"改土归流"，在南方的少数民族地区以"流官"管理制取代"土司"世袭制，推进了汉族与少数民族的异质文化交融，但后者的"熟化"（或"汉化"）程度，大大超过了前者的"夷化"。

自1930年中国营造学社成立以来，在梁思成和刘敦桢两位学科巨擘的引领下，建筑史界对乡土民居的研究成就斐然，形成了传统建筑研究的分支领域。跨世纪以来，建筑史界对传统民居的人文地理背景和建筑形态分布区系已有一些学术探讨，并有过以传统建筑结构类型为主线的地域区划专题研究。但是这些研究成果怎样对城乡改造中的遗产保护难题产生积极影响，还有待实践中的借鉴和运用。

三、城乡改造与传统聚落

1. 消亡中的乡愁载体

自19世纪末以来，直到改革开放之前，传统中国逐渐从农耕文明走向了工业文明，演变进程是相对缓慢曲折的。尽管传统聚落的宗法社会结构已经崩解，但血缘和宗族关系依然得以延续，聚落的空间结构和传统风貌依然大致如故。随着近30年来城镇化和城乡改造浪潮的冲击，传统聚落的文化特征已发生巨变，大部分古城只保留着少量的历史文化街区。作为乡村传统聚落的大多数村镇，经过撤并集聚或自发式改造，使原有的自然和社会生态系统瓦解或巨变，残留下来比较完整，较多保留着原生态风貌的多在边远山区，占比很大的部分已破败不堪，或被低质化改造，总体上正以极快的速度趋于消亡。

据中外学者的研究，民国时期的城镇化水平不过10%左右，中华人民共和国成立直到改革开放前也只达到17%左右。20世纪70年代末改革开放以来，城镇化开始飞速地发展，城镇化率2018年已达59.58%，其中城镇户籍人口42.35%（包括拥有宅基地的部分镇人口和城中村人口），与欧美约75%～85%及日本93%的城镇化率相比仍差距明显。截至2016年，我国乡村自然村仍有244.9万个，基层自治管理单位"村民委员会"52.6万个，乡村户籍人口7.63亿，常住人口5.6亿，在本地和外地谋生的农民工约2.88亿。2017年全国城乡人均收入倍差2.72，一些贫困的山区和边远地区农村人均收入与全国城乡平均收入倍差则远高于这个数字，这些地方的衰败或空村化现象更加严重（数据来源自2017年、2018年国家统计局公布的数据）。

虽然这种文明进程在任何一个走向现代化的农耕社会迟早都会发生，但是中国作为人类文明诸形态中唯一保持了连续性进化的国家，文化传统的基因和源头即存在于城乡传统聚落之中。这一"乡愁"载体的消亡，不但会使国家和地方失去身份认同的文化根基，而且会使城乡一体化发展的战略目标发生偏差。

2. 风土建成遗产

在中国传统聚落的话语体系中，"民居"是对功能类型而言，"乡土"是对乡村聚落而言，而"风土"是对城乡聚落及其文化地理背景而言，三者均属同一范畴。因此，乡村聚落也是最具文化载体性的风土聚落，呈现了各个地域环境、气候和民族、民系背景下异彩纷呈的风土特质。西方的风土建筑研究可以追溯到法国18世纪新古典主义理论家德·昆西（Quatremère de Quincy），他最早指出了建筑语言的风土（Vernacular）和习语（Idiom）属性。到了当代，英国建筑理论家兼乡村爵士乐作曲家鲍尔·奥利弗（Paul Oliver，1927—），集风土建筑研究大成，在1997年出版了覆盖全球的《世界风土建筑百科全书》（*Encyclopedia of Vernacular Architecture of the World*），他认为研究风土建筑不只是为了记录过往，对未来的文化和经济可持续发展也是不可或缺的。随后R. 布伦斯基尔（Brunskill R. W.）在2000年出版《风土建筑：一部图解的历史》一书，把20世纪以前定义为"风土建筑时代"，以大量的插图详解了数百年来英国风土建筑在农耕时期和工业化早期的形态特征。

"建成遗产"是经由营造活动所形成的建筑、聚落、景观等文化遗产本体的总称。1999年，国际古迹遗址理事会（ICOMOS）在《风土建成遗产宪章》（*Charter on the Built Vernacular Heritage*）中，首次提出了"风土建成遗产"的概念，即特定风俗和土地上所建造的文化遗产，其保护价值今已成为全球共识。首先，"聚落建筑"作为风土建成遗产的第一保护对象，是城乡历史环境的栖居场所，也是民族民系身份认同和乡愁记忆的空间载体，携带着可识别的中国传统文化基因。其次，"营造技艺"蕴含乡遗的工巧智慧精华，是对其进行保护、传承和再生的意匠源泉，而只有将传统聚落的营造技艺真正传承下去，保护才是可持续的，才能使聚落遗产长存下去。再次，"文化地景"（或文化景观Cultural Landscape）呈现聚落的环境因应特征，是人工与天工相交融的在地景观。韩国建筑师承孝相，为了表达地景建筑创意，生造了"Landscript"（地文）一词，本意是强调人的活动在土地上留下的印记，就如大地书写一般。显然，"地文"需要保护和续写，即像日本的"合掌造"民居、中国的西递—宏村那样，严格保护好聚落遗产标本，激活历史环境的"场所精神"（Spirit of Place），在新建筑中创造性地转化风土建成遗产的原型意象。

3. 国家级聚落遗产

根据住房和城乡建设部和国家文物局颁布的最新保护名录，中国传统聚落列入国家保护名录的有三大类，均可看作风土建成遗产。其一为100多处"国家重点文物保护单位"身份的传统聚落；其二为国家历史文化名城、名镇、名村，包括135座"名城"、312个"名镇"和487个"名村"；其三为6819个部分由国家财政资助保护的"传统村落"。此外，皖南古村落西递—宏村、福建土楼、开平碉楼与村落，以及红河哈尼梯田文化景观等4项乡村传统聚落及景观被收入世界文化遗产名录。

这其中的传统村落数量最为庞大，部分还同时具有国家级历史文化名村及重点文物保护单位的身份。其分布特点为：南方约占全国总量的78%，大大多于北方；山区多于平原、盆地，如晋、湘、滇、黔、闽的山区占比超过全国总量的二分之一；方言区多于官话区，如晋系方言区约占北方各官话区总和的40%左右；工业化、城镇化起步较晚的地区多于起步较早的地区，如西北地区多于东北地区；城乡人均收入倍差相对较高的地区多于发展水平相近的较低地区，如贵州、云南处于全国传统村落数量排名前列。

上述的三大类传统聚落遗产保护系列中的前两类，有着相应的国家保护法规及实施细则，生存问题相对无虞。而第三类——传统村落量大面广，没有直接的相应保护法规作保障，其生存问题看似有国家财政资助，实际状况则堪忧。

四、传统聚落的保护与活化

1. 模式与问题

对风土建成遗产的专项保护，比较典型的首推北欧斯堪的纳维亚半岛的挪威和瑞典，这里在第二次世界大战前最早以民俗博物馆的方式，保护和展示当地的风土建筑，这种方式随后风靡欧洲大陆和英国。1952年英国"古迹委员会"将18世纪以前的风土建筑均纳入了保护名录,特别值得注意的是,英国将乡村划为120个自然区和181个特色景观区,这是可以借鉴的乡村文化地景谱系保护策略。日本于20世纪70年代兴起的"造村运动",是通过农业升级改造、乡村特色塑造和技术培训投入,提振乡村经济社会活力和磁力,最终使乡村聚落得到活化和再生。聚落遗产保护和传承是其中的一个部分,如长野县的妻笼宿和岐阜县的马笼宿,其风土建成遗产在存真、修缮、翻建、活化等方面皆有坚定的价值坚守和丰富的保护经验,可供中国乡村风土建成遗产保护和再生实践学习借鉴。

我国城乡风土建成遗产保护与活化前后已历20载左右,经验和教训并存,其中数量占大多数的乡村聚落遗产保护与活化主要有三种模式。第一种为国家文博体系和大型国企主导的乡村博物馆模式,如山西的丁村、陕西的党家村、湖南的张谷英村、福建的田螺坑土楼群及玉井坊郑氏大厝等,经费、法规、导则等条件较为完善,部分村民通过村委会组织参与经营活动受益。第二种为社会企业主导的风土观光综合体模式,乡村聚落遗产由企业与当地政府、村自治体——合作社以契约形式合作及分成,如安徽黟县宏村、浙江松阳县村落、山西沁水县湘峪村、福建连江县杜棠古村三落厝等。第三种为村自治体主导风土生态体验区模式,以由村自治体所属企业及乡村活化能人掌控风土观光资源,进行乡村聚落开发,村民参与其中的相对较多,受益也相对大一些,如安徽黟县西递村、山西平遥县横坡村、陕西礼泉县袁家村、山西晋城市皇城村、福建屏南县北村等。

不可忽视的是,乡村聚落遗产在保护和活化中存在一些带有普遍性的问题和挑战:一是大多没有以乡村经济、社会的改造升级为根本前提,而是过多地依赖于旅游资源的消耗;二是管理政出多门,既条块分割,又一事多管,造成一些村落一村多名,准入标准和处置方式交错低效;三是原住民生活资料——集体土地、宅基地和房屋处于不确定的流转状态,所有权和使用权分离,但土地与房屋租金普遍低廉,收益分配不成比例,原住民的公平共享诉求难以兑现,存在着大量的权益矛盾和法律纠纷,潜在的社会风险已然存在;四是维修和民宿化改造等多为村民自发行为,存在严重的安全隐患,如结构安全意识薄弱,涉及公众安全的强制性技术规范和安全施工监管缺位,消防间距、人身防护不合规范的状况随处可见,声、光、热等室内环境控制指标大都达不到基本使用要求;五是宅基地内滥建低质楼监管缺失,低质翻建率常在一半以上,严重的达70%~80%,使村落风貌严重失控,而招揽观光的利益驱动导致拆真造假现象也随处可见;六是薪火相传趋于中断,大部分营造技艺面临失传,由于种种原因,"非物质文化遗产传承人"名誉并未起到明显的弥补作用,传统意匠及技艺存续与再生尚待突破,新旧修复材料融合手段薄弱等问题普遍存在;七是同质化严重,社会资金普遍投入乡村聚落保护与再生项目的可能性有限,而传统村落依赖国家财政扶持也是很有限的,且不可持续。

2. 标本保存谱系化

当下我国城乡风土建成遗产的保护与活化，首先并不是个建筑学问题，而是涉及保护什么，如何保护，怎样活化的实质性问题，与经济、社会的可持续发展背景息息相关。从物种标本保存的战略眼光看，传统聚落保护与活化的前提是对聚落遗产标本的保存和研究。

少量被定格在某个历史时期或文化样态下的聚落遗产，比如平遥、丽江古城以及各地名镇、名村一类进入各种遗产名录，是受到严格保护的风土建成遗产标本。但这些遗产标本只是聚落遗产中极小的一部分，我们认为，实际上需将我国城乡风土建成遗产按民族、民系的语族区或方言区进行全覆盖，成体系地作分类分级梳理，为后世存续完整的风土建成遗产谱系标本，兹事体大，关及国家和地方历史身份和文化传承的根基。因此，应依风土建成遗产谱系一甄别、筛选和认定聚落遗产，再以地景修复、聚落修补和技艺传承为基础，将之纳入再生过程。当务之急，是应对其谱系构成缘由与分布有比较系统的认知。

由于语言作为文化纽带的重要性仅次于血缘，而风土在语言学上的含义，即连接一个地方聚居群体的交流媒介"语缘"，既可代表不同的文化身份，也可作为判断各文化身份间亲疏关系的参照。因此，从文化地理学和人类学的角度，可尝试以民系方言和语族—语支为参照，对各地风土建筑做出以"语缘"为纽带的谱系分类区划。总体上看，历史上语族相近，说明有相关的文化渊源；语族的方言或语支相通，说明血缘和地缘存在关联性。传统的汉语族—方言和少数民族的语族—语支是在漫长的历史变迁中，由于地理阻隔及民族、民系迁徙所形成的。虽然建筑谱系和语言谱系是否完全对应确是个问题，但设若不同族群在语言上可以交流，则其聚落及建筑一般也会存在交互关系。

参照语言人类学家的语缘区划，汉藏语系的汉语族民族民系聚落及建筑谱系主要可分为：其一，东北、华北、西北、江淮和西南等五大官话区建筑谱系；其二，华北的晋语方言区建筑谱系；其三，江南的吴语、徽语、赣语和湘语四大方言区建筑谱系；其四，华南的闽语、粤语和客家语三大方言区建筑谱系。少数民族语族区聚落及建筑谱系主要可分为：其一，西南地区汉藏语系藏缅语族17个民族的建筑谱系，壮侗语族9个民族和苗瑶语族3个民族的建筑谱系；其二，北方地区阿尔泰语系突厥语族7个民族，蒙古语族6个民族和通古斯语族5个民族的建筑谱系等。此外，还有少量西北地区印欧语系斯拉夫语族和伊朗语族的民族的建筑谱系，以及华南地区南亚语系和南岛语系民族的建筑谱系。以这样的谱系认知方式，对风土建成遗产谱系遗产的标本系列进行谱系化的保护，是有重要意义的一种尝试。

突厥语族区建筑		其他区建筑	蒙古语族区建筑		其他区建筑	通古斯语族区建筑		其他区建筑
定居区	游牧区		定居区	游牧区		定居区	渔猎区	
北方官话区西部建筑			晋语方言区建筑			北方官话区东部建筑		
河西		关中	北部	中部	东南部	京畿	胶辽	东北
西南官话区建筑				北方官话区中部建筑		江淮官话区建筑		
滇	黔	川	鄂	豫	鲁	淮		扬
藏缅语族区建筑			湘语方言区建筑		赣语方言区建筑		徽语方言区建筑	吴语方言区建筑
藏区	羌区	彝区	其他	湘西	湘中	湘东	豫章	临川	庐陵	歙县	婺源	建德	苏州	东阳	台州
壮侗语族区建筑			客家方言区建筑			闽语方言区建筑		
壮区	侗区	其他	西部	中部	东部	闽中		闽东
苗瑶语族区建筑			粤语方言区建筑			闽语方言区建筑（闽南）		
其他区建筑			桂南	粤西	广府	潮汕	南海	台湾

我国民族民系风土建成遗产谱系分布示意图

3. 大量性传统聚落的出路

除了经典传统聚落风土建成遗产谱系的标本保存，大量性的传统聚落，特别是乡村聚落，总体上面临着景象劣化、原有建筑被大量低质改建、乡村经济和民生有待振兴的境况。因此，需要将聚落有机更新和文化地景再造，作为未来发展的主要方向。实际上，对大量性传统聚落的可持续发展而言，实践中应考虑保存有标本价值的聚落典型建筑，延承风土营造谱系所曾依存的地貌特征、空间格局和尺度肌理，再造出隐含着基质原型、适应生活变迁的新风土聚落及文化地景。

此外，传统聚落遗产管理系统和遗产归口的合理化，遗产运作的信托化，遗产基金、社会"领养"

和活化途径的模式化，营造技艺传承的制度化，以及保护技术的系列化等，都应作为传统聚落保护与再生的改进方面加以关注和实施。

五、关于丛书编纂

这部丛书是第一部关于中国传统聚落特征与保护的大型研究集锦，内容覆盖了各省市自治区传统聚落的历史溯源、地域特征与现存状态、保护与活化的方法与途径，以及未来走向的展望等。丛书中的"传统聚落"聚焦于狭义的"村"和"镇"，并可选择性地涉及"城"，即"县"或"市"的老城区，如北京的胡同和上海的弄堂。书中内容兼顾理论观点和叙述方式的历史性、逻辑性和独特性，引述材料要求真实可靠，体例同中有异，充分表达地域特征，并将之纳入史地维度和经济、社会发展的叙事语境。保护与活化内容要求选取兼顾普适性和典型性的工程实践案例，对乡村振兴中的建成遗产存续和再生问题进行全方位的讨论。由于本丛书仍是以行政区划单位作为各分册的研究范畴，难免存在少量跨省市区之间的互涵和重复内容，但作为一部大型丛书，总体上还是完整统一的，其中不少篇章都可圈可点，对乡村振兴和传统聚落的未来探索有多方面的参考价值。

（本文主要内容及参考文献见《建筑学报》2019年12期）

中国科学院院士、同济大学教授
己亥夏至于上海寓所

聚落，是人类聚居和生活的场所，《汉书·沟洫志》曰："或久无害，稍筑室宅，遂成聚落"。聚落这一概念最早出现时是为了描述区别于都邑的居民点，现在已泛指人类生活地域中的村落和城镇。聚落是在各个地域内发生的社会活动、社会关系和特定的生活方式，并且是由共同的人群所组成相对独立的生活空间和领域。传统聚落主要是指具有一定历史性的城乡聚落，拥有物质形态和非物质形态的文化遗产，是先人运用自己的智慧，依据自然、气候、地理、习俗等环境因素建立的适宜的居住空间，同时具有较高的历史、文化、科学、艺术、社会、经济价值，能够反映一定历史时空的社会物质文化与精神文化的重要载体。

传统聚落是人们与自然协调过程中不断地尝试和调整所形成的，是在一定的时空条件下的总结。传统聚落是一定地域空间范围内的人文现象，它既是一种空间系统，也是一种复杂的经济、文化现象和社会发展过程。其起源、形成、发展均在特定地理环境和社会经济背景中，通过人类活动与自然相互作用下的结果，是对自然地理条件、社会治理结构、文化机制作用等多方面的缓慢调整适应，既是人类不断地适应、改造自然环境的实践积淀和智慧结晶，也是特定地域环境人地关系的空间反映。正如本套丛书之一《云南聚落》编写作者杨大禹教授所说："几乎所有的传统聚落，作为联系自然环境和人文环境的中介，从它们的地理分布、外部整体形态、内部空间结构，到聚落与周围自然环境、山水地形的紧密关系，都体现出因地制宜、和谐有机的共同规律。"这些共识是协调当地的地理条件、社会风俗与生活方式等积累而成的。在以聚居为主的生活模式下，都会充分考虑到聚落的环境特点，尽量找到资源配置最为合理、微气候最为和谐的场所。聚落形态与民居建筑形式的存在，与人们应对自然环境的生理、心理需求有着千丝万缕的联系。所以，传统聚落都能反映出在一定的地域空间环境、一定的民族和一定的历史时期所承载的建筑文化底蕴。

传统聚落作为中华文明的一种载体，凝聚着具有地域性、民族性与艺术性的布局特色和建筑风采，以及文化习俗下构成的聚落分布、空间格局、生产模式、景观形态等风情各异、千姿百态的元素。传统聚落是先人们长期适应自然，与自然和谐相处的历史见证，凝聚着中国悠久的农耕文明，展示着人们自古至今的生存智慧，可以说，传统聚落承载着中华文化精华和中华民族精神。所以，保护传统聚落就是维系中国传统文化的延续，就是在保护中华文明的根。

对于聚落空间的研究，既要把控聚落自身各种要素以及各要素之间的相互关系，也要关注聚落内部空间与聚落外部空间之间的关系，从而进一步了解单个聚落与同一个地域内其他聚落之间的关系，以便获得对聚落空间完整概念的把握。通过对传统聚落特色的系统研究，包括将传统聚落的不同历史发展阶段，各种历史文化要素和不同形态载体归纳合一，作为相互交融、贯通的体系来研究，从理论层面上梳理传统聚落各种有关形成、发展、演化的普遍规律和地区特征，挖掘其精神文化及生命智慧，发现其内在的文化价值，尊重其自身的运营机制，肯定其在现代聚落发展中的积极作用，以丰富我们对于人类聚居的认识。

长期以来，我们的先人经过不断的实践，运用了他们的丰富智慧，无论在聚落总体布局或在民居建筑技术、艺术方面都取得了很高的成就，积累了丰富的经验。传统聚落生存智慧拥有中国优秀传统文化的内核，是体现传统建筑智慧最具特色的代表。如何重新再认识传统聚落所具有的地域性、民族性与文化多样性特征，进一步发掘潜藏其中的营建技艺、理论精华和创造智慧，寻求传统聚落的持续发展相应的理论支撑，是我们当前重要的课题。当然，蕴含着中华文化基因的传统聚落更是当代建筑文化特色形成的基础，值得我们去进行研究、总结、学习和借鉴。

"中国传统聚落保护研究丛书"各卷作者综合运用文献研究法、调查研究法、比较研究法、定性分析法等科学研究方法，建构传统聚落研究的基本思路。采用文献分析、田野调查、理论研究与实证分析结合、系统化分析等方法，通过对学术文献、地方志、文书族谱等史料资料进行梳理筛选，对现有传统聚落进行建筑测绘、口述访谈，在吸取前人研究成果的基础上，归纳总结我国传统聚落发展特点及其背后蕴含的丰富文化和物质内涵，从整体上考虑多元文化影响下的传统聚落特征。丛书作者在编写过程中，借鉴历史学、社会学、建筑学、城乡规划学、文化地理学、景观生态学等跨学科交叉的思路，采用融合融贯的研究模式，既对传统聚落的基本共性特点归纳总结，也对受各区域条件影响的传统聚落比较分析，从整体上来把握研究对象。

在新时代的聚落发展和建设中，对传统聚落的保护与研究就显得尤为重要。传统聚落所呈现出来的优秀空间格局与营造技艺，不仅能给聚落的保护更新提供更为合理的方法途径，同时也能为新时代的聚落建设提供更多的方式方法及可能性。探究历史文化基因的内在联系，研究传统聚落的起源、演变、特点和价值，为传统聚落的传承提出依据，以便于更好地加以保护与利用。与此同时，在弘扬与传承优秀传统文化的基础上，探寻传统聚落发展模式及其保护的策略与原则，对保护与更新提出更为具体的要求与措施，构建整体保护的格局理念，以及与其相适应的、分级分类的传统聚落保护体系，更好地把握传统聚落在当代的发展道路与方向。

"中国传统聚落保护研究丛书"的编写希望以准确翔实的史料、精确细腻的测绘、真实生动的图片来全面展示中国传统聚落悠久的历史、灿烂的文化、淳朴的民风。由于各地区的状况不同和民族差异，以及研究基础也会参差不齐，故在编写中并未要求体例、风格完全一致，而以突出各地区传统聚落自身特色，满足各地区建设的需求为主。同时，丛书的编写，也希望对全国各省、直辖市、自治区传统聚落保护与传承、历史街区与传统村落建设，以及城乡人居环境提升起到重要的参考与指导作用，这是本套丛书研究编写的目的和意义所在。

2020年11月16日

传统聚落因人群的生活集居而成聚，坐落于地表之上、山林之中、溪流之畔，因资源禀赋而得立、因地势地貌而成形、因历史沿革而得脉、因人群组织而呈型、因地方材料而得构、因营造技艺而成貌。因此，无论是传统的城镇聚落还是传统的乡村聚落，无论是将各级传统聚落视为区域中的"点"，还是视为选址处的"面"，聚落在空间分布上都有其规律，在空间建造上都有其规则，并且都体现出强烈的地域性逻辑和地域性建造特征。

河北省作为一个地区行政单元，同时也是一个相对完整的自然地理单元，其北面与西面倚燕山山脉、靠太行山脉，南面与东面襟漳河、濒渤海。山环水绕的自然环境界定了明确的区域范围，也形成了多种类型的地形地貌环境和区域资源禀赋。燕山山脉与坝上草原划分了农耕与游牧地带，太行山脉标定了华北平原与黄土高原，濒海临河迎来的丰沛水气资源，造就了华北平原适宜农业耕作的千里沃野。河北省域范围内有着高原、山地、丘陵、平原、盆地、湖泊和海滨等多样化地貌类型，多种类型的自然环境造就了多样化的资源禀赋和人们相应的资源利用方式，有农耕、有游牧、有兼农兼牧、有手工业生产，等等。不同类型的自然地理环境以及不同类型的资源利用方式，为聚落的空间分布和选址约定了建造的规则和建造的方向，从而形成了河北省域范围内多样化的肇基环境，并由此生发出多样化的传统聚落。

河北省域范围内的传统聚落均成就于农耕社会的建造，占河北省域大部分地表面积的华北平原自古就是我国的粮食主产区，悠久的农业耕作历史、密集的人口集居，使得传统聚落在数量、规模和等级上都呈现出丰富的特征。受到社会经济、区域管理、商贸交通、历史变迁和战争防御等多种因素的影响，河北省域范围内既有大量成就于农业耕作生产的农村聚落，也有基于多种需求而兴建的城镇和乡村聚落，形成了功能类型丰富多样的聚落体系。如有因区域行政管理和商业集市贸易而兴起的都城及府州城镇，有凭借资源之利而兴起的制陶冶炼手工业聚落，也有因穿越太行山等交通孔道而建的商贸驿站聚落，有沿长城沿线而建的各级军事防御和戍边聚落，有顺河流而建于高处台地之上的戍堡聚落，有围绕在帝王陵墓周边的陵监聚落，等等。河北省域范围内现有历史文化名城12座，其中国家级历史文化名城6座、省级历史文化名城6座；有历史文化名镇20座，其中国家级历史文化名镇8座、省级历史文化名镇12座；有中国传统村落206个和河北省级历史文化名村11个。

从各级传统聚落的空间分布上看，这些拥有悠久历史文化的传统聚落主要集中在河北省的西部和南部，尤其是数量最多的传统村落，绝大多数分布在北自张家口的蔚县、南到邯郸磁县的西部山区之中，其中尤其是贯通山中的交通孔道如滏口陉、井陉、蒲阴陉、军都陉和出飞狐陉后通往山西的商道，传统村落在这几条交通道路的周边分布得最为集中。这种状况并非意味着河北省中部和东部的广大平原地区，作为主要的产粮地区却没有传统农耕村落的分布与建设，而是反映出现代社会经济的发展对这一地区的影响，即经济条件和交通条件越优越的地区，越易受到影响，而其变化的程度和速度也越大越快。由于原先聚居于平原地区从事农业生产的人们，改变了传统的农业生产和生活方式，同时也改变了区域人群的规模，从而使得原先平原地区的传统农耕村落随之改变了其功能组成、空间结构和聚落规模。由此使得河北省现今存留下来具有农耕社会特征的传统聚落，主要集中于经济条件相对落后且交通不便的山区以及深山腹地的区域。本书中的传统聚落主要是以已经认定的历史文化名城名镇以及国家和省级传统村落为对象，因其能较为清晰地体现出农耕社会中，人群聚居与自然环境、人文环境和历史环境之间的对应关联，能反映出传统聚落在建造上的地区逻辑。

基于各级传统聚落的发生与生长，均反映出从生存立足的人地关系到生活集聚的人群关系，为便于论述传统聚落在区域范围内的肇基立足规律和在物质空间上的结构建造逻辑，本书将各级传统聚落分别视作"点"和"面"予以梳理表述。虽然传统聚落从未有出于单一目标的建造，而是在多重目标驱动下的生长与建造，但将传统聚落压缩成"点"有助于论述其与区域环境之间的对应选择，视作"面"则有助于论述其与人群生活之间的对应建构。鉴于论述的对象主体为传统聚落物质空间，因此书中将传统聚落分为城镇聚落和乡村聚落两大类，并分别依据聚落在区域中所具有的功能类型、在空间上所呈现的结构类型进行分类论述。

在论述传统聚落区域分布和物质空间之前，鉴于任何传统聚落的建造都离不开自然环境、历史脉络和人文生境，因此本书侧重将自然地理环境、历史地理环境、人文环境组成的三大部分内容，与聚落的选址、聚落的演变和聚落的建造关联起来加以表述，目的在于取传统聚落从立足到发展过程中，所需应对或适应的主要因素加以对应论述。尽管意识到这样的成对论述方式存在着取向上的不完备，如自然地理环境并不是仅仅影响到聚落建造的选址方面，更涉及定居人们获取什么样的生存资源和采取什么样的生产方式等诸多方面。但就传统聚落本体而言，将自然地理环境与建造选址进行对应的论述，有助于突显自然地理环境对聚落产生影响诸多要素中最为直接的部分，如府州级传统城镇聚落与流域的农业耕作管理有着密切的关系，与河流汇出太行山处的洪积扇成为这类聚落的定址有着紧密的关联。同理，将历史地理环境与传统聚落的演变发展进行对应论述，其目的在于侧重论述历史沿革和变迁对聚落发展与变化的影响，如历史文化名城承德就是由热河上营升级为热河行宫，后随着人口和城市功能的增长而逐渐发展而来；霸州的胜芳镇因交通便利、物产丰富，由宋代的堤头村逐渐成为物资集散重镇；阳原县的开阳堡村在战国时期赵国代郡之安阳邑，后因战乱兵燹等的历史变迁，由重要区域的管理城邑演变成了村庄。将人文环境组合与传统聚落的建造进行对应论述，其目的在于细分河北省域范围内的地域文化和族群文化，突出其在传统聚落建造与承载人群生产生活方式之间的关联作用，如蔚县的阳眷镇郑家窑村就体现出商贸与手工业文化在村庄聚集方面的影响；蔚县众多堡寨的建设体现出聚落与商道防御在该地区人文环境中的需求。

通过自然地理环境与选址、历史地理环境与演变、人文环境组成与建造这三部分内容与传统聚落本体之间的对应，旨在依托对传统聚落的方志式描述基础上，将侧重于对传统聚落的对象梳理上的求异表述转向求同的规律论述。旨在将传统聚落体现出区域自然环境特征、拥有深厚的历史文化积淀和反映出社会人文环境影响，类似这样对传统聚落的定性表述，转化为对各类地域环境要素在聚落构建上规则逻辑的论述。

依据传统聚落在地点和功能等方面的差别，分为城镇聚落和乡村聚落两大类进行分别论述，即将传统的城镇聚落按功能，细分为起着区域管理职能的府州聚落、起着区域物质集散作用的商贸聚落、起着承载地区交流和邮驿通信作用的交通驿站聚落，以及内外长城沿线起着军事防御作用的镇城和关城；将传统的乡村聚落按聚居人群的生产生活方式，细分为农业村落、手工业村落、堡寨村落（民堡）、戍堡村落（军堡）和陵监村落等。据此，在相应的对象选择和梳理上，突出不同功能类型传统聚落在建构要素上的同与异，如城镇聚落中的府州聚落与集镇聚落；乡村聚落中的高原聚落、山地聚落、平原聚落和河谷聚落。

聚落结构与功能类型有着紧密的关联，更与人群的社会组织结构之间存在着直接的对应，即传统的聚落结构是人们聚居生活结构的空间投影，这一点在乡村聚落的空间结构中反映得尤为明显。据此，本书侧重论述聚落的空间结构及其组成。通过将聚落视作为"面状"建成环境，对于城镇聚落而言，侧重论述府州城镇的功能组成对街巷结构和空间尺度等的影响、侧重论述集镇聚落的聚落形态对街巷结构和空间尺度的影响；对于乡村聚落而言，由于其空间结构更为直接地体现出与村址建设地点环境之间的紧密对应、与聚居人群组织结构之间的紧密对应，侧重论述与聚落生长相适应的带状结构、枝状结构和网状结构；侧重论述与村址地形相融合的团状形态、规整形态和自由形态。

鉴于河北省作为相对完整的区域地理单元，将传统聚落作为梳理和论述对象的研究成果价值，不仅指向研究对象以获取其分布、结构，以及建造的规律、规则和方法，更具价值的是指向由传统聚落构成的地域建成环境，且建成环境进一步构成了地域文化传承和发展的源流。书中将传统聚落在地域建造上的规则概括为三个方面，其一为"随势出形"，即聚落建造对应于选址形态、民居建造对应于选点形态；其二为"原型同构"，即人群原型与空间结构建造对应、聚落原型与空间结构生长方式相对应、民居建筑原型为建造中形变的基本样式；其三为"聚貌成风"，即各个传统聚落反映出所在地区建造的形态和地区材料的运用方式，使得各传统聚落拥有其空间形态个性特征，更拥有其代表着地区性的共性建造特色。

通过研究传统聚落，获取地域建造规则乃至更小范围内的地区建造共识，其价值在于运用于传统聚落的保护更新和地域建造的未来发展之上。据此目标，将对传统聚落的保护和更新发展，定位在软硬两个层面上，在硬的物质空间层面上，侧重聚落主街、聚落巷道、聚落场所的空间结构保护；侧重聚落本体、聚落风貌、聚落环境的对象实体改善。在软的建造规则层面，侧重萃取传统聚落各种类型的结构原型、顺应社会经济和科技的发展更新地域建造的规则逻辑。

以归纳传统聚落空间分布规律、结构生长逻辑和地区建构共识等为研究梳理的出发点，本书在河北省域范围内已获历史文化名城名镇名村以及传统村落称号的聚落中，选取不同自然生境和人文生境中的聚落类型，论述其与环境之间的对应性关联和聚落本体建造的结构性规则。在前辈学人开展广泛细致的研究基础上，展开对传统聚落规律化建构的探索，对于数量众多且形态各异的传统聚落开展"求同"研究，在当代的保护传承和今后的地区建造实践汇总中有着现实的意义，也有助于为传统聚落的后续跨学科和转型研究提供参考。

2021年5月于北京

目录

第　一　章

自然地理环境与选址

河北省地处华北地区与黄河下游地区，因其地域范围处在黄河以北而得名。河北属《禹贡》文中的古冀州之域，简称"冀"。黄河向东流至现今的河南省郑州市荥阳县后，其下游流向东北注入渤海，这就导致在黄河中下游地区形成东西流向的两条河流，一条向南流而另一条则流向东北，处在两河之间的区域就是冀州。

河北省行政辖区面积约为18.77万平方公里，在地形边界上北枕燕山、南临漳河，西倚太行、东面沧海。整个河北省域处在大地构造属内蒙古地槽南缘，中槽准地台的北部。河北省域的北部地区属天山——阴山纬向构造体系的东延部分，西北部地区属于祁吕贺兰山字形构造体系，太行山区及东部平原属新华夏构造体系控制的地区。反映在地貌形态上，北部为高原，俗称"坝上"，属内蒙古高原的南缘；燕山和太行山两大山脉形成半环状，环抱河北平原；燕山以南、太行山以东为河北平原，构成了华北平原的一部分。

整个河北省域的地势西北高、东南低，从西北向东南呈现半环状逐级下降，地形高差悬殊，地貌有高原、山地、丘陵、盆地和平原等多样的类型，在省域范围内从西北向东南依次为坝上高原、燕山和太行山地、河北平原三大地貌单元。从地理区域空间分布上包括了冀北坝上高原区、冀北燕山山地区、冀西北间山盆地区、冀西太行山地区和冀东南平原地区（图1-0-1）。自然环境的地貌区划差异，体现在地形、气候、水文、土壤和植被等要素及其组合方面，在构成河北省域范围内各区域自然环境特征的同时，深刻地影响着区域中人们的生产和生活方式。各地区的自然地理环境包括资源条件如土地资源、水气资源、气候资源和森林资源等，为人们的生产生活和聚居提供了不同类型的建造可能与限定，也为人们建造赖以栖居的聚落提供了丰富的环境特征，如河北省域内就有冲积平原聚落、冲积扇聚落、阶地聚落、山间盆地聚落、高山高谷聚落和山隘聚落等多种类型。

这种自然地理环境特征的影响直接地体现在传统聚落的建造上，尤其突出地体现在传统聚落的建造选址上。作为人们生产生活的集居聚落，无论其是城、镇，还是村，无论其规模的大小，在建设的选址上都必然涉及所在地域的地形位置、水文位置、资源位置、交通位置、物产位置等。自然地理位置中特别是地形和水文位置因素尤为重要，从聚落发生肇始的选址就与临水以及地形有利防守等位置因素分不开。在河流的冲积扇和河岸阶地上选址建设聚落，既有肥沃的土地可供就近耕作，又可接近溪流保障生产生活用水。在沼泽地区或易受洪水泛滥影响的低洼潮湿地区，地势稍高的位置常被用来选址建设村庄聚落。在泉水出露、山隘关口以及山地与平原交界处的谷口以及两个不同地域的交通要道口，由于地理位置的重要，常成为商业集镇或军事要塞的选址建设地点。

图1-0-1　河北省域地貌类型分区示意图

第一节　冀北高原地区

冀北地区位于河北省北部，自然环境以高原和山地为主，在地区边界上包括张家口和承德两个市的行政辖区范围，该地区东与辽宁省相接，北与内蒙古自治区相邻，西与山西省相接，南与京津唐及秦皇岛市、保定市毗邻（图1-1-1）。冀北高原地区的自然环境有着多样化的地势地貌和自然资源，在造就了自然环境类型区划的同时，深刻地影响着该地区人们的生产生活方式（图1-1-2）。高原丘陵、山地以及盆地等不同的地貌类型，以及牧草、土地、森林和降水等资源的不同分布状况，造就了冀北高原地区范围内各个亚区人们不同的生产方式，从游牧到半农半牧再到戍守屯田等的生活方式反映在定居方式和规模上，尤其直观地投射在各亚区传统聚落的选址、建造方式和材料获取等方面（图1-1-3）。

一、坝上高原丘陵地区

冀北的高原区为内蒙古高原南延的部分，该地区的平均海拔在1500米左右，当地俗称为"坝上高原"或"坝上草原"。在地理区位上，处在张家口和承德两市的最北端，其西侧包括张家口市北部的沽源、康保和张北三县的完整辖区和西北部尚义县的部分地区；其东侧包括承德市北部丰宁满族自治县和围场满族蒙古族自治县的部分地区。高原面上的地貌以丘陵为主，草甸起伏、疏林成簇，加之坝上高原的西部属河流的内流区，形成了湖泊滩地点缀于岗阜之间的波形高原丘陵地区。

坝上高原丘陵地区的整体地势由东南向西北倾斜，根据其形态可细分为三种自然环境类型：第一种类型是坝缘山地，位于高原东南部，呈现北东→南西走向，西段为玄武岩台地，东段为火山岩剥蚀的垄状低山；第二种类型是波状高原，主要位于滦河支流闪电河以西的张家口北部三个县，使得高原面上滩梁相间分布，构成面积规模不同的小型盆地；第三种类型是疏缓丘陵，位于闪电河以东的承德市北部两县地区，为阴山山地东向延伸的地带，丘陵间谷地较为开阔，丘陵上部花岗岩或变质岩风化剥蚀现象明显。

坝上高原地区主要的植物资源为干草原、森林草原和草甸草原，游牧成为当地人们利用自然环境中地利的生活方式。清朝入关以后该地区作为清帝行猎的场所，又派驻旗兵驻牧，使得人烟稀疏且逐水草而移居，定居的村落建设较少，现存的传统建筑仅为几处生土构筑的粮仓，如康保县李家地乡李家地村（图1-1-4）、沽源县白土窑乡新华村中的两三处建筑（图1-1-5）。在建造的选址上处在平坦的高原面上，在建造材料上选取生土制作成土坯砖，发券砌筑出单体建筑的空间。

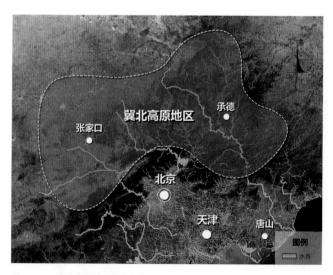

图1-1-1　冀北高原地区区位示意图

图1-1-2 冀北高原环境与村落选址

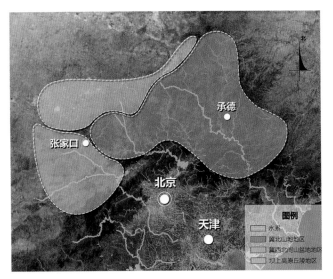

图1-1-3 冀北高原地区分区示意图

图1-1-5 坝上高原沽源县新华村粮仓

图1-1-4 坝上高原康保县李家地村粮仓

二、冀北山地地区

冀北山地地区为东西走向的燕山山脉及其延伸出的地区，整个山地地区的岩性复杂多样，地势地形也随之丰富多变，有花岗岩地貌、丹霞地貌、丘陵地貌等（图1-1-6），其中花岗岩和丹霞峰林地貌主要分布在承德市周边地带。依据形态和地形细分下来，有三个亚区，一是坝缘山地亚区；二是山地丘陵亚区；三是燕山山地亚区和南麓丘陵亚区。冀北山地地区小盆地与河谷众多，山间的小片耕作平地分布于盆地与河谷之中，山地汇水区域广阔，构成了潮白河和滦河的上游流域。

冀北山地地区北部接坝上高原、南部接平原，强烈

图1-1-6 冀北地区燕山山地环境

的地壳构筑运动，造就了燕山山岭高耸、褶皱纵横、沟壑深切、地表形态破碎。燕山山脉水汽资源相对丰沛、森林植被相对茂密，使得滦河和潮河等河流顺应地形呈北高南低、北缓南陡的落差走势，切割出由北向南进入华北平原的交通孔道，并造就了自古以来游牧部落南下的必经之路。燕山山脉中有多处相对平坦和开阔的盆地与山间谷地，有遵化和迁西等盆地，有承德、滦平、兴隆、宽城等谷地，加之河流穿行其间的灌溉之利而成为燕山山脉中主要的农耕地区。

燕山山脉因其横亘在北部牧草资源富集地区和南部平原农耕地区之间，划分出游牧和农耕生产方式的地域界限，起到阻挡游牧族群南下的屏障作用。鉴于该地区

的地理区位条件，多个朝代都在冀北山地建设长城和关隘，这其中以明代建设的长城体系最为完备，即现在的万里长城河北部分的北段。依据山地环境形态、统辖关系以及戍边防御体系的相互支撑关系，该地区分布有镇、关、卫、所、堡长城防御的五级聚落。有为扼守山海要冲而选址于靠山跨道的山海关；有依托山间谷地农耕生产、紧临滦河支流武烈河的热河上营发展起来的承德；有在山岭隘口处建设的戍边寨堡等，如现遵化市马兰峪马兰关村和秦皇岛市抚宁县大新寨镇界岭口村等。清朝入关以后，长城失去了其防御作用，加之该地区成为清代帝陵、避暑行宫所在的禁地，因农耕生产而发展起来的传统聚落很少。

三、冀西北间山盆地地区

冀西北间山盆地地区包括张家口坝下的大部分地区，在新构造运动中，受到南北向地壳作用力的挤压，在地表上形成了一系列北东向类似雁阵排列的断块隆起与断陷盆地。这些断裂形成了山区与盆地相互间隔排列的地貌格局，其西部由南到北依次为：蔚县南山、小五台山、蔚县盆地、阳原南山、阳原盆地、熊耳山、洋河谷地；其东部由南向北依次为：灵山、北京西山、涿鹿怀来盆地、黄阳山、张家口宣化盆地。进一步依据流域可划分为：桑干河山地盆地亚区和洋河盆地亚区。

冀西北间山盆地属黄土高原的东部边缘，整体为以阴山山脉为界的南部地区（图1-1-7），该地区黄土地貌发育，地势西北高东南低，洋河自西北向东南贯通，桑干河自西向东流淌，地势相对平坦（图1-1-8）。桑干河和洋河盆地的植被资源主要是灌丛草原，灌木主要有荆条、酸枣等，乔木主要有辽东栎、蒙椴、杨树和白桦等。洋河、桑干河以及支流的壶流河提供了相对丰沛的水资源，加之辽阔平坦的土地，使得该地区人们的生产方式以旱作农业兼定居放牧为主体。

冀西北地区北部连接坝上高原，西部连接山西高原，南部连接燕山、衡山以及太行山脉的交汇之处，为多条交通要道交汇之地，如南北向的茶叶贸易之路、东西向的区域交通道路，同时也因处在农牧交错地带而战事频仍。该地区因其与交通运输关联紧密，加之又处在北部游牧部落南下的通道上，传统聚落的建造具有很强的防御性，主要为府城、堡寨等带有防御设施的建造，如宣化府（上谷郡）选址于洋河盆地中，扼守张家口南下进入北京的交通道路（图1-1-9）。该地区堡寨既有民堡也有军堡，在选址建设的分布上与环境的关联紧密。民堡沿商道而建，是旱地农耕兼牧生产的定居聚落，也是服务于商道运输并兼有防御功能的聚落；该地区的军堡沿桑干河和壶流河而建，选址建设地点多位于

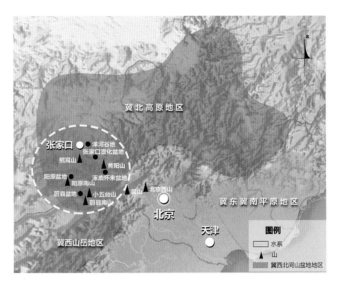

图1-1-7 冀西山岳地区地貌格局示意图

图1-1-8 冀西北间山盆地环境

图1-1-9 宣化府区位图

河岸的高台边缘，以利观察和扼守（图1-1-10），出于战时守备和平时屯田生产的需要，军堡多与建造在附近平坦台地上的民堡相呼应。

图1-1-10 西大坪村址环境

第二节 冀东冀南平原地区

河北的平原区位于省域的东南部，其西面和北面为弧形的山地所环绕，该地区地势平坦辽阔，主要由黄河、海河和滦河等河流的冲积而成，绝大部分地区的海拔高度在50米左右，构成了华北平原的主要组成部分（图1-2-1）。河北平原区的地势自太行山山麓和燕山山麓向渤海倾斜，总体上是以北纬39°为界，其以北的地区地势由西北向东南倾斜；北纬39°以南的地区，地势由西南向东北倾斜，也就由此形成了两片地区的地形走向，以及出燕山山脉和太行山山脉的河流流向（图1-2-2）。平原区范围内依据其地理成因和地形形态上的差异，可细分为山前洪积扇区、冲积平原区、滨海平原区和河流水系区（图1-2-3）。该地区的地形平坦辽阔，丰富的河流水系以及在水利灌溉上的便利，成为现今华北平原上的粮食主要产区，也是当代人口聚居的密集地区，从而在此地区就有着从区域管理到农耕生产的多种规模等级聚落的选址建设。

一、山前洪积区

由于冀东冀南平原地区的西部和北部，分别为太行山山脉和燕山山脉所围绕，这两条巨大山体形成了庞大的汇洪面积，加之每年的6、7、8三个月暴雨带来的大

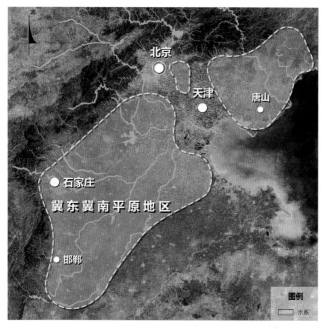

图1-2-1 冀东冀南平原地区区位示意图

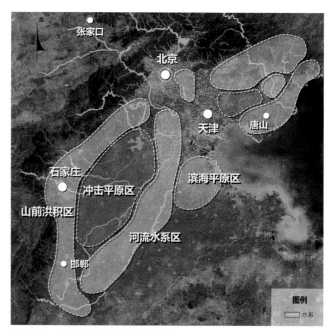

图1-2-3 冀东冀南平原地区分区示意图

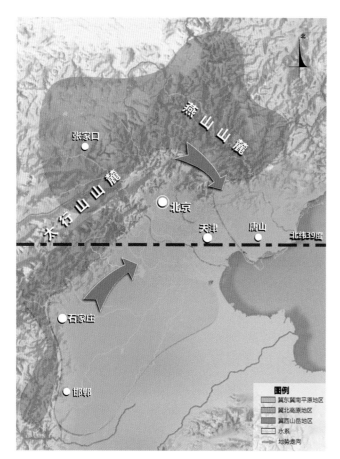

图1-2-2 河北省地势走向示意图

量降水，造就了众多流向平原的河流。河流流出山地进入平原，因河流纵比降急剧减小而发生大量的携带物堆积，在太行山脉东麓与燕山脉南麓的山前地区形成扇形堆积地。山前地带因洪水泛滥而在多条河流的出口处形成洪积扇，从而由多处冲积扇联结而成洪积——冲积倾斜平原。由太行山中流出的几十条河流，在海拔50～150米的山前地带形成的扇形堆积地，构成了冀东冀南地区的山前洪积地带。

洪积扇主要分布在太行山东麓的季节性河流出山处，自北向南分别有北易水、唐河、瀑河、漕河、大沙河、槐河、泜河、沙河、洺河等，这样的季节性河沟平时干涸，夏季暴雨后则洪水来势凶猛（图1-2-4）。因季节性暴雨降水冲刷的缘故，在河沟出口处形成的洪积扇物质较粗，地表多为黄土类土壤，加之流水的切割，使得地形环境较为破碎。在这样的洪积扇处形成的聚落，多为农耕村落且规模相对较小，村址则多坐落于高出河沟的台地之上，以避暴雨洪水的侵害。众多季节性河流再向下游汇集，形成了北拒马河、南拒马河、滹沱

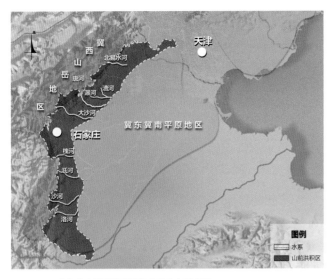

图1-2-4　冀东冀南平原地区河流水系分布示意图

大的城镇聚落的密布地带。该城镇带沿着太行山东麓海拔50米的等高线排列，伴随着出山溪流和出露水泉，城镇的选址在东西和南北两个方向上建立起区域上的关联，即连接东西方向贯通太行山脉的陉道；接临南北方向的沿山交通道路。良好的区域交通条件和自然环境条件，使得坐落于山前洪积区上各种职能和各级规模的城镇，均有着悠久的建成和发展历史。

河、滏阳河、漳河等河流，并在支流交汇处形成空间和用地规模较大的洪积扇。这种洪积扇由于地势比较平缓、空间相对开阔、土层相对深厚，并紧临有常年性流水的河流，适于发展灌溉农业，从而使得大多数早期人类文化遗址和具有较长历史的城镇都分布在太行山东麓的洪积地区。

山前洪积区因其拥有溪流丰富的水资源条件，并且海拔50米地带为洪积扇与冲积平原的结合部，也是地下潜水的溢出地带，所以适宜较大规模的人群聚集。山前洪积区再向东的地带，则是海拔较低的冀东冀南平原中部，为历史上黄河和各条出山河流多次迁徙泛滥而成的冲积平原，其上分布着许多河流以及河间洼地、湖泊沼泽。由于人们改造自然环境的力量弱小，加之避免由暴雨引发的洪水灾害，人们不会选择低洼地带来建造聚落、开辟交通道路。而山前洪积区，因其位于山地向平原倾斜的地形转换地带，有着穿越太行山交通孔道的贯联和扼守山隘要津的防御地利之便，又具有利于管理平原农业灌溉与耕作的区位优势，而成为传统聚落尤其是城镇聚落较为理想的选址建造所在。所以在历史上，冀东冀南平原的山前洪积区，成为河北省重要的和规模较

二、冲积平原区

构成河北平原主体的冀东中部平原，包含太行山山前洪积扇以东、运河以西的地区，以及燕山山脉以南的地区。冀东的冲积平原区为河水溪流的泛滥所形成，主要由黄河、海河和滦河等水系的冲积作用所致。流出太行山和燕山的溪流到达中部平原后，因地形坡地变缓、河流分汊和流速变缓，使得溪流中夹带着的大量冲积物沉积下来。到了每年的6、7、8月的洪水期，洪水溢出河道形成决口扇，并将大量悬浮物在河道两侧形成堆积，随着风力而形成沙丘或沙地。冲积平原上的地势较为平坦，其上的河流经常因洪水而改道，遗留下许多河流故道、沙堤、决口扇、洼地和牛轭湖等地貌及其风积和湖积物。

中部冲积平原区的地势较低，是省域内河流和域外客水的汇集处，导致平原上洼地较多易雨后积水，地表径流排水不畅，形成如黄庄洼、白洋淀、宁晋泊等多处洼地。冲积平原虽然地势平坦且河流众多，但在历史上并非农耕经济发达地区，其农耕不利状况的造成则有多重因素，既有自然环境条件的影响，也有社会环境条件的影响。在自然环境条件方面有两个显著的影响，农耕不利条件的其一是中部平原为湿润半湿润季风气候，虽然水汽资源和环境热量条件较好，但夏季的暴雨使得全年降水量分布不均，导致水灾和旱灾频繁出现；农耕不利条件的其二是中部平原由于排水不畅，导致洼地和河

流两侧的土壤盐碱化程度较高，如邢台市宁晋县的宁晋泊和大陆泽，为河流冲积扇与黄河故道的交接洼地，其周边的土地有着"夸下土疏，不可堤防，潴水之地多卤，以岁计之，十年五收"的记载。在社会环境条件方面也有两个主要的影响因素，其一是受多个朝代更迭时战乱的影响，造成土地的荒芜、人口的凋零，如明初柏乡县"入国初承丧乱之后，地多荆棘，人烟萧条"的记载；其二是受土地利用方式的影响，地广人稀、生存环境恶劣，加之马政和粗放的耕作，使得中部平原在清代以前的农业生产效率低下。冲积平原区上的农业生产逐渐随着人口的增多而发展起来，是到了清代中期以后才出现的局面。现今冲积平原上的大面积农田，得益于中华人民共和国成立后对土地资源的改造，以及灌溉等水利设施的建设，才使得河北中部平原成为华北的粮食产区。

作为人群集聚从事农业生产的村庄聚落，不论是从散村扩大而来的村落，还是从家族移民而来的村落，都要适应冲积平原地区的环境条件。正是由于冲积平原区易受到河水泛滥的灾害影响，在建设上既要避免受到洪水的冲击，又要便于农业生产的日常劳作，还有应对干旱气候对农作物的影响，多选择定基在近水的高地上。由于平原地区交通的便利，当代的乡村聚落多为历史上的传统聚落发展而来，或分化裂变而来或规模增长而来，已大大迥异于原有传统村落的样貌。

三、滨海平原区

河北省域范围内的沿海地区由两部分组成，一是濒临渤海湾北部的唐山和秦皇岛地区；二是濒临渤海湾西部的沧州地区。这两部分沿海地区中的滨海平原区，渤海湾北部的滨海平原区由曹妃甸延伸至秦皇岛的山海关，为青龙河、滦河、北戴河和南戴河等多条河流入海之地；渤海湾西部的滨海平原区西侧为京杭大运河沧州段、南侧为漳卫新河入海段、北侧为子牙新河入海段，为三条河流环绕的湿地和滩涂地带。

河流入海构成的三角洲平原，为海拔高度多处在5米左右的平坦地形，其上为出燕山山脉的河流带来的沉积物。在地质形成过程中，海潮的周期性侵入与河流的季节性变化，造就了海积层与冲积层交错的状况，构成了面积大的湖沼和湿地。滨海洼地、泄湖、海岸沙堤等构成了渤海湾北部滨海平原区的地貌形态，其土壤为颗粒细密的沉积物和黏重矿化度高的土质，生长有耐碱植物而不适宜农业耕作。京杭大运河以东的滨海平原区，为河流冲积与海积所形成的地貌，整个平原地形越往东临近渤海，则地势越低而排水不畅，导致土壤含沙量高、盐渍化严重。大运河的开凿和海水的潮汐影响，是造成土壤盐碱化现象的两个原因：一方面，南北流向的大运河隔断了来自西边太行山脉的来水；另一方面，海水的内侵和海潮的影响，使得卤水分布面广。土壤构成的主体是潮土、盐化潮土以及沼泽化潮土，使得该地带在历史上就被称作"斥卤之地"，不适宜农业植物的生长和耕作。现今的农业植被和苹果、梨、桃等经济植物，以及杨树、槐树和榆树等乔木，则为人工培植的植物。

滨海平原区的地理环境区位和土地资源条件的特点，一是山海相依构成了浅狭的平原地带，二是丰富的海盐资源造就了有着悠久历史的长芦盐场。对应于滨海平原区的两大自然环境条件，在传统聚落的建设上也主要为两类，一类是扼守区域交通的防御性聚落，如长城的戍边聚落和山海关城等；另一类为从事盐业生产的人们聚居生活的聚落。两类聚落在选址建设上的特点分别是：长城沿燕山山脉的分水脊而建，镇关卫所堡等各级防御聚落则选择与规模和功能相宜的地点建设，如山海关在燕山东端的入海处当道而建，扼守华北平原通向东北的要道；盐业村落则是临近海边滩涂，开垦出盐田并利用"水斗"和"摇车"等传统的工具进行海盐生产，如辛立灶就是"煮海为盐"人们集聚的村落。

四、河流水系区

奔出燕山山脉和太行山脉中的河流，在冀东、冀南和冀东南河北平原上，汇集出多条东奔入海的外流水体，在淤积而成的土地上形成规模大小不同的流域，使得平原上的农田资源与河流水系之间构成了紧密的对应关联。在北宋科学家沈括的综合性笔记《梦溪笔谈》中就所有记载："深冀沧瀛间，唯大河、滹沱、漳水所淤方为美田，淤淀不至处，悉是斥卤之地，不可种艺"[①]。河北平原上的河流水系，不仅塑造了农田资源、农耕生产和农业聚落，尤其是促成了区域内的水道以及大运河的跨区域交通，并进而促成了沿京杭大运河交通水道，货物运输和商业贸易型聚落的肇基建设。

由于河北平原以北纬39°为界，南北两侧的地形相对向东倾斜，形成滦河水系和海河水系。滦河是河北省域范围内的第二大水系，流出燕山山脉向南汇入渤海，包括滦河、青龙河以及冀东沿海的多条短小河流。海河是省域范围内的第一大水系，在流域上分为北纬39度以上的北系和以下的南系两片，北系包括流出太行山脉的永定河、北运河以及流出燕山山脉的潮白河、蓟运河；南系则是流出太行山脉的大清河、子牙河以及南运河等多条河流（图1-2-5）。永定河由桑干河、洋河等多条河流汇入；大清河由南、北拒马河等汇入；子牙河由滹沱河、滏阳河等汇入；南运河则由漳河、卫河等汇入，众多河流在平原地区的泛滥而形成冲积地貌。黄河与出太行山区、出燕山山脉的众多河流多次迁徙改道，如在宋代黄河曾沿太行山东麓一线向北流

淌入海，在距今2700年的历史上黄河大的决口改道有26次之多，在距今700年的历史上滦河就有8次改道，由此造成了河流与洼地相间排布的河流水系地带，并形成了多处著名的湖泊湿地。省域内规模较大的湖泊淀洼，自南向北分别为永年洼、宁晋泊和衡水湖、白洋淀、黄庄洼和七里海等。河北省域内的京杭大运河为沧州段的南运河，为在东汉曹魏开凿平虏渠的基础上，贯通黄河故道漳河、卫河等而来，在沧州境内形成南北向绵延253公里的跨境交通运输水道。

河流水系区拥有湖泊湿地等丰沛的水资源，以及便于灌溉耕作的土地资源、相对良好的农业生产条件和交通条件，历史上规模较大且具有管理职能的城

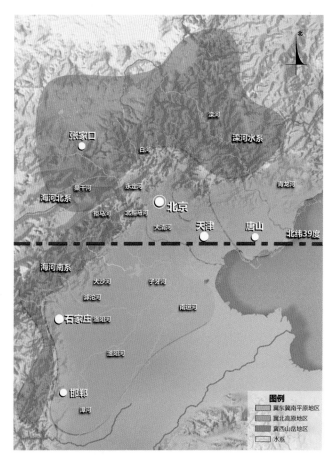

图1-2-5 河北省河流水系走向分区图

① （宋）沈括. 梦溪笔谈. 卷十三 权智。

镇，多选址建设于这类资源禀赋良好的地带，如修筑于隋朝末年的广府古城选址于永年洼中，城四周宽阔的水面与滏阳河相连，既利于对外防御也便于对流域进行生产和资源的管理。京杭大运河作为一条贯通中国南北的交通水道，历朝历代的物资运输和人员往来大大推动了运河两岸的城镇建设。大运河在河北为沧州

段，北起青县李又屯村南至吴桥第六屯，有"幞头城"之称的沧州城兴盛就得益于漕运的繁荣、物资的丰富和交通的便利。运河自北向南流经青县、沧县、沧州、泊头、南皮、东光和吴桥，沿途两岸分布建设有多处货物转运的码头，从而促使以仓储运输和手工业经济为主的城镇聚落兴起。

第三节　冀西山岳地区

冀西山岳地区属黄土高原的东部边缘，主要由太行山和小五台山组成。南北向绵延400公里的太行山，划分了东侧的河北平原和西侧的山西高原（图1-3-1）。太行山在新构造运动中，山体抬升幅度较大，山体一侧或两侧为活动断层，成为典型的断块山（图1-3-2）。这个地区地形复杂，有发育的黄土地貌也有花岗岩和嶂石岩等地貌，复杂的地质条件和降水条件，造就了众多的山间河流，构成了多样化的地表形态，其中丘陵多分布在太行山主脉的东侧，山地丘陵中间分布有断陷盆地和河谷盆地，主要有武安、微水、赞皇、平山、阜平等盆地，可细化分为太行山山地亚区和太行山前丘陵亚区（图1-3-3）。

群峰耸立的太行山脉北高南低，大部分山峰的海拔处在1200米以上，在河北省域范围内的最高峰为海拔2882米的小五台山。冀西的太行山区，自西向东海拔逐渐降低，由海拔大于1000米的中山地区，过渡到海拔500～1000米的低山地区，再过渡到海拔小于500米的丘陵台地地区，直至河北平原地区。各海拔高度不同的地区，气候环境、土壤环境和资源禀赋各不相同且各具特点，从而使得聚落的建设尤其是在选址上呈现出明显的地域特征（图1-3-4）。

一、中山地区

太行山山脉处在地势第二阶梯向第三阶梯的过渡地带，因其西面毗邻山西高原，使得中山地区主要集中在

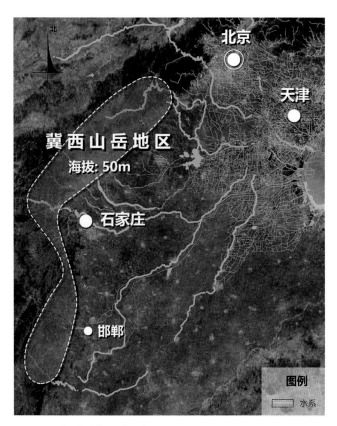

图1-3-1　冀西山岳地区区位示意图

图1-3-2 冀西太行山区山地环境

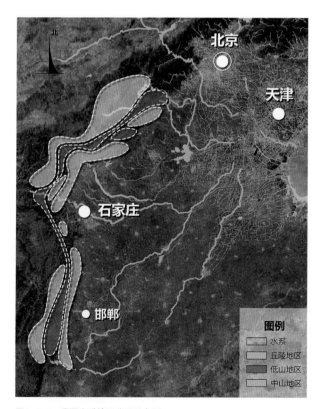

图1-3-3 冀西山岳地区分区示意图

图1-3-4 冀西山间谷地村落

河北省域太行山脉的西部和北部。独特的大地构造区位与地理区位，造就了中山地区众多深切的峡谷群、高耸的山峰山地和地貌景观。深切的"V"形峡谷和嶂谷、隆起的山地及其顶部的夷平面、峡谷两侧的长崖与断壁、石质山体风化剥蚀形成的陡崖与峰林等，构成了云台地貌和嶂石岩地貌。

太行山山体的土质相对瘠薄，加之中山地区海拔高，气候和水资源等条件较差，导致该类地区的植物资源较弱，乔木多为白桦等落叶阔叶林和华北落叶松等针叶林，灌木是最为普遍的植物且多为荆条。高海拔的中山地区，深切的峡谷使得地势陡峭险要，地形条件相对较好的是峡谷之上的山顶夷平面，如小五台、五岳寨以及规模最大的甸子梁"空中草原"。这些山顶夷平面地形起伏平缓、土层较薄，金莲花和紫苑等草本植物生长旺盛，亚高山草甸的资源条件适合放牧牛羊。

由于中山地区的土地资源、牧草资源及气候条件状况，宜牧的地带集中在该地区，使得因生产而定居建设的聚落稀少，主要为寺院的建造和少量放牧散户的建设，如冀南邢台市西南45公里处的栲栳红山，其山顶孤峰海拔约1100米，为北方著名的道教名山，山上建有碧霞元君庙。临近飞狐陉的空中草原海拔2158米，其高山湿地草甸的面积达36平方公里，牧草资源使得从事放牧生产的人们在此有房屋的建设，所形成的聚落规模不大，多选址建设于有泉水和树木生长的浅沟处。

二、低山地区

太行山地势西侧相对平缓、东侧相对陡峭，海拔500～1000米的低山地带，河流下切、沟谷曲折，山体侵蚀剥蚀严重，形成了地表形态多样、沟壑纵横、台地与山坡地密布的地貌形态。由于该地区的地形地貌复杂，既有山体断裂的陉道、汇水的溪流、干沟和季节性河流，也有耸立的山体、风化塌落山坡、山谷小平地、山顶平岗和山顶夷平面等，造就了多样化的资源条件和多种生产生活的环境。

太行山属大陆季风性气候，受到华北平原温暖湿润的影响，加之山地对夏季季风有明显阻滞作用，使得处于迎风面的东麓降水较多，形成了太行山东麓低山地带相对优越的水汽资源环境。较好的温湿度条件使得低山地区的植被生长良好，森林资源的垂直分布明显，河北省域范围内的宜林地带主要集中于低山地区，是太行山中人群集聚定居较多的地区，也是传统村落分布密集的地区。村庄聚落随着地形地貌、资源环境和海拔高度的不同，产生不同的选址建设状态，也呈现出垂直分布的不同形态。在低海拔沿河流及交通孔道的临近处，选址于避风向阳的山谷建设村落和邮驿村落，如邢台市路罗镇的鱼林沟村（图1-3-5）；在土壤条件和山坡农田资源较好的地带，村落多选址于农田附近的向阳山坡上，如井陉县南障城镇的大梁江村（图1-3-6）；在高海拔的山顶小平面、高台平岗或风化陡坡的上端，村落多选址在泉水出露地带，如武安市活水乡的西城沟村（图1-3-7）。

由于村落的选址建设与自然地理环境有着紧密的关联，在各地的村庄命名上，通常也会将环境特点予以体现，如村名中包含有"寨"和"堡"等字的，往往与险要地点有关；包含有"江"和"沟"等字的，往往与村址周边的溪流有关；包含有"硇"和"垴"字的，往往与村址所处的地点形态有关。"硇"和"垴"字为形容山体或丘陵顶部较平坦的形态，太行山低山地区中这样的山顶平岗较多，由于平岗规模的大小不一、海拔不一，从而也形成了山顶村落不同的建设规模，如规模较大的王硇村（图1-3-8）、规模很小的倒垴村（图1-3-9）。

三、丘陵地区

海拔高度低于500米的丘陵地区，集中于太行山东麓的山前倾斜平原区域，处于与河北平原相接的过渡地带，该地区的地貌为山坡、台地、盆地、旱地、溪流与干沟等汇集，并与溪流流出山口的洪积扇相连。由于太行山出山众多溪流流经丘陵地区，临河谷地较宽、丘陵山坡疏缓、大小台地层叠，使得丘陵地区土地资源相对丰沛；加之处在太行山的迎风面，降水量充沛造就了丘陵地区水汽条件较好的环境。

太行山东麓的丘陵地区，气温、日照、降水、土壤、地表径流和地下水资源相对较好，溪流河谷两岸的山地褐土层堆积较厚，适宜多种乔木、果树和旱地作物的生长。丘陵地区为山地褐土和草甸褐土较为集中的地带，这两类土壤均较为适宜开展农业耕作，其中山地褐土主要发育在溪流两岸，草甸褐土主要发育在河流阶地上。丘陵地区的乔木主要有杨树、榆树、槐树和椿树等；果树主要有核桃、苹果、梨树和桃树等；旱作农业主要有玉米、小麦和黍，规模相对较大和地势相对平坦的土地资源，使得丘陵地区的农耕经济相较山区来得发达（图1-3-10）。拥有相对优越的资源条件和宽阔的空间，聚居于丘陵地区从事农业耕作的人口规模较大，不仅分布有规模较大的村落，也分布有更大规模人口集聚和产业集聚的城镇聚落。为便于生产活动的便捷开展，从事农业耕作的村落多选址于丘陵山脚处，或选址于临近溪流的谷地处，如路罗镇的茶旧沟村。规模较大的城镇聚落则是多选址于背靠丘陵山坡、面向溪流的宽阔阶地上，并临接穿越太行山的交通孔道。

南北走向的太行山脉构成了河北省域的多样资源带，与自然地理环境特征及资源禀赋相对应，各种规模和职能等级的聚落在丘陵地带的建设较为密集，并由此构成了太行山东麓山前的南北向聚落带。在这条聚落密集带上，自北向南形成了易县→满城→顺平→曲阳→正定→天长→内丘→邢台→武安→磁县的一系列沿山城镇，还分布有众多的农耕村落，并且与沿太行山东麓的南北向交通道路之间有着紧密的关联。

四、盆地地区

冀西太行山区因为地形复杂，山形山势起伏变化剧烈，加之沟谷纵横和山峰山脉隆起，形成了多种形态和规模的山间盆地（图1-3-11）。盆地地区在地理区位上大体可分为两种类型：一种是与东麓丘陵地区相间，由山阜缓坡等所环绕的溪流谷地，这种盆地分布于山体向河北平原转换的过渡地带；另一种是与低山地区相伴，由山峰长崖等环绕形成的山间平缓阶地，这种盆地分布于太行山腹地的深处。在两种盆地中集聚人群的生产生活方式相似，在聚落规模上则有较大的差别。

第一种类型的盆地主要分布武安、微水、赞皇、平山和阜平等地，其地形环境为山地丘陵地区中的断陷盆地或河谷盆地。相对于山前丘陵的地形环境，盆地中平坦土地的面积较大、河谷阶地的面积较大，盆地周边的山坡平缓或台地层叠，形成宽阔的"U"形空间环境。这类盆地地区因其拥有较为平坦和大面积的农耕土地，加之汇出太行山溪流水体形成了较好的水汽资源条件，集聚于这类盆地地区的人群多以农耕生产为业，所形成的聚落通常规模较大，建设的选址位于盆地的边缘处，依靠山坡台地向阳面田。这样的聚落有较大规模的农耕村落，也有乡镇或集镇规模的聚落，如邢台路罗镇的桃树坪村（图1-3-12）和邯郸磁县陶泉乡。

第二种类型太行山腹地深处的山间盆地，由于受周边高大山体的影响地形相对破碎，这类盆地的面积规模通常不大，形成空间尺度不等的微观地理环境。相较中山地带的溪流干沟地带，山脉腹地中的山间盆地多处在

图1-3-5 邢台市路罗镇鱼林沟村村址环境

图1-3-6 井陉县南障城镇大梁江村村址环境

图1-3-7 武安市活水乡西城沟村村址环境

图1-3-8 沙河市柴关乡王硇村村址环境

图1-3-9 磁县陶泉乡倒墁村村址环境

图1-3-10 冀西山地旱作农业

图1-3-11 冀西山间河谷盆地环境

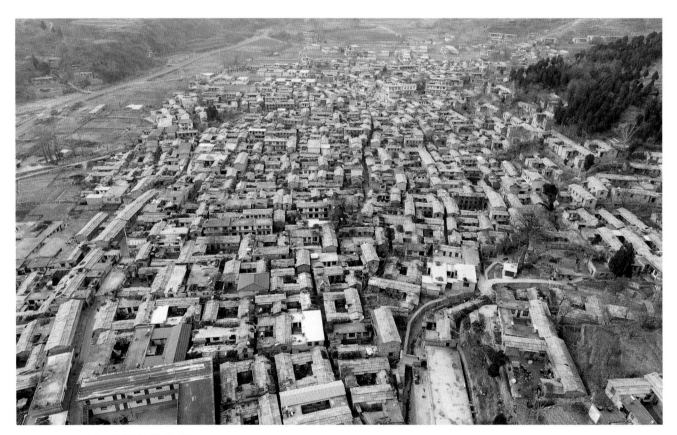

图1-3-12 邢台市路罗镇桃树坪村村址环境

稍宽阔的阶地或斜坡上，拥有稍好的土地资源及水气资源条件，并因山体的隔绝作用而与外界隔绝，形成封闭且自足稳定的农耕聚居条件。这类山间盆地在历史上，被用作家族躲避战乱兵燹、逃亡避祸的聚落建设地点，聚落的规模不大，选址多建设于山坡之上，以便将规模不大的平坦土地用作耕作。井陉县的于家石头村就是处在山间盆地中的这样的村落（图1-3-13），为明代土木堡之变后于谦后裔的家族避难村落。

图1-3-13 井陉县微水镇于家石头村村址环境

河北有着源远流长的历史和文化，对其别称"冀"的文献记载，早见于战国时期《尚书》地理志的《禹贡》之中，属于战国时期大九州中的冀州地区。战国时期的九州以及汉代十三州中的冀州，在地理空间范围上大体与现今河北省的省域范围相当。在古代，河朔和河北的称谓泛指黄河以北的地区，《尚书》记载周武王伐商时向诸侯誓师的三册《泰誓》，在《泰誓中》："惟戊午，王次于河朔，群后以师毕会"①。唐代中后期为朝廷所忧患的地方势力"河朔三镇"，即南部的魏博、中部的成德和北部的卢龙三镇就处在黄河以北的平原上，各自的割据区域中心分别为魏州、恒州和幽州。及至金元明清几个朝代，河北已经改变了其在政权空间格局中的地理区位，而成为环绕拱卫王朝都城的京畿地区。到了近代民国时期，河北不是作为京畿地区，就是作为围绕着北方区域中心的区域，其在地理区位上的重要性，为区域的变化发展带来了重要的推动作用。

现今河北称谓可溯源于唐时划定的河北道，其南部以黄河为界，河北道统辖着南起黄河、北至长春吉林的广大地区。现今河北省域的南部边界已不是以黄河为界，而是以黄河北侧的漳河为界，这样的划定与元明时期朝代的交替以及军事战争有关，也与后期行政辖区划遵循的"犬牙交错"构想有关。

由不同历史时期各种力量的推动，结合河北省域多样化的自然地理类型，所形成的历史地理环境特色鲜明且脉络清晰，并深刻地影响着这片区域的各个方面。历史上的朝代更迭，是生产、经济、交通和人口等多方面作用的结果，同时也是促进这些方面发展的推动力。现今的河北省省域，从春秋战国时的诸侯封国，到秦汉中原文明的边地，到隋唐时地方性区域中心，再到金元明清的王朝中心，其由边缘地带向中心地区的发展脉络，在历史上的各个时期对区域内部的诸多建设和区域

外部的交通交流，都起到了深刻的影响。河北区域作为中原农耕文化的边地时，人们的生产生活方式有农耕有游牧，也有兼农兼牧，呈现多样化混杂的状态，并也成就了人们的栖居状态，进而对应投射在聚落体系的分布上。在地方割据时期，聚落体系在空间分布上呈现为多片向心的状态，地区间则依托交通孔道建设用于扼守的城镇，如滏口陉的磁县、飞狐陉东道的易县等城镇；而进入元明清时期，尤其是在明清两朝，河北作为京畿地区，其聚落体系在空间分布上则呈现为多层级向心的状态，如京城南部的保定、东部的蓟镇和北部的承德等，构成了次一级地区的城镇中心（图2-0-1）。

随着历史上政权中心的变化，地理区位价值的提升，人

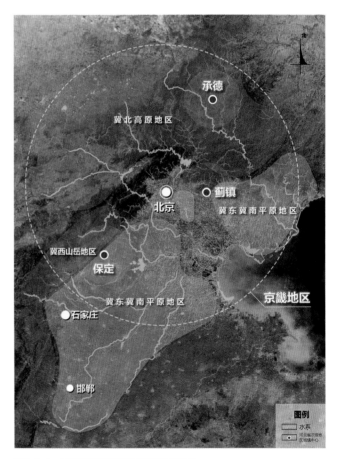

图2-0-1 明清京畿地区聚落体系形态示意图

---

① 尚书. 泰誓中第二. "惟戊午，王次于河朔。次，止也。戊午渡河而誓，既誓而止于河之北。"

群的生活由分片和分生产方式的栖居演变为融合栖居的方式，进而构成在传统聚落体系空间分布上和规模上的演变。

历史上王朝的更迭和断代，并不会改变区域发展的连续性，但会在沿革的脉络上形成阶段性的变化，如体现在区域聚居人群生活、资源利用、农业生产、交通运输方式等诸多方面的沿革和变化。这些诸多方面的变化与河北多样化的地理环境相对应，作用在人口聚居状态和城镇聚落体系的建设上，形成了历史地理环境的多样化状态特征，以及与聚落之间对应演变的脉络。如明代初期人口自山西迁移进入河北从事农业生产，改变了华北平原之前的聚落建设状况；穿越太行山的交通孔道因其在各个朝代的区位价值和作用不同，而改变沿线聚落的功能、规模和空间分布状态；元明清几代京杭大运河的漕运繁荣，对沿岸人流货流的集聚以及城镇聚落的建设形成了推动。

河北的历史地理环境与人群聚居起源、区域交通、资源禀赋、人口分布的变化紧密相关联，结合自然地理环境条件在小区域上的差别，造成聚落在分布、规模和等级上的变化与演变，并进而导致聚居人口的变迁、区划的调整和聚落功能的转型等。总之构成历史地理环境的要素众多，对人群聚居及其生产生活方式的影响多样且深刻，落到分布在各区域的聚落建设上，既有扩大规模和提升等级的发展变化，也有导致传统聚落功能衰落等的各种变化。

第一节　聚落发生的源流

河北省域范围内的人类聚居有着悠久的历史，聚居生活的聚落遗址在北部地带和南部地带都有考古发现。经考古发现最早的聚落遗址，位于河北省西北部的泥河湾地区，即在泥河湾的断陷盆地中（图2-1-1），发掘出旧石器初期的文化层，发掘到的文化层为距今约二百万年前的古人类聚居活动遗迹。而在河北南部的邯郸市武安县磁山，经考古发现了距今8000多年的半地穴式房屋、窖藏粟米、动物骨骼以及石质研磨工具和陶制炊具等，由此表明在新石器的早期，河北的南部即是中国北方旱作农业发达的地区，聚居于此的人们就以驯化动物和耕作养殖为主要的生产方式，辅之以渔猎和采集，过着聚集定居的农耕生活。

及至上古的殷商时代，河北的中南部是商族人群聚居的主要地区，商人的祖先季与王亥等部落以游牧的方式居于易水河流域，并在从易水河向南到邢台的地带，再到安阳等更大的区域范围内多次迁移。《尚书》中《盘庚》里的"殷人屡迁，前八后五"，即是记载的殷商部落在建立王朝前后的多次迁徙。因洪水灾害、游牧与游农和冶炼的生产生活方式，商人部落在冀中和冀南一带的多地聚居，从而留下了青铜文明、制铁、建筑、酿酒、陶瓷和漆器等的遗迹和器物。早期商王朝的祖乙曾定都于现今的邢台市，从考古发掘上反映出在藁城、定州和磁县的一带，就已有都城和城镇聚落的出现。而在同时期，一些部落和部落联盟逐渐演变成为地区性的组织，随后又转化成商王朝的方国，在冀南地区乃至豫北和鲁西地区，形成了聚落等级体系的雏形，即由部落的点状分布到地方聚落体系建设的萌芽阶段。

西周建国后的"封诸侯，建同姓"以拱卫王朝，使得周王的子弟和功臣以及联盟部落和臣服部落的首

图2-1-1 阳原县泥河湾断陷盆地环境

领，获得了土地和民众的分封而建立了诸侯国。在现今河北省域范围内既有与周王姬同姓的封国，如位于北部的燕国和韩国、位于南部的邢国；也有异姓的诸侯国，如位于省域北部的孤竹和蓟等。现今冀南的邯郸为卫国属地，北部的张家口、承德为鬼方的山戎和东胡等多个部落活动地区，保定西部与石家庄西北部为楼烦、北戎等游牧族群活动地区。到了西周王朝衰落时期，秦、晋、楚、齐、宋春秋五霸统辖着大片的疆土，而现河北的省域处在晋、齐以及大诸侯国之一北燕的交接区域，如北部为燕国的属地、西部和中南部为晋国的属地、东南部为齐国的属地、南部为另一诸侯国卫国的属地。春秋时期的河北区域为多片属地所划分，加之其间还分布着令支、鲜虞、代、肥、鼓和甲氏等小国，使得聚落在体系上呈现出分散的状况，但在区域空间上已有了较多的分布建设，这期间所建立的城镇则成为后代聚落发生的源头，以及聚落体系发展的依托基础。

聚落的肇基发生以及聚落体系雏形的出现，是早期部落族群在区域范围内的栖居分布状况的反映，体现出人群对区域资源环境的利用方式，以及生产生活方式等诸多方面的状况。区域早期的聚落及其空间分布，深刻地影响着后续各历史阶段的地理环境，并形成了区域聚落发展的基础。随着之后各历史阶段在诸多方面的发展推动，聚落对早期的建设既有延续又有改变，即随着各朝代统辖地区和人口规模的变化，早期聚落和聚落体系在职能规模与区域空间分布上发生着相应的变化。而各朝代统辖地区以及地区内人口规模的变化，又与社会经济状况、生产生活方式、资源与灾害、对内对外交通、战争等有着密切的关联，推动着各级城镇与乡村聚落的兴衰发展、聚落体系以及在空间分布上的演变。与聚落和体系演变相关的方面多样且复杂，较为直接相关的有环境资源的利用方式、农业耕作的生产方式和交通线路的职能分布等。

一、环境资源的历史变迁

河北省域处在中纬度温带大陆性季风气候区，由于南北方向上的地理跨度约有750公里、东西方向上的地理跨度约有650公里，导致在自然环境资源上存在各个地区之间的差别。北部高原的温带气候使得牧草资源丰沛，历代为游牧部落利用来从事牛羊的放牧生产；东北部的燕山山脉森林与动植物资源丰沛，加之西拉木伦河、老哈河、滦河等充足的水资源，形成了栖居于此的少数民族宜农宜牧宜渔猎的资源利用方式；西部的太行山区森林资源、矿藏资源和水资源丰富，且山间盆地的土地资源相对丰沛和暖温带的气候条件，形成了农业耕作为主兼牧的资源利用方式；南部和东部平原的土地资源和河流资源富足，特别是在明清以后形成了资源利用效率较好的农业耕作方式（图2-1-2）。

河北省域范围内，地质环境上的变迁发生在远古时期，为各地区的环境资源条件以及人群对环境资源利用方式奠定了基础，如渤海湾的盐业资源之于长芦盐场、太行山区的矿物土质之于河北"邢、定、磁和井陉"四大古窑等。就区域自然环境的资源条件而言，其变化对人类栖居生活的影响是显见的，如红山文化的发展期与中新世的高温多雨期对应，相对优越的气候条件促进了红山文化的发展。而后期的夏家店下层文化时期，由于高温多雨的良好气候条件转劣变冷，致使农业生产的发展速度变缓，畜牧、狩猎经济成分增大，游牧和渔猎经济使得人群呈现小规模的游动散居状态。

就人群集聚建设聚落的历史而言，河北省域范围内除平原地区的土地资源有相对较大的变化外，其他地区自然环境资源方面的变迁并不强烈，而其变迁更多地体现在资源利用方式和效率方面，如区域资源条件之于手工制造业的发展、区域间交往环境之于商业交通运输等。河北作为先商和商王朝的主要活动区域，其所擅长的青铜冶炼和开启的灿烂青铜文明时代，与太行山东麓

的矿藏资源有关，于邢台、磁县、藁城、卢龙及定州等多地遗址中发现的青铜器具和礼器，均反映出矿物资源出露地点与聚落建设地点之间的对应；同时期的铜器、铁器和陶制生活器具等的发现，也反映出资源富集地点与人群聚居之间的对应。随着周王朝以及战国时期、秦汉和魏晋时期的生产力发展，对区域内环境资源的利用方式和效率也不断提高，烧制出用于建筑的板瓦、筒瓦、砖和管道等部件，用于区域性重要城镇聚落中的建筑建造，诸如用于曹魏时国都邺城中的宫殿建筑群建造等。伴随着河北陶土资源的持续利用以及烧窑技艺的提升，到了唐宋辽金时期，河北四大名窑烧制出的粗瓷器和细瓷器就有很多种，品种不仅有建筑部件和生活用具，也有文化用品和装饰用瓷；涉及白釉、黑釉、绿釉和黄釉等多种色彩器具。在各时期王朝兴衰变迁的历史

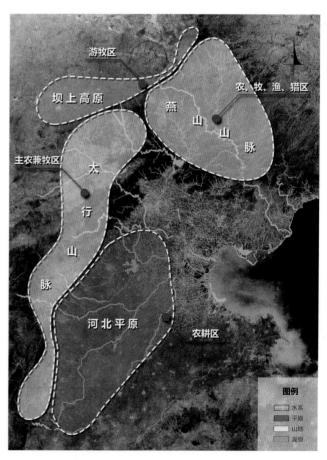

图2-1-2　河北省域资源利用方式分区示意图

过程中，基于环境资源而来的陶瓷烧制也发生着相应的变迁，从而导致了聚落的兴衰演变，如兴盛于唐代而衰落于五代时期的邢窑，其窑址所在的临城和内丘也随之兴衰；磁州窑兴盛于北宋而衰落于元代，自隋唐到宋代一直为州一级建制，到了元代则"州县俱废"；由于自隋代兴盛并历代繁荣的井陉窑，其窑址所在的天长镇自宋代起就一直为历朝的井陉县治所。

就人群聚居的聚落而言，社会经济的方方面面均是构成其环境资源变迁的要素，在这众多的影响要素之中，各区域之间交通和分隔的需求，是聚落职能确立和聚落建设的重要因素。在各个朝代更替的历史过程中，河北省域范围内各次级区域的边界不断发生着变化，使得地理区位作为一种环境资源，在价值和作用上也随之发生变化，并进而深刻地影响到聚落的演变。河北省域范围内有内外两道长城，虽然对管辖边界进行防御分隔的长城，在春秋战国时期就有建造，但长城完整的体系化建设是在明代，沿线戍边聚落是依据"镇、关、卫、所、堡"的五级系统进行建设。随着清朝进关入主中原，长城不再具有防御游牧部落劫掠、分隔农区与牧区的作用，沿线的各级戍边聚落在朝代的更迭中发生着变化。原先聚落当道建设的防御功能演变为交通和驿站职能，原有作为分区门户价值的聚落转换为商业服务价值的集镇，原本的屯兵军事戍堡转变为农耕生产的乡村聚落。聚落职能不仅因朝代的更替而变迁，也会随着地区环境资源的重组而发生改变，如河北中南部的邢台市内丘县，因煤、铁、铜、石英石等矿藏而烧窑制瓷，因朝代的更迭而兴盛与衰落，也因在中药材种植的基础上发展商业贸易，而促使聚落职能发生转型改变。

二、农业生产的历史变迁

传统聚落作为人口聚居的集中地点，其生产、生活居住与所处环境之间有着紧密的关联，这种关联直观地反映在聚落人口规模、聚落建造类型、聚落建造规模等方面，其体现出来的就是该地区的人地关系。河北的传统聚落均成就于农耕社会，尤其是其中的乡村聚落，其人地关系以人口规模和粮食资源之间的协调为核心，使得地区的土地资源条件、耕作用地的规模、生产方式等成为传统聚落赖以建立的基础，同时各个地区在农业资源与生产方式上的差异和变迁，也就造就了传统聚落在规模以及分布上的特征。

对应于河北省域范围内的资源条件，生产方式的区划总体上分布是：北部的坝上高原因其牧草资源而成为牧业地带，逐渐向南的坝上高原南部以及燕山山区为半农半牧地带；北部的太行山山地为以农为主的半农半牧地带，山中河谷平坝以及盆地为农业耕作地带；中南部地区的辽阔平原为农业耕作地带，因水利灌溉条件好而成为粮棉等生产的主要产地。

河北的南部平原地区有着悠久的农业生产历史，发现于邯郸武安的磁山文化，其年代约为公元前5400年的新石器文化早期。磁山遗址发掘出土有植物的粟、榛子、核桃、小叶松等的炭化物，动物的家鸡骨骼等，尤其是粮窖、房基、陶盂及支架、石磨盘及磨棒等的发现，反映出了磁山地区当时就以种植粟米的原始农业为主，辅以渔猎、采集而过着定居的生活方式。磁山是世界上粮食粟、家鸡和中原核桃的最早发现地，磁山文化代表了中国北方旱作农业中的谷子起源。磁山遗址中的88个长方形窖穴底部堆积有厚达0.3～2米的粟灰层，反映出当地粟米耕作规模大和收获数量多的状况。

包括河北省域在内的中原地区是华北旱作农业经济文化区的中心，随着灌溉水利和精细农业的发展，为人口的集中繁衍提供了条件。广袤的华北平原以及黄土高原上便捷的交通条件，使得农耕人口的定居和乡村的发展拥有了良好的基础，依托农田资源和农业耕作生产而积聚起来的不同规模村镇，构成了华北平原的聚落形式和分布状态。基于农业的发达和管理的需要，包含着华北平原的中原地区，成为历代政治、军事、文化乃至商业经济的集中之地，可为中央集权或小集团的管理制度提供赖以支撑的社会经济基础。因此也就使得农业生产与王朝的兴盛和接替有了紧密的关联，农业产生呈现出从恢复→发展→繁荣→衰落→破坏的演变过程，与朝代从建立→稳定→兴盛→衰落→灭亡的周期过程相对应。农业生产的发展与繁荣，不仅促使了人口规模的增长和积聚，同时也促进了商业经济的发展、商道贸易的繁荣以及商贸聚落的建设。

河北平原地区在宋金时期，处在南北两个政权王朝疆域的边界地带，加之当时的黄河河道为沿太行山北流然后向东入海，使得河道以东的平原地区的农业人口稀疏，农业生产处在较为低下的水平。及至元代形成统一疆域后，由于对河流水系的管理不善、受之前战乱影响的诸多因素，加之平原地区排水不畅和土地盐碱化，使得河北平原农业生产规模和效率低下，农业生产和人口聚居的状况尚不及两汉时期。河北平原农业生产的恢复和发展主要在明清两朝，由于元末的战争以及水旱蝗灾等，大大损害了河北的农业生产，导致农业人口减少，直至自明代洪武到永乐年间共十多次从山西移民过来屯田，才通过早期的荒原牧马和后续的开垦荒地，逐渐恢复了业已衰败凋敝的农业生产。河北平原农业生产的发展是在清代的中后期，除了原本种植的传统农作物小麦、粟和高粱外，高产的玉米和甘薯的引进与推广种植，大大提高了河北平原以及太行山区农业生产的效率，使得区域人口的规模得到了很大的增长。近代民国时期，为充分利用土地和水肥资源，间作套种和混种的方式再次提升了农业生产的产出。到了中华人民共和国成立后，对农业灌溉沟渠系统的建设和对农田土壤的改良等措施，提升了农田资源的质量和规模，使得河北平原成为粮食作物的主产区。

明清至近现代时期，由于农田耕作效率的大幅度提高、作物品种的多样与高产、一年两制的耕作方式等农业生产的改变，促进了河北省域范围内的人口规模的增长，进而使得省域内各地区的聚落，在规模和数量上有了较大的增长，在城镇体系上有了职能上的完善。随着农业生产的变迁，带来了相对应的人口分布状况以及聚落的建设状况，即太行山前洪积及丘陵地带的传统城镇聚落，规模较大但数量较少；而太行山区和低山丘陵地带的传统乡村聚落，从事山地旱作农业和林果业的生产，聚落的规模相对较小且随农田资源而分散。河北平原上农业生产的发达，使得乡村聚落特别是从事农耕的村落，在聚居的人口规模上较大，且这类村落在村庄总数中的占比较高。

三、交通线路的历史变迁

在地区社会经济各方面的发展中，交通运输有着不可或缺的地位，即使是在受地形环境阻隔的地区，其承载的对内和对外人流与物流的功能，对于地区仍具有至关重要的影响作用，由此交通线路成为区域环境中的重要资源条件。传统农耕社会的交通运输线路，由陆路通道和水路通道两类组成，无论是对区域内还是区域外的交通线路，均紧密依托并就成于所在区域的自然地形环境。河北省"枕燕山、面黄河，左沧海、右太行"的独特地理区位和地形环境，其与南、北、西三面的外部区域呈现阻隔状态，使得交通线路在区域沟通内外部的历史发展过程中的作用显得尤为突出。跨越燕山、太行山的交通线路与历史上的战争和朝代更替紧密关联、与货物运输以及商业贸易紧密关联，也与沿线传统聚落的选址建设以及职能功用有着密不可分的关联。

河北省域范围内的陆路交通线和水路交通线，主要有跨越燕山通向辽东的"碣石道"、跨越太行山联通山西高原的多条陉道、穿越长城后联通出张家口的万里茶路，以及太行山东麓的南北通道和南北向的京杭大运河等（图2-1-3）。在这些联通区域内部和外部的交通

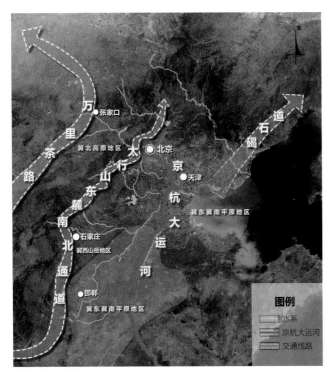

图2-1-3　省域范围内大交通线路示意图

图2-1-4　太行山中与山间溪流相伴的陉道

图2-1-5　沿太行山陉道的乡村聚落

线路之中，较为突出的是跨越太行山并与山间溪流相伴的陉道（图2-1-4），不仅影响着历史上重大事件的发生与进程，也深刻地影响到沿线城镇和村落的分布（图2-1-5）。

　　南北方向上绵延400多公里、横亘在山西高原和华北平原之间的太行山脉中，有多条东西向的横谷导致的山脉贯通裂隙（图2-1-6），所形成的交通线路中最为著名的是"太行八陉"（图2-1-7）。八条陉道上分布着多种功能的聚落，有"平时为联、战时为塞"关镇和集镇，也有"分治时为商埠、一统时为驿站"的聚落。太行八陉中北侧的五条交通孔道，处在河北省域范围内，自南至北分别为滏口陉、井陉、蒲阴陉、飞狐陉和军都陉。陉道之上不仅有着深厚的历史积淀、军事商贸交通往来，也有沿线各级聚落的建设以及功能的变迁。

　　滏口陉为连接河北和山西之间的天然交通孔道，陉道起始于现磁县西北的石鼓山与神囷山（元宝山）对峙所形成山口，由磁县向西沿途有峰峰、涉县直至山西

图2-1-6　穿越山体裂隙的交通孔道

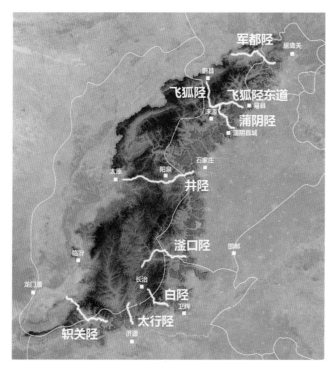

图2-1-7 "太行八陉"地理分布示意图

线聚居的兴盛与衰落，滏口陉南端的南北响堂山和风月关（图2-1-8），即因北齐与唐代的繁荣而建；而滏阳河水运交通从唐代持续兴盛至清代后衰落，现邯郸市马庄乡张庄桥村存留的明代建、清代修的通济桥，是历史上沿河商贸业兴衰的见证。

井陉同为连接河北和山西之间的天然交通孔道，陉道东起鹿泉县西南的海螺山和抱犊山之间的土门关，向西经过井陉到山西的平定、阳泉，并联通至晋中和太原。早在春秋战国时期，井陉古道就是东西向贯通燕赵连接秦晋的交通要道，并在秦统一六国后成为交通网主干线上的重要一段，因此而有"秦皇古驿道"的称谓（图2-1-9）。井陉处在太行山腹地，为四周高大山体环绕的山间盆地中，因其状若井中的地形环境而得名，这在宋初的地理志书《太平寰宇记》[2]中即有所记载。井陉是穿越太行山脉自山西东出最为便捷的交通孔道，"冀晋通衢"使其很早就承载着燕赵晋秦多地跨区域人流和货物往来的功能，也因为其交通的便捷而成为历代兵家必争的要冲，历史上很多重大的战争均发生在井陉，如秦代的王翦伐赵、汉代的韩信"背水一战"和唐代的平定安史之乱等。井陉具有通达的交通区位和重要战略地位，历代在沿线有着多处防御聚落的建设，如在太行山脊分水岭上建有娘子关、西端建有固关、东端建有井陉关（土门关），以及唐宋时的天长镇等塞城戍守聚落。井陉因其具有丰富的矿藏资源，而拥有手工业生产能力以及商贸资源，如陶瓷黏土资源造就了自隋代起一直延续至明清的白瓷烧造，由此形成的陶瓷制品生产和货物贸易，推动了秀林镇以及交通驿站等聚落沿井陉一线的建设。

蒲阴陉为自南向北略偏西走向穿越太行山东麓的陉道，其东南端起始于现顺平县的子城村，西北端连

的黎城、潞城和长治，向东则延伸至曹魏时期的都城邺城（现临漳）。滏阳河因处在晋冀两省交界的滏山，形成的山间汇水滏阳河向东奔流入邢台大陆泽，《山海经·北山经》论及神囷山时记载"滏水出焉，而东流注于欧水"[1]，滏阳河作为历史上承担邯郸至天津运输功能的溪流，为《魏都赋》等后世历代文献所记载。滏口陉因紧临滏阳河的上源而得名，作为东西向横切太行山脉所形成的峡谷裂隙，自古就是用兵、交通和商贸的跨区域重要孔道。战国时秦军由滏口陉东出，进逼赵国的都城邯郸；北齐时期跨太行山的两个都城，国都邺城和陪都晋阳之间的人员物质往来，即是通过滏口陉的交通得以实现；北宋时期兴盛的磁州窑陶瓷制品，向东通过滏阳河水道外运、向西通过滏口陉交通孔道外运。滏口陉和滏阳河的陆路交通和水路交通兴衰，深刻地影响到沿

---

① 山海经. 卷三 北山经.

② 太平寰宇记. 卷六十一 河北道.

图2-1-8 滏口陉风月关

图2-1-9 秦皇古驿道

接到飞狐陉东道上的浮图峪。蒲阴县为春秋战国时期设置，又名曲逆县，地属中山国，县城治所设在现顺平县大王村和子城村的南面。西汉平帝元始五年（公元5年），王莽时改曲逆县为顺平县。刘秀建立东汉以后，又将顺平县改回曲逆县。东汉章和二年（公元88年）再将曲逆县改为蒲阴县（图2-1-10）。《汉书·地理志》注曰："曲逆，章帝丑其名，改曰蒲阴，在蒲水之阴。"蒲阴县城（曲逆城）现存留南侧和东侧城墙遗址，为数百米长且残高不等的夯土城墙（图2-1-11）。发源于县域蒲阳山的蒲水，自西北向东南流过曲逆县城南侧，因陉道处在蒲水之阴而得名。《水经·滱水注》：蒲水"出西北蒲阳山，西南流，积水成渊，东西百步，南北百余步，深而不测。蒲水又东南流，又南径阳安亭东……又东入濡"。蒲阴陉出县城向北，穿越太行山东麓的丘陵地区，至北台鱼镇和管头镇，经黄土岭和王安镇后，翻越五回岭直达浮图峪口（图2-1-12）。蒲阴陉（五回道）在浮图峪的凝静庵口连接上飞狐陉东道，向西三十里联通涞源县城（广昌县），向东三十里联通紫荆关并通往易县。

飞狐陉由两段道路构成，其中的东道为沿拒马河河谷的天然交通孔道，其东端起始于易县的西北，溯拒马河上游段向西连接太行山间盆地涞源县，自涞源向西延伸至山西的灵丘、向北接通往蔚县的飞狐陉北道。易县县城以西约40公里处的紫荆岭，建有扼守飞狐陉东道的紫荆关（图2-1-13），关城坐落于山岭夹峙的小盆地上，紧临至西向东流淌的拒马河，因陉道上关隘战略位置的重要而在明代有"畿南第一雄关"之称。飞狐陉东道作为出太行山入华北平原的要道，历史上的多次战争事件与这条陉道有着密切的关联，如宋金时期蒙古攻灭金朝的战争、明代瓦剌部落和鞑靼部落南下攻击的战争。由于飞狐陉东道的地形险要且区位重要，在战国至汉代时期即设五阮关扼守，以防御高原游牧民族骑兵的袭扰。五阮关经宋时的"金

图2-1-10 东汉时蒲阴县城（曲逆城）遗址

图2-1-11 蒲阴县南侧夯土城墙遗存

图2-1-12 蒲阴陉道上的五回岭

图2-1-13　扼飞狐陉东道的紫荆关

图2-1-14　飞狐陉北道

陉关"、金元时的"紫荆口"，到明代时对已破败的关城进行重建，形成了由拒马河北岸的小金城、南岸的关城、小盘石城、奇峰口城、官座岭城五座小城组成关城防御体系。随着清代历史环境的变迁，原先内外长城的防御功能消失，紫荆关的重要地位也为商贸驿站和管理职能所接替，同时因戍守飞狐陉东道而修筑易州城也转变了职能。

飞狐陉北道（图2-1-14）连接涞源盆地和北部的蔚县盆地，为河北平原穿越太行山脉沟通雁北高原的交通孔道（图2-1-15），处在太行山脉、燕山山脉和衡山山脉的交汇碰撞地带，形成沟谷深切、两侧悬崖绝壁耸立的狭窄通道。北宋时欧阳忞编撰的历史地理著作《舆地广记》记载：飞狐峪，飞狐关，在蔚州南四十里。其地两崖峭立，一线微通，迤逦蜿蜒，百有余里。飞狐陉北道因其狭窄险绝的地形、曲折盘桓的线路和萧然幽暗的环境，在历史上有着"四十里黑风洞"的俗称（图2-1-16）。飞狐陉北道作为三条山脉交接处的断裂陉道，阻扼着北方游牧民族通过桑干河上游盆地的南下劫掠，而成为历代重点设防的军事、交通和商贸咽喉要地。鉴于飞狐陉

北道作为交通孔道的重要战略地位，历朝历代均在此设重兵把守，在汉书《文帝纪》即有"匈奴入上郡、云中，以令免为车骑将军，屯飞狐"[①]的记载。东汉时在陉道中间的黑石岭，修筑起堡壁、亭障、烽燧和墩台等设施据险扼守，所建的防御性军事聚落黑石岭城，在随后的唐、北宋和明朝等历代都曾进行修治，直至清代康熙年间毁于地震。飞狐陉北道沿线因空间的逼仄、环境条件的限制和线路里程不长，除历史上的军事城堡外，相较其他陉道则少有聚落的分布和建设。

军都陉处在太行山脉与燕山山脉交接处的关沟，为沿季节性河流形成天然的交通孔道，由河北的怀来盆地向东连接北京的居庸关和南口镇，是北京贯通宣化、内蒙古草原最为便捷的跨区域道路。军都陉所贴临的关沟峡谷，因沟长谷深而有凭"绝险"镇守之利，加之处在蒙古高原进入华北的冲要之地，其所具有的兵家必争之地区位价值，使得居陉道之中扼守军都陉的居庸关（图2-1-17）有着极为重要的防御功能。《金史》上记载"中都之有居庸，犹秦之崤函，蜀之剑门也"。自汉代就有鲜卑族人攻打居庸关，及至辽金

---

① 汉书. 卷四. 文帝纪.

图2-1-15　翻越亚高山草甸的交通孔道

图2-1-16　飞狐陉北道狭窄绝险的地形环境

图2-1-17　居庸关

之间、金元之间、瓦剌与明朝之间均在军都陉上发生过激烈的战争。跨区域汇集到八达岭居庸关隘口的交通线有三条，其中两条为出河北怀来后西行的野狐岭路和北向的望云驿道，第三条黑谷辇路自居庸关前北上，三条线在沽源县的李陵台驿交会后连接内蒙古高原的上都城。军都陉出居庸关后在现河北境内的交通线路，主体为联通大海坨山和老虎嘴山之间怀来谷地后，西行保安州、宣府镇至张家口的孔道，因军事防御的需要沿途设置了万全左右卫、宣化镇、怀来卫以及戍堡等（图2-1-18）。明代时一系列镇、卫、所和堡的建设，完善了长城防御的聚落体系，并在进入清代以后转变为府州、县城的治所，以及驿传体系中的各级聚落（图2-1-19）。

交通线路无论是贯通区域外部，还是连接区域内部，都对聚落体系的建设以及聚落职能的变迁，起到了至关重要的作用。河北省域范围内除上述五条穿越太行

山的陉道外，还有多条跨区域的交通孔道，如穿越燕山山脉有三条孔道，古北口道和卢龙塞道在交会于承德的八沟厅（平泉）后，北上内蒙古的赤峰和东出辽宁的义县；傍海道则是沿渤海岸线形成的"辽西走廊"，沟通山海关与辽宁的绥中、建昌和锦州等地。穿越太行山以

图2-1-18　宣化府拱极楼

图2-1-19　水关长城及周边聚落

及联通东麓与腹地的线路也有多条，如倒马关扼守的"灵丘古道"等。连接区域内部的交通线路众多，其中沿太行山东麓的交通线路，构成了省域范围内南北向交通的主要骨架，串联起了邯郸、邢台、正定、定州和保定等一系列城镇聚落。除了陆上交通线路外，贯通区域内外部的水运交通线路，以及近代铁路交通线路，也对沿线聚落的发展建设和兴衰变迁产生了重要的影响：如历史上京杭大运河的漕运，导致沿线城镇聚落的兴起；如滏阳河水量减少和河道淤塞造成的航运功能丧失，导致沿线城镇聚落的职能转变；如铁路建设绕过有着"北方三雄镇"之称的正定县城而定站石家庄，使得正定从地区中心变为石家庄下辖的县。

第二节　历史区划的变迁

区划涉及疆域、资源、生产和人口等方面的管理与组织，历史上就为各个时期的朝代所重视，其在地表上的划定与自然地形环境、流域资源等既有的条件密切相关，也深刻地影响着区划单元内外的建造。区划单元的确定和演变，与内部的聚落职能、规模和选址建设之间有着密切的对应关联，也与内外部的交通道路建设有着至关重要的联系。区划单元具有继承和延续的特点，其发展与王朝制度、社会经济水平等的兴衰状况直接相关，区划的变迁投射在聚落及其体系的建设上，成为聚落演变规律的重要作用因素。中国古代的行政区划有着两种不同的制度，即分封制和郡县制，而这两种区划制度在河北省域范围内均有所存在，并对聚落和体系的发展与演变起到了重要的推动作用。

殷商和周王朝时期采取分封制的方法，对土地资源和人口资源进行管理，即商周的王在京畿地区划定直接管理的一片区域，在京畿以外的地区通过血缘关系进行"封邦建国"，以达到管理地方拱卫中央的目的。依据血缘关系建立起来的分封制，通过有层级差异的方式，将国家的疆域划分为规模大小不同的区域，形成王城、都城和采邑城的三级管理区划。即王将土地和人口分封给同姓或异姓的诸侯，诸侯再将土地和人口分封给卿大夫。分封制作为适应于当时部落联盟和生产力关系的管理方式，赋予了各级领主在封国内具有社会和经济各方面的管理自主权。依据分封制建立起来的地方性方国，虽然各方国之间疆域的大小不同，但方国之间呈现出来的是并列平行关系，这样行政管理制度投射在聚落及其体系的建造上，则是在地表之上呈现出多片并列的区划，而在其范围内的聚落和聚落体系，则是呈现出规模差异大的单中心结构形态。

相较于建立在血缘关系基础上的分封制，郡县制是一种对土地和人口等诸多资源进行管理的行政区划。伴随着血缘关系让渡于行政事权管理，郡县制的出现是适应于分散事权向统一事权转换的管理需要。早期的郡县制在春秋中期就有出现，即春秋五霸等大诸侯国，在实力强大后开始发展集权管理，对新拓展获得的土地不再进行分封，而是改由派遣官员进行管理。在新拓展的土地上设县，并在经济发达和交通要冲处营建聚落，成为春秋后期与战国时期普遍的行政区划。早期的郡县两种行政区划在相互之间没有统辖关系，仅就出现的时序而言，县的区划早于郡的区划，二者在设置上的差别是：县设置在经济发达的通达地区，而郡设置在经济条件相对落后的边远地区。到了战国后期，以郡辖县的行政区划体系逐渐实行，并在秦朝统一六国后得以广泛推行，成为与王朝集权相适应的行政区划制度。管理土地和人口各项资源的行政区划的变迁，改变了原有的聚落及其聚落体系，尤其体系中聚落的层级关系发生了改变，由原先以多个方国为单元的多中心结构，向王朝的单中心多层级聚落体系演变。

一、郡县制的早期设置

先于秦朝统一六国，郡级区划在魏、赵、韩三国的边地内实施，有魏国的西河郡、上郡；赵国的代郡、雁门郡、云中郡；燕国的上谷、渔阳、右北平、辽西和辽东郡等，并逐渐发展出郡辖县的管理区划体制。涉及河北省域范围内的郡级区划设置，有赵国的邯郸、巨鹿和恒山郡等；有燕国的上谷、渔阳和右北平郡等。到秦统一六国后，在全国实行郡县制区划管理，在河北省域内陆续设置了8个郡。保留燕国的上谷、渔阳和右北平3郡，并在其南部增设了广阳郡；保留赵国的邯郸、巨鹿和代郡3郡，并在北部地区增设了恒山郡。在郡级区划范围内，依据管辖人口的多寡设置了数量不同的县级区划，由此产生相对应的管理聚落建设和聚落体系的空间分布。

秦时邯郸郡的郡级驻所在邯郸，下辖县的驻所分别在邺县（现临漳县邺城镇）、武安、信都（现邢台市）和鄗邑（现柏乡县固城店）。恒山郡的郡级驻所在东垣（现石家庄市的东古城村），下辖县的驻所分别在石邑（现获鹿县）、井陉、苦陉（现定州市邢邑镇）、曲阳和曲逆（现顺平县）。巨鹿郡的郡级驻所在巨鹿（现邢台市平乡县），下辖县的驻所分别在厝县（现南宫市芦头镇）、武垣（现沧州市肃宁县）和南皮。广阳郡的郡级驻所在蓟县（现北京西南古蓟城），下辖县的驻所分别在涿县（现保定市涿州）和易县（现容城县古贤村）。代郡的区划则地跨河北、山西和内蒙古的部分地区，其郡级驻所在代县（现蔚县代王城镇），下辖的班氏县则位于现在的山西朔州怀仁市。上谷郡的郡级驻所设在沮阳（现河北省的怀来县小南辛堡镇大古城村）；渔阳郡的郡级驻所设在渔阳（现北京市的怀柔区北房镇梨园庄村）；右北平郡的郡级驻所设在无终（现天津市蓟县城东）。除主体辖区在河北省域内的8郡外，辽西郡下辖的令支县，其县级驻所在现河北省迁安县城东。

秦代郡县制的设置，延续了统一六国之前诸侯方国的既有城镇，并依据区域范围内南部和西部人口相对较多、东部和北部人口稀疏的状况，调整并设立郡县制的管理区划，形成了郡级驻所→县级驻所→聚邑的三级聚落体系。郡县制的早期设置，为其后历代管辖区划的确定奠定了基础，同时也相应地建立起了聚落体系之间的水陆交通线路，随之建立起的聚落职能和空间分布，成了其后各级聚落发展和兴衰演变的基础。

二、统辖区域的演变

历史上各朝代的疆土范围不同，建立起的管理制度也有所差异，所对应的统辖区域亦随之不同，并对应影响到统辖区域中聚落职能和聚落体系的变迁。在战国时期诸侯的方国，将现河北省域分隔成多片统辖区域，北部地区主要为燕国的属地辖区、中西部为狄人所建的中山国属地辖区；中南部及张家口以西地区为赵国的属地辖区。各方国在其统辖的区域内，因守边以及统治等不同的功能需求，建立起区域边界上的防御城镇、交通线路上的门户城镇、区域中心地带的方国都城等。

诸侯方国统辖区域的变化，直接影响到聚落的兴衰演变，战国时期比较典型的是中山国和赵国。镶嵌在燕赵之间、地跨太行山和山前平原的中山国，其国中之国的地缘环境，在复国后为防御赵国的吞并，除扼守蒲阴陉和飞狐陉的关隘，以保太行山间的涞源与灵丘盆地外，还在其疆土边界上修筑长城。其建在滹沱河畔的都城灵寿，南、西、北三面为太行山环绕，东面分别建有石邑、鄗邑、苦陉和中人等边界防御聚落。在公元前296

年被赵国灭亡后，中山国统辖区域的消亡，灵寿为中心的聚落体系随之瓦解，城镇聚落随之衰落。战国时期强大的赵国地跨山西高原和华北平原，其都城曾在晋阳（太原）、中牟邑（鹤壁）和邯郸，早期邯郸作为前两城的陪都，自公元前386年都城迁徙至邯郸后，将其北面的信都（邢台）设为陪都。随着赵国统辖区域的东移，使得都城以及聚落体系的建设也随之东移，致使邯郸和信都在聚落职能上发生了变化。战国时期的方国辖区以及聚落的建设，为秦国郡县制的推广实施以及驻所的设立奠定了基础，也为后世历代的发展演变奠定了基础。

秦代在继承了燕赵辖区的基础上，设置的郡县在西汉得到了延续和调整，将上谷、渔阳和广阳三郡合并为幽州刺史部；将恒山、邯郸和巨鹿三郡合并为冀州刺史部；将西北部的代郡纳入并州刺史部。为便于中央监督巡查地方，在地方高级行政区划的郡（王国同级）之上设刺史部，形成刺史部、郡、县三级管理区划，但由于刺史部"周巡郡国，省察治状"，而无常治所设置，在聚落体系上仍为郡（国）级驻所→县级驻所→聚邑三级。东汉末年三国至西晋南北朝时期，邯郸郡的邺城被建成曹魏、后赵、冉魏、前燕、东魏、北齐六个王朝的都城，从而形成了国都、州、县三级管理区划，随之形成了都城→州、郡级驻所→县级驻所→聚邑的四级聚落体系。隋唐时期设河北道统辖各州郡，由于河北道距离当时的中央王朝较远，其治所设置选择贴临黄河的魏州（现河北大名县），治所处在河北平原南部州郡聚落较为密集的地区，便于其履行区域管理的职能。王朝更迭频繁的五代十国时期，河北省域范围内先后为梁、唐、晋、汉、周五国之统辖属地，因各王朝持续时间不长加之战乱频仍，导致聚落建设少而毁坏多。辽与北宋时期，河北处在两个王朝的交接地带，其统辖区域基本以北纬39°线为界，拒马河以北为辽国的南京道、中京道、蔚州和奉圣州所统辖；拒马河以南为北宋的河北东路与河北西路所统辖。金朝与元朝时期，河北全境归

一个王朝所统辖，形成围绕着王朝中心的管辖护卫区域。金中都在周边设置中都路辖区，中都路的南部延续北宋的河北西路和河北东路，中都路的北部设置北京路和西京路，形成都城外的第二圈统辖区域。元朝在统一中国以后，创立了覆盖全国的行省制，并在元大都周边划定中书省的统辖区域，形成中书省、路、府（州）和县的四级行政管辖区域体系，对应形成各级治所聚落直至聚邑的五级聚落体系。明代改变元代的行省制度，建立布政使司+南北直隶覆盖全国的统辖区域，现河北处在北直隶（北平承宣布政使司）的统辖区域内，由顺天府（北京）、保定与河间等府下辖县和散州的区划层级。而在河北的北部燕山和西部的太行山区，出于内外长城的防御需要，则按照镇、关、卫、所、堡五级防御系统进行统辖和建设。清代入关后承袭了明代的区划建制，河北省域包含在直隶省的统辖范围内，形成直隶省、府、县的三级管理区划，随之相应形成直隶治所（保定府）→府州级驻所→县级驻所→聚邑的四级聚落体系。对应清朝社会的稳定、人口和粮食的增长，出现了县以下的次级统辖区域，如以飞狐陉东道的紫荆关为中心，针对山间盆地的管理单元。

王朝的兴衰与更替以及统辖区域的调整改变，在区域层面影响到聚落体系的层级和重心、聚落之间的交通网络；在单个城镇上影响到聚落的职能、规模以及兴衰演变。就河北省域作为统一王朝的一部分而言，由于处在隋唐中原王朝的边地，聚落体系的中心处在省域内的南部。在永乐之后的明代，河北省域范围内的城镇体系，按军事防御和行政管辖的两种规则建设，并形成了相对应的等级和职能分工，城镇聚落体系的中心与重心，以及内外长城防御体系的重心均落在省域的北部。清代后随着军事防御功能的消失，聚落体系的结构规则和聚落的职能发生了转变，各级聚落之间的交通道路网络也随之发生改变，并出现了县以下的小区域聚落体系。

第三节　聚落的历史变迁

传统聚落无论是城镇聚落还是乡村聚落，在具体对象的指代上，通常为近代以前肇基并建成的聚落，现今存留在河北省域范围内的传统聚落，其物质空间基本为明清两代所建，但其聚落的发生则有着更为久远的源流。任何聚落都有其从发生到发展的过程，落在时间轴上则是或长或短的传统聚落建设历史，而这可追溯的脉络，紧密关联着所在区域及所在地点的自然资源条件、社会环境条件。在大区域和小区域的人口与经济、生产与兵燹等诸多要素，以物质或非物质的方式发生着作用，导致各级聚落的建设持续发生着或承续或兴衰的历史变迁。聚落的历史变迁，不仅涉及区域内的聚落体系也涉及聚落类型，体现为聚落体系层级和状态的变化，体现为具体聚落的职能与规模演变。

河北省因其地理区位以及朝代更迭的影响，区域内聚落的历史变迁反映在聚落体系、城镇聚落和乡村聚落等几个层面上，并且在不同层级上的聚落变迁，其主导影响因素则既有所不同又有所关联。区域聚落体系的变迁，与王朝管理运行方式之间有着紧密关联；城镇聚落职能的变迁，与行政管理区划关联得更加紧密；乡村聚落分布的变迁，与地区人口规模和资源利用方式之间对应得更加紧密。

在区域聚落体系的变迁上，河北省域南部和沿太行山东麓的区域城镇密集，战国时期封建方国的简单聚落体系，随着历史进程中统一王朝的出现、小区域之间交通和边界的改变，而发展出层级丰富的聚落体系。从隋唐时期聚落体系中心设定在省域的南部，到明清时期聚落体系的中心北移，体现出王朝管辖疆土资源方式的变化，并也随着靖难之变后王朝的中心都城落在北京，而由此引发了原有区域城镇体系中各城镇职能的变迁。

在城镇聚落职能的变迁上，河北省域范围内众多城镇中，既有规划建设起来的聚落，如为了防御功能而建的军事聚落、为了行政管辖功能而建的府州聚落；也有承担着商品运输和交换功能，自发生长起来的商业聚落等。随着各朝代行政区划以及统辖区域的变化，不仅影响到原有城镇的兴衰，也影响到原有城镇的职能转变，如内外长城的戍边聚落，在进入清代后其防御功能消失，镇城和关城的军事职能转变为商贸流通的功能。

在乡村聚落分布的变迁上，由于人群的聚邑与农田和溪流之间的依存关系密切，乡村聚落有着随资源条件而分布和自然生长的特性，聚落的分布状况和规模也与农业生产方式及效率相对应。早期在河北省域范围内，农田资源主要集中在南部地带，太行山以及山间盆地是乡村聚落主要分布的地区，受旱作农业生产效率所限，乡村聚落的规模不大。后随着明清时期外来人口的迁入、农作物的引进以及土地的改良，乡村聚落逐渐发展到东部的平原地区，分布在平原上的乡村聚落规模也逐渐扩大。

聚落的兴衰变化受到朝代更替、统辖区域的深刻影响，其兴衰发展的阶段虽然多以断代的方式加以表述，但其历史变迁更多地是一个连续流变的过程，即自聚落肇基发生时开始，逐渐演变而来的脉络。聚落历史变迁的脉络，由政治、军事、社会、经济、自然等众多影响要素共同组合而成，复杂多样的构成方式造就了聚落变迁的多样状态。河北省域内的传统聚落，有在改朝换代之间因战乱的破坏而废弃的，也有因朝代更迭而扩展和兴盛的，总之聚落的变迁既有衰落也有升级转型，如中山国的都城因中山国的消亡，其国都灵寿由都城变为后世正定府下辖的县级聚落；再如霸州的胜芳镇，春秋肇基时为水乡村落"堤头村"，宋代发展成水旱码头，到清代因交通便利而成为物质集散市场，发展成直隶的六大重镇之一。

一、战国至两汉时期

春秋战国时期，河北区域内为大小不同的诸侯方国所分割统辖，其中燕国、赵国和中山国为三个持续时间较长的诸侯强国，其留下的是为数不多的诸侯都城和县级城镇聚落遗址，以及军事防御设施的遗址，如燕赵中山三国的长城遗址。战国时期的聚落体系层级较为简单，封国边界即是聚落体系边界，围绕燕国的蓟丘、赵国的邯郸和中山的灵寿形成大约三片聚落体系，以诸侯都城为圈层中心，体系之间的关联主要建立在军事防御

需求之上。随着中山国被赵国所灭，王国的都城灵寿及其聚落体系发生了改变，中山长城和石邑因丧失了防御职能而衰落，灵寿则成为后世的县级驻所聚落。

两汉时期，河北省域因与匈奴控制的地区接壤，既是汉胡人群交错混居的边地，又是战略区位重要的地带，由此而分封刘姓诸侯王以封国扼守。随着一系列封国的建立，聚落体系中的城镇类型为封国首府和郡县治所，如以战国时期赵国都城邯郸（图2-3-1）为封国的首府、安平国的首府信都、中山国的首府卢奴和河间国的首府乐成等；而县级驻地有永年的易阳、隆尧的柏人、藁城的九门和高邑的房子等聚落，大多为沿用战国时期的城镇聚落。

战国和两汉时期，张家口与承德一带为匈奴、乌桓和鲜卑等游牧民族活动的地区，因防御而建立的汉代长

图2-3-1 邯郸丛台

城基本沿燕山一线，因农业耕作而建设起来的乡村聚落，分布在省域的南部和太行山深处的小盆地中。河北南部自新石器时期起，即有聚居从事旱作农业生产的遗存；而太行山腹地中聚居的农业生产，提供了战国时期中山国两次复国的资源保障。

二、魏晋南北朝时期

东汉末年的三国时期，曹操平定了北方地区，以河北省域为曹魏的主要辖区属地，除了承袭汉制保持北部的幽州、中部的冀州和安平郡的信都、中山国的卢奴、河间郡的乐成等郡级驻地城镇外，将都城邺城建设成为了最重要的政治经济中心聚落，并在河北范围内，将两汉的三级城镇聚落体系，转变为都城统领的四级城镇聚落体系。邺城为由邺南城和邺北城两部分组成的都城，其中邺北城的北部中心为宫殿区、西部为苑囿区、东部为贵族聚居和官署区，邺北城对称的"丁"字形道路和清晰的分区方式，在聚落的空间结构上开辟了都城布局的新的形制（图2-3-2～图2-3-4）。

西晋、东晋十六国以及南北朝时期，由于处在大分裂时代而战乱频仍，各王朝更迭频繁且统辖时间不长，因政区设置普遍承袭前朝而使得聚落的建设变动不大。东晋时期，河北范围内先后主要由后赵、冉魏、前燕、前秦、后燕五国所辖，由于各国在时间上的前后相继，在河北省域内的州、郡、县三级区划没有变化，在都城邺城、聚落体系和聚落职能上亦有承继关系。南北朝时期，河北省域内先后为北魏、东魏及北齐的属地，政区设置除继承前朝外，增设了新的州郡辖区而缩减了原先州郡的辖区范围，相应地使得聚落建设的数量有所增加。

北朝齐国时期以滏口陉和滏阳河为交通孔道，在都城邺城和陪都晋阳之间，有行宫聚落（涉县娲皇宫见图2-3-5）和石窟寺（响堂山）的建设（图2-3-6、

图2-3-2　临漳的邺城三台

图2-3-3　邺城三台夯土台

图2-3-4　邺城三台转兵道

图2-3-7）。北周灭亡北齐后，邺城由都城降为相州的治所，并在其后因战乱而被火焚成废墟。随着原邺城的居民被南迁至安阳，使得安阳替代邺城成为这一地区的政治、经济和文化中心。

三、隋唐五代时期

隋朝因北周的禅让而立国，虽然结束了南北朝时期的大分裂状态，但王朝短暂的统辖时间，并未大幅改变南北朝时期州郡设置多的状态，但对河北省域范围内聚落体系和聚落职能的建设有所推动。河北作为中原王朝的边地，为解决隋朝军队北征高丽的运输问题，而修建了自黎阳连接天津的贯通南北大运河，对后世的运河沿线城镇聚落的建设起到了推动作用。另一方面由于运河的开凿和战争消耗了国力，引发的隋末民变和贵族叛乱，使得河北出现短期的地方割据，如夏王窦建德和汉中王刘黑闼曾在永年的广府古城建国都，提升了其武安郡郡级驻地的职能和规模。

疆土统一的唐代时期，早期"改郡为州"后因"州郡颇多"而设道统辖，河北省域主要为河北道的管辖属地。河北道的大区域治所驻地设在黄河北岸的魏州元城，紧临隋代开凿的运河永济渠，便捷的水陆交通使魏

图2-3-5　涉县娲皇宫

图2-3-6　北响堂山石窟

图2-3-7　南响堂山石窟及雕像

州在城镇体系中的地位，超越了周边相州、洺州、贝州和博州等治所，而成为黄河北岸重要的政治经济中心城镇。盛唐时期河北的经济繁荣，凭借太行山东麓丰富的矿产资源，邢窑和井陉窑的制瓷能力有了很大的提升，使得烧窑制瓷的手工业城镇得以发展，如临城、内丘以及井陉的天长镇和秀林镇等。这些以制瓷为代表的手工业城镇的兴起，为后世城镇的发展奠定了基础，也带动了货物运输线路上商贸城镇聚落的建设。

唐后的五代十国时期，河北省域范围内先后为后梁、后唐、后晋、后汉和后周五国之属地，以及一些地方割据势力所占据。这一历史上的分裂时期，五个朝代轮流统辖中原地区累计不足六十年，由于持续的时间不长，除了在磁州窑等手工业城镇上有所发展外，在城镇体系和城镇职能上仍承续了前朝的建设。

四、宋辽金元时期

北宋与辽国时期，因五代时后晋的石敬瑭将燕云十六州割让给了契丹，使得河北成为宋辽交锋的前沿地带，以北纬39°的拒马河为界，其北部为辽国的属地，中南部为北宋的辖区。出于防御北方游牧民族南下的需要，北宋在河北中部的永清和雄县一带建设了很多军事设施，有地面上的防御堡寨聚落，也有地面以下的调兵地道等。北宋时期随着手工业制瓷水平的提高，磁州窑和定窑兴盛促使了周边城镇的发展，如定州博陵郡的曲阳。辽朝则主要是承继前朝的城镇聚落，仅在张家口和承德一带有不多的城堡聚落建设，并有辽代墓葬群集中建设的地带。

在金代和元代，河北全境为同一王朝所统辖，金朝时主要为中都路、河北东路、河北西路和大名府路等管辖，在大兴府建设的王朝都城中都（现北京西南方）；元朝时河北为围绕着王朝都城的中书省管辖，在金代中都东北新建国都元大都（现北京）。金代除建设都城聚

落外，在北部的围场、丰宁和康保等县建设长城防御设施——金界壕，并且长城建有主线和支线，内侧建有关城和戍堡等防御聚落体系。元代在金中都的东北新建的元大都，城周长28.6公里、占地规模约50平方公里的庞大王国都城，改变了都城周边中书省辖区内的城镇体系和城镇职能，通往元大都的运河水道沿线承担物资贸易运输的城镇聚落发展，以及陆路交通沿线的行宫城镇、治所城镇和墓群城镇，如沽源县的小红城和梳妆楼，小红城为元世祖忽必烈的察罕淖儿行宫，承担着元朝历代皇帝驻夏消暑、行围狩猎的职能。

金元两代尤其是元代王朝都城的新建，改变了河北省域聚落体系的发展方向，使得城镇的聚落职能趋于多样化发展。但在另一方面，由于对农业资源的利用和河流管理的不善，导致河北地区在北齐时期有所发展的农业受到了损害，使得原本从事农业生产就不发达的聚落停滞与衰败。

五、明清民国时期

明清两代以北京为王朝的都城，其中央政权的管理运行方式，对河北省域内的政治、经济和社会等诸多方面产生了深远的影响，也对城镇体系、城镇职能和乡村聚落的建设产生了重要的影响。由于明清两代统辖的疆域广阔且持续的时间长，构成了中国古代社会经济和区域人口发展的重要时期，这个时期发展和建设起来的城镇和乡村，是现今河北省域内各级传统聚落的主体。明清两代乃至民国时期，虽然在聚落建设上有时间先后的承继关系，但由于社会环境以及建设目标的不同，而在城镇聚落体系和城镇聚落职能、乡村聚落分布上，均留下了各朝代的时代印迹。

明代驱逐了元朝势力后，在河北省域内屯田实边、防御北元的袭扰是其主要的目的，因此自明初建国起就开始建设北部的长城防御体系，以及相应的一系列戍边

聚落。长城聚落体系在河北省域内涉及内外长城两部分，其修建从明洪武年间一直持续到明万历年间，早期主要是配合北伐，在前世长城的基础上进行加固修缮，增建烟墩、烽堠、屯堡、关城、壕堑等，如洪武元年（1368年）徐达等修筑居庸关、古北口、喜峰口等处的城关，即为了发动第一次对元代势力的北伐。长城其后的建设愈加完备，按照镇、关、卫、所、堡五级防御体系进行建设，形成了在河北省域内东起山海关老龙头、西至张家口怀安县的外长城；形成了北自八达岭南抵山西灵丘，并接雁门关、偏关直至山西河北交界的内长城。在河北境内绵延1700多公里的明长城，由东部的蓟镇和西部的宣府镇管辖，下设的关城有九门口、卫城有万全卫、所城有镇边城（图2-3-8、图2-3-9）、堡城有土木堡等。除建设与长城防御相关的军事聚落体系外，还建设了功能完备的驿传系统，如明永乐十八年（1420年）在怀来境内建设的鸡鸣驿。除依据军事防御的功能需要建设聚落体系外，随着明代中后期河北境内人口的逐渐增长、南北直隶之间的交通往来，河北东部平原以及运河沿线的城镇聚落有了规模和数量上的发展。

清代进关入主中原以后，沿袭了明制统辖管理方式，包括沿用了北京作为王朝的都城，继承沿用了明代的驿传体系和驿站聚落职能等。统一的清代中央政权，因不再有军事防御的需求，导致长城及其沿线的军事聚落丧失了原有的功能，由军事防御体系演变为区域管理的聚落体系。地方管理的衙署机构驻地的聚落，清代在承续沿用的基础上有所提升，如建于明代的保定府为官署的驻地，到了清雍正年间则为直隶总督府（图2-3-10），成为整个京畿地区的行政管理中心。河北作为环绕都城北京的畿辅地区，在清代为满足皇帝出

图2-3-8　镇边城村村址环境

图2-3-9 镇边城村村落平面

图2-3-10　保定市直隶总督府

次的巡游江南，使得沿交通运输线尤其是大运河沿线的聚落得到了发展，如运河沿线建设的仓储聚落、陆上陉道沿线增建的递铺和驿站等。

　　明清两代是河北平原农业逐渐恢复的时期，明初与元朝的战争以及随后的靖难之役，对河北的社会经济尤其是人口和农业的破坏很大，加之之前元代对河流的管理不善，使得河北平原乃至淮北呈现出"长淮以北，鞠为茂草"的荒芜景象。随着明初洪武年间组织山西移民的进入，尤其是靖难之役后山西移民的持续迁入，以及马政在华北平原的实施，河北南部平原的人口和农业得以逐渐发展，其上的乡村聚落特别是移民建村也开始出现。后期由于马政对土地利用效率低下的问题凸显，以及人口数量的增加和农业耕作的开展，尤其是明清两代引入外来高产量农作物的推广种植，使得粮食生产、人口增长和聚落兴盛呈现出相互推动的演变状态。到清代

游、行猎和返回龙兴之地的祭祖活动的需求，建设有多处的行宫聚落，如热河的避暑山庄（现承德）。为保障京师人口的生活和政权机构的运行，大量的物资和人流通过京杭大运河以及陆路交通线汇集京城，加之清帝多

图2-3-11　清东陵

的中后期，伴随着人口的快速增长，河北平原的农耕村落在数量和规模上都有增长，甚至发展到进入皇家苑囿占地耕作的情况。明清两代王朝持续近六百年的历史，明代的帝王陵墓在北京境内，清代的帝王陵墓集中在河北省域范围内，分为遵化的清东陵（图2-3-11）和易县的清西陵，与陵墓相伴建设的是负责守护祭祀的陵监聚落。清东陵建有顺治帝孝陵、康熙帝景陵、乾隆帝裕陵、咸丰帝定陵和同治帝惠陵；清西陵建有雍正帝泰陵、嘉庆帝昌陵、道光帝慕陵和光绪帝崇陵，并留下了相应的陵监村落（图2-3-12）。

民国初年的行政区划沿袭了清代的统辖制度，现河北省域主要属民国的直隶省，省级管理机构的驻地由清代的保定迁到现在的天津市。1928年直隶省始改称河北省，并与察哈尔和热河两省的统辖范围，共同组成了现在河北的省域辖区，察哈尔省辖区的管理机构驻地设在张家口，热河省辖区的管理机构驻地设在承德。而河北省的治所驻地在近代则经历了多次迁移，在1935年河北省政府由天津迁至保定前，省级驻地曾短暂由天津迁至北平，后又迁回天津履行了5年管理统辖河北的职能。

图2-3-12　官房村及村址环境

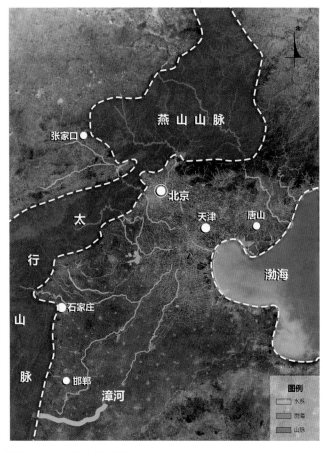

图3-0-1 河北省地形示意图

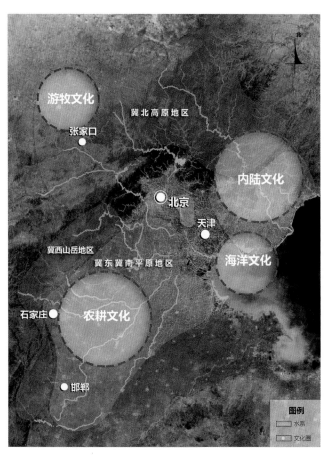

图3-0-2 河北省文化区划示意图

　　河北作为华夏文明的重要发祥地之一，有着数千年历史文化发展的深厚积淀，省域地形因其西面和北面的山体阻隔、东面临海、南面临河（图3-0-1），形成了相对独立的地理单元，也相应地造就了独特的文化环境。类似于中国版图的地理单元结构，加之平原、草原、高原、山地、湖泊和海滨等多种自然资源环境，使得河北省域范围内兼具农耕文化与游牧文化、内陆文化与海洋文化（图3-0-2），并由此组合与融合，构成了内涵丰富且特色鲜明的地域文化。由于春秋战国时期，处在两大强国赵国和燕国的方国范围内，农耕与游牧交织的燕赵文化构成了河北地域文化的主体，导致历史上遗留发展而来的人文资源和聚落，多分布在太行山东麓的浅山区与中山区的过渡地带。而内陆文化和海洋文化

的交融，则是分布并展开于顺沿渤海海滨的地带。

　　太行山东麓作为东西方向上黄土高原和华北平原的交接地带、南北方向上的蒙古高原游牧和华北平原农耕的过渡地带，自古以来就是游牧民族南下中原和农耕经济北上的交汇地区（图3-0-3），一直是各种经济、文化、政治碰撞的热点地区和军事冲突的战争走廊，留下了各种类型文化和多民族文化交流、融合的痕迹。在河北省域范围内，各朝代的方国都城和府州城镇均集中在这条南北向的通道上。而在这一地带的西部，太行山区内峰谷交错、谷深沟险、长崖发育的地貌，构成了较为封闭的人群集聚生活环境，有对应于资源条件物质生产方面的聚居，如依托土地资源所形成的农耕文化地区、依托矿产资源所形成的手工业文化地区等，并由此在冀

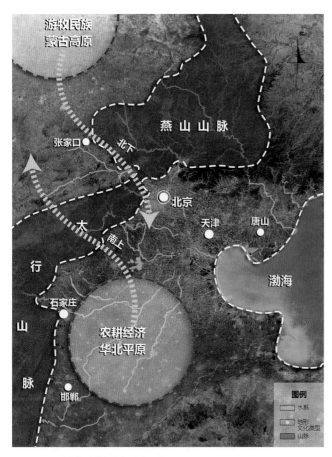

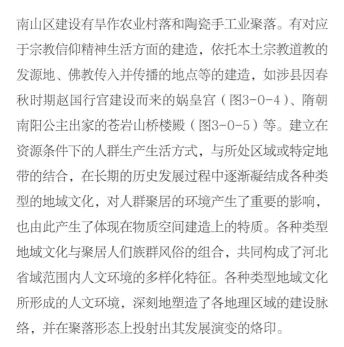

图3-0-3 游牧与农耕文化交融的区域

图3-0-4 赵国行宫建设而来的娲皇宫

南山区建设有旱作农业村落和陶瓷手工业聚落。有对应于宗教信仰精神生活方面的建造，依托本土宗教道教的发源地、佛教传入并传播的地点等的建造，如涉县因春秋时期赵国行宫建设而来的娲皇宫（图3-0-4）、隋朝南阳公主出家的苍岩山桥楼殿（图3-0-5）等。建立在资源条件下的人群生产生活方式，与所处区域或特定地带的结合，在长期的历史发展过程中逐渐凝结成各种类型的地域文化，对人群聚居的环境产生了重要的影响，也由此产生了体现在物质空间建造上的特质。各种类型地域文化与聚居人们族群风俗的组合，共同构成了河北省域范围内人文环境的多样化特征。各种类型地域文化所形成的人文环境，深刻地塑造了各地理区域的建设脉络，并在聚落形态上投射出其发展演变的烙印。

燕赵文化作为河北区域文化的主体，溯源其成因即为农耕与游牧、汉族与多个民族文化相互结合的产物，既与族群人文环境有着密切的关联，也与自然地理环境有着对应的关联，其多元的组合方式塑造出了地域文化特征、建成环境气氛、聚居建造特征等。河北因其齐全的自然资源环境类型，而拥有丰富的地域文化和较多样的民族文化，形成了各地域人群的聚居形态和建成环境，其内涵丰富的人文环境体现在地区历史遗存上，也体现在肇基后的持续建造上。诸如冀南山地历史悠久的旱作农业，造就了区域人文环境的特质、聚落的区域分布状况、聚居的生活基础、人群的社会结构、聚落空间的建造形态，在太行山腹地以及浅山区与中山区的过渡地带，留存下来了地埚村等（图3-0-6）众多的传统村

图3-0-5　苍岩山山体缝隙中的桥楼殿（南阳公主出家处）

图3-0-6　太行山腹地中的地堎村

图3-0-7　暖泉镇西古堡南瓮城

落。又如冀西北区域半农半牧的生产方式和商贸文化，塑造了沿交通商路的分布建造、人群的防御性聚居、堡寨的对外封闭形态（图3-0-7）、祈福与宗教信仰的统领地位等，在蔚县留存下来蔚州古城（图3-0-8）、暖泉古镇（图3-0-9）、开阳堡（图3-0-10）以及玉皇阁（图3-0-11）等各级聚落与庙宇。再如冀西的手工业商贸文化、冀北区域的长城文化、环北京周边区域的皇家文化等，不同文化塑造了不同类型的人文环境，留存下来井陉窑址（图3-0-12）、防御聚落体系（图3-0-13）和皇家苑囿等丰富的物质空间建造。

受燕赵文化的长期影响，河北有着独特的区域整体人文环境，而多种类型的物质生产和精神生活，又进一步凝结出了相应的类型文化，并影响和生成了多元化的次区域人文环境。影响人文环境生成的自然资源、聚居族群、社会经济乃至政治等要素丰富且复杂，其中与聚落建造之间存在直接关联的，是在人群生产生活方式基础上发展而来的地域文化。就聚落建造而言，地域文化是人文环境中影响作用最为明显的主导要素，历史上存留下来的聚落、建筑和构筑物的特色资源，大多都成就于地域性和民族性文化。

图3-0-8　蔚县古城及南安寺塔

图3-0-9　蔚县暖泉古镇

图3-0-10　阳原县开阳堡

图3-0-11　蔚县玉皇阁

图3-0-12　村落附近的窑址遗存

图3-0-13　聚落的防御建构

第一节　地域文化

　　文化一词涉及的概念多、内涵广，相较而言，地域文化则在内涵指向上更具体，其核心即是文化与自然环境的特定地域有着紧密的对应关联，为聚居在该地域的人群所创造、秉持和延续发展而来。在农耕社会的历史发展进程中，无论是肇始于特定区域，还是后期迁居而来，聚居人群所秉持的文化都因与特定自然地理区域的融合，而拥有独特的地域属性。地域文化关联着特定的空间区位与地理单元，但涉及的内容仍然是复杂多样，关系到物质生活、精神生活以及社会经济、人群结构等方方面面，其最基础的部分是特定地域的资源，以及由此产生的聚居人群的生产生活方式。

　　就与聚落物质空间建造的关联影响而言，各地域文化的特征并非均能体现在其上，文化的各组成部分也非均能等量地体现在其上，而是以或明显或隐性，或直接或间接的方式，对聚落的空间分布和建造发生着影响，其中作为地域文化基础，自然资源的利用方式即人群赖以集聚生存的生产从业方式，对各级聚落物质

空间建设的影响作用最为明显。由于河北省域所处的地缘环境，胡汉杂糅、民风质朴和勇武任侠等的燕赵文化，随着地域的不同和历史的变迁，逐渐形成农耕文化（图3-1-1）、半农半牧文化（图3-1-2）、手工艺文化（图3-1-3）和商贸文化（图3-1-4）四大文化脉系。

图3-1-1　太行山中的旱作梯田

图3-1-2　半农半牧的生活方式

图3-1-3　手工业陶瓷用品烧制

图3-1-4　传统聚落中的商贸街道

因省域环绕作为元明清三个王朝中心的北京，特别是明清两代的承继建设，使得长城文化和皇家文化对特定地域的建设起到了重要的作用，并使得物质空间的建设成为该地域文化的重要表征。

河北各地域的文化投射在物质空间上的建造，主要体现在多个规模级别和多种职能的传统聚落上，既有着悠久历史的城镇聚落，也有乡村聚落等。如在城镇聚落上，河北省有十大文化古城："中山古都——定州、京畿之地——保定、京西古邑——蔚县、九边之首——宣化、天下赵州——赵县、大佛之城——正定、千年古都——邯郸、襟山枕海——山海关、大山宫廷——承德、商都之城——邢台"（图3-1-5）；而乡村聚落则有着更多的类型和数量（表3-1-1），并在空间分布上有着更广的范围（图3-1-6）。

从城镇到乡村，纵观传统聚落的空间分布以及形态建造，均受到不同类型地域文化的深刻影响，体现在建造方式上，既有"自下而上"的生长式建造，也有"自上而下"的规划式建造。在利用自然资源的区域，传统聚落的建造普遍为"自下而上"的方式，如农业耕作、半农半牧、手工艺生产和商业贸易地区；有着区位优势和山川形胜的区域，传统聚落的建造多为"自上而下"的方式，如燕山山脉的长城文化带、东西陵的皇家文化地区（图3-1-7）。

一、农耕文化

河北省域南部的太行山腹地和平原地区，有着较为丰沛的土地资源以及历史悠久的耕作传统，邯郸的涉县拥有规模达26.8万亩的宏大旱作石堰梯田，武安拥有距今8000年左右的粟作农业、家鸡驯养和核桃生产的历史。在地域土地资源和作物驯化的长期过程中，农业耕作使得聚居从事生产的人们秉持了共同的行为习俗，凝

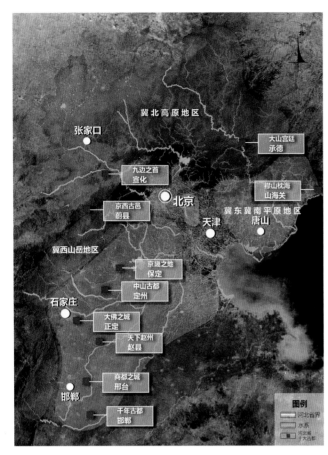

图3-1-5 河北省"十大文化古城"

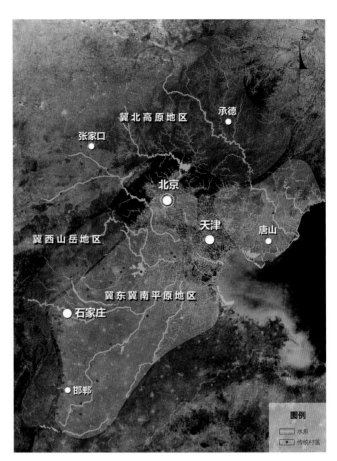

图3-1-6 河北省中国传统村落及中国历史文化名村分布

河北省中国传统村落、中国历史文化名村数量　　　　表3-1-1

地级	县级	个数	县级	个数	县级	个数
石家庄市	井陉县	44	井陉矿区	2	鹿泉区	2
	赞皇县	1	平山县	4		
邯郸市	磁县	13	涉县	13	武安市	12
	峰峰矿区	6				
邢台市	内丘县	3	邢台县	14	临城县	1
	沙河市	22				
保定市	清苑县	3	顺平县	3	涞水县	1
	安新县	1	阜平县	2	唐县	2
张家口市	怀来县	3	蔚县	40	阳原县	1
	张北县	1	怀安县	7		
秦皇岛市	抚宁县	1				
唐山市	滦县	1	遵化市	1		
承德市	丰宁满族自治县	1				
衡水市	冀州市	1				

注：依据中华人民共和国住房和城乡建设部公布的共5批中国传统村落名录及共7批中国历史文化名村整理制作。

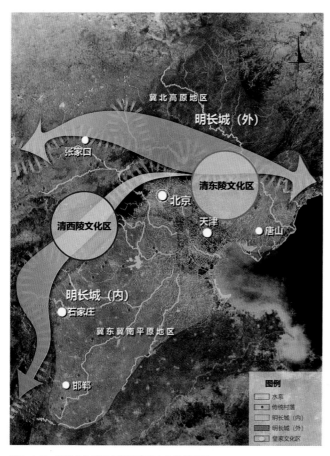

图3-1-7 长城文化带及东西陵皇家文化区示意图

挥了重要的作用，也为其后的农耕技术的发展奠定了基础。及至东汉末年，河北中南部的冀州发展成了农耕经济富庶的地区，据《后汉书》中记载"冀州民人殷盛""户口最多，田多垦辟又有桑枣之饶"，乃是"国家征求之府"。

悠久的农业耕作传统，塑造出河北南部区域厚重的农耕文化，直接影响乡村聚落的建造，也体现在具有区域农耕生产管理的城镇聚落建造上，如太行山腹地中涉县地区保留下众多具有农业生产内涵和特征的传统村落，平原地区沿河流和洼地的传统城镇聚落，均与冀南地区农耕文化有着密不可分的关联。相对于城镇聚落，农耕文化在乡村聚落建造上的影响更为明显。涉县的旱作梯田系统因其深厚的历史、宏大的规模以及独特的形态等，于2014年被农业部列为中国重要农业文化遗产。受地域降雨气候和山区地质条件的影响，涉县的旱作梯田属于"叠石相次，包土成田"的石堰梯田，即以土质较薄的石灰岩山坡为基地、以石块垒叠出石堰挡墙。依据山形的起伏，石堰的厚度在0.7米左右、高度

结出以农业为核心的物质和精神生活文化，如先秦时期民间的《击壤歌》中所描绘的生活方式，"日出而作，日入而息，凿井而饮，耕田而食"。农耕文化不仅对于解决人口衣食温饱具有重要价值，还为"朝为田舍郎，暮登天子堂"的文化追求提供了基础，形成了文化发展与农业耕作相互促进的状况。东汉建宁年间，冀州安平郡的农学家和文学家崔寔，在总结河北地区农耕实践的基础上编著了《四民月令》[1]，汇集了气候等二十四节气与农业措施之间的知识，对耕地、催芽、播种、分栽、耘锄、收获、储藏以及果树林木的经营等活动，以每月的农业生产进行筹划安排（图3-1-8）。这一中国古代最早的农书，对推动河北和中原地区农业生产发

图3-1-8 对应农时节气的作物栽种

---

[1]（东汉）崔寔. 四民月令.

在1～3米之间，形成阶台式的水平梯田，因田面宽度的浅狭而属窄带梯田；因降水量较少，梯田上主要种植谷子、玉米、大豆、小麦等耐旱作物。与梯田相伴而生的王金庄村（图3-1-9、图3-1-10），处在涉县旱作梯田的核心区域，有着"中国传统村落"和"河北省历史文化名村"的称号，村落中石屋石院、石街石巷、石阶石栏的建造，与石堰梯田共同构成了农耕生产和生活的文化与景观特征。

类似于涉县梯田旁的农耕村落，太行山深处有这样的族群血缘和生产地缘所形成的村落，多为由于战争引发的社会动荡，而"避难"进入山中居住生活的族群所建造，或是由移民迁徙而来的人群所建造。凭借当地较为成熟的旱作农耕技术，种植谷子等适宜旱地生长的农作物，通过修筑梯田达到保土和蓄水，实现对土壤和雨水的有效利用，创造出了独特的山地雨养农业生产方式，以达到维持族群基本生计的目的。建立在这样旱作梯田基础上的农耕方式，不仅使得村落的建造具有独特的地域特征，还因为容纳聚居人群的缘故，而使得村落的建造具有血缘族群的典型社会结构特征。

农耕文化对传统村落建设的影响是最为直接和最为普遍的，基于农业耕作对土地资源的利用效率所形成的人地关系，涉及聚居人群的生存和繁衍问题，使得居住用地不占生产土地成为聚落建造的基本规则。对于处在山地环境中的传统农耕村落，将相对平缓的河谷台地和山体缓坡作为农耕用地，村落多建设在山麓的坡地上，紧临农田方便耕作又不占用稀缺的土地资源。农耕文化影响下的村落建设，在规模和分布上与周边可耕作土地资源密切相关，直接受到太行山区中土地和水资源状况的影响，峡谷山区中的村落规模较小而开阔台地处的村落规模较大。对于处在平原环境中的传统农耕村落，因明清时期战乱和移民的历史原因，以及清代农作物引种等的原因，农耕村落逐渐生长和建设所形成的规模普遍较大。

二、半农半牧文化

由于地理区位和气候条件等方面的原因，河北处在中原农耕文化与北方游牧文化相互碰撞和融合的重要区域，尤其是省域北部的地区，为胡汉族群杂糅、农牧方式交错的地带。冀北地区因地理纬度、自然地形、光热环境和降水量等条件，形成山地与高原、农田与草场混合穿插的生态过渡带，农业种植业和草地畜牧业在空间上交错分布，造成了该区域两种生产经营方式的融合状态。尽管现今的半农半牧区划，在河北省域范围内仅涉及张北、沽源、康保、尚义、丰宁和围场的六个县，但半农半牧生产方式及其文化的形成则有其久远的历史渊源，在地域上也有着更大范围的分布。

河北在历史上地处中原地区的北方，紧邻北方游牧部落的活动区域，也是中原文化北上与北方游牧民族南下交汇的地区。由于受到农牧交错带脆弱的资源条件所限，聚居的人们抵抗自然灾害的能力弱，因此半农半牧的生产方式，则是对有限地域资源的有效利用方式，也是中原农耕生产方式与北方草原游牧生产方式之间持续融合的结果。在长期的时空和生活交融历史进程中，既有烽火狼烟的战争，也有互通有无的联合。在自然灾害影响到生产方式并进而威胁到生存时，则发生战争与劫掠；在生产力发展的和平社会环境中，则交流与贸易繁荣，由此促成了农牧交错带地域文化的形成和发展，也构成了河北地域文化的主体。燕赵文化尚儒尚义、忠勇信诺的特性由战争与融合促成，同样也是由生产方式所形成的半农半牧文化所促成的。

半农半牧的生产方式，在地域上并不仅限于冀北地区，而是为更大范围内聚居人群所采取的方式，在太行山区自北向南的很多地区，都存在这样的生产方式以及相应的地域文化。由于华北山地包括太行山区，普遍土壤较为瘠薄，降雨量小，导致乔木和农作物生长受到影响，而耐旱的灌丛和草甸生长较好，资源的相对贫乏使

图3-1-9　王金庄村村址环境

图3-1-10　王金庄村村落周边的旱作梯田

得半农半牧或兼农兼牧成为常见的生产方式。有着半农半牧文化特征的地域，在河北省域范围内的分布，根据资源条件的不同存在着地区差异，并由此形成了不同状况的文化区划。在冀北和冀西北地区，半农半牧的生产方式呈现面状的水平分布；在太行山区则因为资源条件随海拔的变化，而呈现出垂直分布的状态。

半农半牧文化对聚落建造的影响，主要体现在小规模的传统村落建造及其空间分布上（图3-1-11），因受到所处地域自然环境条件的限制，通过耕作和放牧所获得的赖以生存的资源量有限，从而限制了人群聚居生活的村落规模。在冀北地区的张家口以及冀西北地区的蔚县等地，高原土地虽然平坦开阔，但土地肥力贫瘠、水资源缺乏，玉米为主要种植的农作物（图3-1-12），羊为主要圈养或放养的家畜（图3-1-13），传统村落多为规模不大的夯土堡寨，如蔚县的前上营村和鹿骨村等。在冀西的太行山区，因资源条件的状况随海拔的升高而降低，聚居于山腰或山顶处人们所建造的村落，因可供耕作和种植的土地规模小，加之周边灌木草甸资源较好，而形成小规模的村落。位于山体高处的武安市地坨村，以核桃等山林坚果的种植以及放牧羊群为生产方式；位于山顶之上的磁县倒坨村，则是以季节性桃树种植和放牧羊群为主要生产方式而建设的聚落。这种受半农半牧生产方式和文化影响的乡村聚落，在其村落的内部多建有堆放饲养家畜草料的用房，民居建筑的前院亦多建有饲养牲畜的场地和圈舍，如涞源的西道沟村即是这样的典型村落（图3-1-14、图3-1-15）。

三、手工艺文化

河北地域广阔，拥有丰沛的动植物资源和矿藏资源，并由此产生了丰富多彩且种类多样的传统手工技艺，有金属冶炼、陶瓷烧制、酿酒和医药等，也有树花、雕刻、剪纸和泥塑造像等。省域范围内各地的手工艺产品，与当地的独特资源有着紧密的关联，在长期的生产过程中逐渐发展成熟，并形成了具有强烈地域属性的文化，如磁州窑、定州窑、井陉窑（图3-1-16～图3-1-18）、邢窑和易水砚等。在《山海经》中就对河北拥有的矿藏资源有所描述，据其中卷三的北山经记载"北次三山之首，曰太行之山。其首曰归山，其上有金玉，其下有碧"，即相对于中原的北山第三条山系为太行山，太行山起始为归山，归山上产金属和玉石，山下则出产碧玉。还有如滏口陉东端的神囷山上出产"文石"（泥裂岩）；如白马山的山南出产玉石和山的北边处产铁与赤铜；以及如盛产黄垩土、白垩土和砥石（磨刀石）等的记载。对应于各地的矿藏资源，与聚落建造之间关联度高的传统手工艺生产，主要有金属铸造、陶瓷烧制和工程建造等，并因其具有强烈的地域资源属性而在手工艺产品之间冠以地名。

早在殷商时期，太行山东麓就因金属矿藏的开采和冶炼，经春秋和秦汉的不断发展，在青铜器和铁器等的冶炼技术上逐渐成熟，有以中山靖王刘胜墓中出土的灯具、酒具和礼器为代表的众多精美青铜器，有西汉促进农耕生产力提高的铁质农具等。随着太行山区金属矿藏的分布，发展出相应的金属冶炼并形成了各地域代代传承的手工业文化传统，也对经济和聚落的建设起到了重要的作用，如西汉时期的满城和定州等城镇聚落的建设。就河北众多的手工业文化而言，烧制陶瓷的手工业生产，对聚落分布、建造和形态等方面产生的影响最为明显，如在中国陶瓷文化史上有着重要影响的河北"四大磁窑"（图3-1-19）。

因太行山的磁州和峰峰矿区一带，具有富含水云母、斑花石和铝土碱石等的瓷土矿，加之也富含煤炭等矿藏资源，以及制瓷的黏土层和煤层分布清晰、易于开采，使得创烧于北宋中期的磁州窑成为北方最大的民窑体系。磁州窑在北宋时鼎盛并延续至元明清，作为著名的民间瓷窑，因其窑址在彭城和磁县观台一带，而有

图3-1-11 半农半牧生产方式下建设的村落

图3-1-12 黄土高原上的农业生产状况

图3-1-14 西道沟村内的民居院落

图3-1-13 黄土高原上的畜牧圈养状况

图3-1-15 民居院落前端的牲畜圈舍

图3-1-16 井陉窑窑体

图3-1-17 井陉窑窑体1

图3-1-18 井陉窑窑体2

着"南有景德，北有彭城"之称。陶瓷烧造手工业的繁荣，使得当地社会经济以及人口等诸多方面得以快速发展，进而推动了包括城镇聚落和烧窑聚落的发展建造。延续宋元两代制瓷业的兴盛，明代磁州窑以彭城为中心建设北方最大的窑厂，并在彭城设置官窑、在磁州南关设立存放官家酒坛的仓库。记载曰"曾在彭城滏源里设官坛厂四十座，岁造瓷集官坛厂，舟入京纳于光禄寺"。清代直至民国时期，彭城磁州窑均处在繁荣发展的过程中，随着日用陶瓷的产量和品种的增加，窑场增

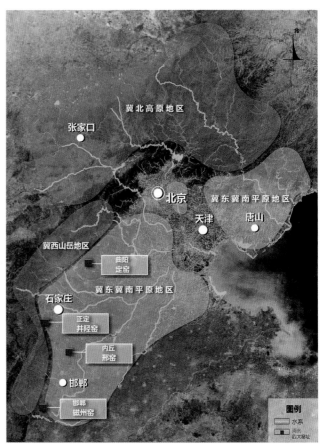

图3-1-19 河北"四大磁窑"

多和窑型改大，推动了烧窑聚落在数量和规模上的增长，也推动了沿滏阳河商贸和运输城镇聚落的增长。据《磁州志》记载："彭城滏源里居民善陶缸之属，舟车络绎，售于他郡。"[1]陶瓷手工业及其文化的繁荣，使得聚落的建设在规模和职能等方面产生了改变和分工。

宋代五大官窑之一的定窑，也是因曲阳县涧磁村、燕川村和灵山镇等一带地区，分布有优质的石英、长石和黏土等瓷土矿藏资源，加上独特和复杂的烧造工艺，生产出的瓷器因其胎质洁白、胎体薄坚、釉色莹润而成为官窑中的精品。定窑烧制的白瓷以及红、黑、紫、绿和黄瓷，均因其纹饰明丽和古朴高雅而备受推崇，如苏轼诗句赞美定瓷为"潞公煎茶学西蜀，定州花瓷琢红玉"[2]。定瓷作为北宋瓷业烧制工艺的最高水平，其生产规模也是当时最大的，有着"大窑三千六，小窑如牛毛"的比喻，对烧窑聚落以及相关的手工艺制作聚落的建设起到了重要的推动作用。北宋盛期时的定窑产品，不仅占据着北方市场，在南方的江苏南京、镇江、扬州、淮安以及浙江杭州等地均有市场，制瓷手工艺文化的繁荣不仅造就了涧磁村、野北村、东燕川和西燕川村等一系列烧窑聚落，形成了占地约10余平方公里的大规模窑场，还推动了商贸城镇繁荣建设。定州官窑后因历史上宋金之间的战争、制瓷工匠的南迁而衰落，在明清以及民国时期烧制民用瓷器，其对当地经济社会发展的推动则远无盛期时的影响力。

除了著名的陶窑外，利用出露的黏土资源烧造日用陶瓷的民间窑场（图3-1-20），在河北的多个地域亦有分布，其陶窑的建造为聚落的建设带来了特殊的要素，其产品的销售为聚落的建设带来了经济上的支撑。相较于农耕文化为基础建设起来的聚落，手工艺聚落因具有较好的资源依托和经济基础，通常聚落建

图3-1-20　郑家窑村日用陶器制作场景

造的规模较大，且聚落中有作坊、陶窑和商业功能的建造，如蔚县的郑家窑村。

四、商贸文化

河北作为殷商王朝的起源地，很早就在金属冶炼和青铜器制造的基础上，通过太行山东麓南北向的通道、穿越太行山的陉道和古道，开展跨地域的商品贸易，有着悠久且持续的商贸文化历史。在春秋战国时期，省域范围内的诸方国不仅相互之间有货物的交换，赵国和燕国还以出产的山货等物品与日本、朝鲜交换粮食谷物。到了汉唐时期，因铁质农具的推广使用，农业生产力得到了较大幅度的提升，男耕女织使得河北的蚕桑业得以繁荣发展，产出的丝织品已输出至域外多国。到了唐宋元时期，邢窑、定窑、井陉窑和磁州窑以及多地窑厂，烧制的瓷器在产量和品质上极盛，陶瓷产品经陆路和水路运往省域之外，也经海路出口到东南亚及欧洲等地。明清时期至近代，中俄边境贸易活跃，使得冀北的张家口成

① （清）蒋擢 修，（清）乐玉声 纂. 磁州志. 清康熙间（1662–1722）.
② （宋）苏轼. 试院煎茶.

为对俄贸易的重要通道，南方的茶叶等商品经万里茶道北上，并且向日本和东南亚等国出口棉花、毛皮和药材等土特产品。河北商贸文化的繁荣在明清两代尤为兴盛，得益于北京作为王朝中心对于商业消费的拉动，南方漕粮和各类物质沿大运河的北运，带动了沿途各种手工艺生产以及商贸运输城镇建设的蓬勃发展。

历史上的河北有着远近闻名的金属冶炼、陶瓷烧制、泥塑造像、酿酒与制砚等技术和商品，其高超的科学技术水平，使得各个时期丰富多样的手工艺商品对地区发展起到了重要的作用。内丘的中药材、长芦的晒盐、曲阳的石雕、玉田的泥塑、武强的年画和蔚县的剪纸等，传统手工艺商品借助水路和陆路交通，进行河北省域内外的商品贸易和物质交换，在造就了繁荣的商贸文化的同时，也带动了戏曲文化的兴盛与宗教文化的传播。商贸文化对区域的重要影响首先体现在交通道路上，无论依托的是水路还是陆路，都是货物和人群赖以跨区域流动的基础，交通路网的建设与商贸文化的繁荣之间存在密切的相互推动关联，如太行八陉与万里茶道所形成的跨区域交通运输孔道，带动了沿线聚落商业和手工业的发展；再如元代水利灌溉设施与大运河的开凿，在保障了物资和商品运输的同时，也带动了沿线农业经济的发展和商业城镇的兴起。

商贸文化的繁荣对聚落建造的影响显著，既影响到交通沿线聚落在数量和空间上的分布、在规模上的增长、在职能上的变迁，也影响到聚落内部功能要素的增加、空间形态的变化等，如商品货物运输的繁荣，导致穿越太行山陉道上客栈和邮驿聚落的建设；如商贸繁荣下的货物跨区域运输，导致蔚县至山西商道沿线的聚落密集分布；如商贸繁荣导致原有聚落功能建设转型；如邯郸安国的伯延镇由中药材产地，逐渐发展成周边区域药材加工和贸易的商业大镇；如京杭大运河上商贸运输的繁荣，导致运河边商业功能的城镇吴桥、沧州等的兴起建设；再如霸州的胜芳镇自古为交通便利的水旱码头，随着商业贸易的发展而兴盛，形成了客商云集于"水则帆樯林立，陆则车马喧阗"商业大镇的景象。商业繁荣对于聚落规模增长的影响，多体现在从事贸易人口的增长带来的聚落扩建，如蔚县的暖泉镇由北官堡、西古堡和中小堡三个部分组成，为自明代嘉靖年间持续扩建而成的堡群。商贸文化的繁荣对聚落内部建设的影响，概括起来体现在功能和形态两个方面的建设上，如聚落内部出现商业街、会馆以及客栈大车店等功能建筑，有的大规模繁华的城镇还出现戏楼、书院和寺庙等的建设。在聚落的形态上，商业的繁荣在聚落内部或者聚落之间出现相对开阔场地的建设，则是商品交换和集市贸易的需求所致。

五、长城文化

长城在春秋战国期间就有建造，是各诸侯方国为抵御北方游牧武装的南下劫掠、防御相互之间的兼并和冲突所建。及至北驱了元朝势力后，明初在历史上遗留下来的防御墙体进行修葺，设置军事驻防的"卫所"，以防御北元残余武装的南下。到了嘉靖年间，鞑靼部落统一蒙古各部后不断入侵，为防止"庚戌之变"的再次发生，明朝开始对原有的长城防御工事进行修建和完善，并形成横贯东西的体系化建造。"万里长城"东起丹东市宽甸县虎山南麓的鸭绿江畔，绵延至甘肃的嘉峪关，形成了近9000公里气势恢宏的明代长城。

长城是以防御城墙为主体，与镇、关、卫、所、堡和营等多级军事聚落相配合，并建有大量障、亭、标等军事设施的完整防御体系。长城是建立在自然地形基础之上，有明确目标和详细谋划的"自上而下"规划型建造，也是与军事防御作战的编制之间存在紧密关联的建造。明代嘉靖末年，在罗洪先绘制的《广舆图》地图集的"九边图"中，对长城及其聚落体系的建设有明确和清晰的记载。长城体系因其防御线的漫长和跨越区域的广阔，而被分段划定为九个军镇防区，由东向西分别为辽东镇、蓟州镇、宣府镇、大同镇、太原镇、延绥镇、宁夏镇、固原镇和甘肃镇。长城在河北省境内的建造长度达2000多公里，"九边重镇"中的辽东、蓟州和宣府三镇的整体或局部处在河北境内。其中辽东镇管辖长度约970公里，东起辽宁省丹东的虎山、西至河北省秦皇岛的山海关；蓟州镇管辖长度约880公里，东起秦皇岛的山海关、西至北京慕田峪的渤海所，驻山屯营（河北省迁西县）；宣府镇管辖长度约510公里，东起慕田峪渤海所与四海所的分界处、西至河北省怀来西阳河，驻宣化卫（河北省张家口宣化区）。河北省域除了北部的长城及其聚落外，冀西的太行山脉上还建造有内长城，由北至南建有居庸、紫荆和倒马内三关扼守。长城在战乱时期发挥着军事防御作用，在和平时期则承担着物资交互和贸易的功能，众多的影响历史进程的重大事件、战乱兵燹、戍边生活、屯田生产等发生在长城沿线，在地域上凝结形成了长城文化带（图3-1-21），并对其后的社会经济各方面建设产生重要的影响。

不同于依托地域资源的"自下而上"生长型聚落建造，长城体系中聚落的建造与军事管理"自上而下"的层次体系之间有着紧密的对应关联，如宣府镇→龙门卫→龙门所→赤城堡的军事聚落层级，并进而延伸至诸如独石关的关隘聚落和驻兵营堡。尽管各级军事聚落功能及规模有别，即使是同为关城，大小规模亦不相同，但不论军事聚落的大小规模如何，均是按照城镇的空间形制进行规划建设的，聚落形态规整和街巷结构平直是其普遍的样貌。军事管理层级对聚落建设的影响主要体现在规模上，如层级高的聚落承载的行政管理功能和驻军人数多，相应的街道数量、堡门数量等就多，并随之建设有戏台和庙宇等活动空间。长城文化除了对军事聚落的建设产生影响外，还影响到一系列相关的聚落及设施建设，如驿、站、铺和馆的驿传小规模聚落建设，粮仓、草厂和兵工

厂等保障设施的建设，多因规模小而顺应选址地形而建。

长城聚落既是战时的防御关隘，也是平时农耕与游牧民族进行商品交流的贸易城镇，明初建设阻隔游牧民族的长城以来，民间的互市贸易始终存在，官方的互市则到了战争状态下才关闭。明代后期，随着长城周边社会环境的安定和市场的繁荣，军事防御聚落呈现出逐渐"民化"的状态，军屯变为民屯使得从事耕作的农民、手工业者和商人等逐渐增多，军事防御功能逐渐向世俗生活功能转化。到了满族入关建立清王朝以后，长城所在的地域已不再是王朝的边地，军事聚落的防御功能也随之彻底消失，聚落的发展已不再是建设于长城以里，而是向长城南北两边的地域进行拓展，改变了长城沿线地域的聚落空间分布状态。张家口作为宣府镇下辖的关城，因在清代成为"万里茶道"上的重要城镇、"张库商道"（张家口→乌兰巴托）的贸易通道起点（图3-1-22、图3-1-23），而逐渐发展升级为区域性的政治和经济中心，使得原先九边防区中重中之重的宣府镇，在区域聚落体系上发生了降级的变化。

六、皇家文化

元明清三代的帝国中心设置在北京，在地域上的影响作用，就是使河北省域成为拱卫帝国都城的京畿地区，而更为显著的是对周边区域的社会、经济、交通和聚落建设等诸多方面，都产生了不同以往的重要影响。由于明清两代持续时间长，其形成于王朝都城内的帝王贵胄的"皇家文化"，不仅深刻地影响到作为消费城市的都城中各种功能空间的建设，也影响到京畿地区的发展与建设，如利用王朝都城周边区域自然环境的山水形胜和风水格局以及建设皇家苑囿、皇家行宫、皇家陵墓和陵监聚落等。虽然所谓的皇家文化因其王朝持续时间长而带有地域的属性，但与民间或地域文化之间存在着较大的差别，即皇家文化与大多数人群所秉持的文化习

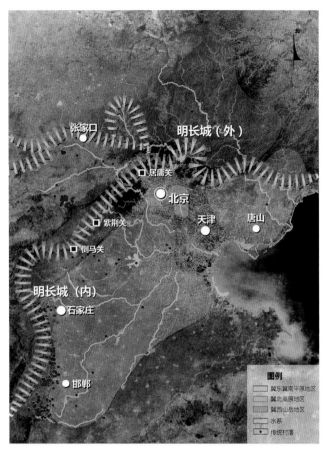

图3-1-21 长城文化带（河北段）

图3-1-22 张家口市来远堡大境门

图3-1-23 宣府镇张家口长城

俗无关，与利用所在地域自然资源所形成的生产方式无关，表现为服务于皇家的各种行为礼仪、空间功能类型及其相应的建造方式。

无论是建设为皇家游赏休憩服务的苑囿，还是为皇帝出行巡游服务的行宫大院，或是为皇帝驾崩以后的陵寝，均是有着明确目标和详细选址谋划的"自上而下"规划型建造，并且由于其是面向皇家这一特殊群体的建造而极具特殊性。这类为皇家服务的建造，其特殊性不仅仅体现在具体地点的物质空间建造上，如行宫和陵墓等的建设，还体现在聚落后续的发展建设上，如承德的避暑山庄。这类为皇家服务的特殊建造，在河北省域范围内有几处分布，主要处在围绕王朝中心（北京）东、西、北的三个方向上，如遵化的清东陵、易县的清西陵和承德的苑囿行宫，这样的特殊建造在地域空间上，呈

现出来的是"点状"的自上而下建造而非"面状"的自下而上生长。

这种特殊的建造除了体现在建设的功能类型和地域分布上，也体现在空间形制和单体建造上。清代帝陵的建设遵从其陵寝制度，有风水围墙环绕的"前圈"，有山势山形构成的"后龙"，还有地宫、方城、明楼、宝城、宝顶以及碑亭和神功圣德碑等，加上陵墓的神厨库区等构成了空间布局的建造规制（图3-1-24~图3-1-26）。就组成苑囿行宫和帝王陵寝的单体建筑营造而言，在建筑形态、材料规格和色彩装饰上，均遵从有着明确要求的官式建筑营造规制，这种有规制严格约束的建设，因其本质上不包含所在地域的属性而成为特殊的建造。与皇家陵墓建设相关的还有守陵村，由负责陵寝的工程管理、祭祀等各项事务的机构组成，有时为软禁在

图3-1-24　清东陵神道

图3-1-25　清西陵泰陵

图3-1-26　清东陵方城明楼

宫廷斗争中失败的皇子之用,如遵化清东陵守灵村落马兰峪。皇家文化影响下的各类物质空间建造,从地域环境到空间形制再到单体建筑,表现出来的是具有特殊性的"点状"建造。

地处封建王朝统治中心的周边区域,为皇帝出行和出游服务的行宫是较多的建设,行宫的建设在元明清三代均有,只是因时间的原因,保存的状态有较大的差别。对应于元代的两都巡幸制度,在往来于上都与大都之间的沽源,建设有察罕淖儿行宫,现仅存南北长360米、东西长330米、残高1.5~2.5米的城墙遗址。明嘉靖年间重建了永乐帝所建的行宫,以边长1000米、高10米的城墙环绕,形成了用于皇家北征及巡狩驻跸

的"巩华城"(北京昌平的沙河镇)。清代所建并保存下来的行宫较多,主要建在北京周边的远近郊区,在河北省域范围内主要有承德的避暑山庄和蓟县盘山汤泉行宫,这两座为皇家山水园林类型行宫,前者保存完整而后者已毁;其他的行宫多为大院的空间布局,与驿站聚落等建于一处,如鸡鸣驿中皇帝驻跸的大院等。皇家文化在避暑山庄乃至承德城市的建设上起到了至关重要的作用,作为在仅有温泉资源的热河上营基础上建起的皇家园林行宫,因皇帝的驻跸避暑和处理政务而带动了行政机构、寺院等的建设,进而带动了城市人口的增长和规模的扩大,体现出其政治影响力对聚落的建设所具有的特殊和持续的影响。

第二节 民族文化

地域人文环境反映出的是集聚在某一地区范围或地点处的人群关系,不仅涉及人口数量规模,也涉及族群,民族文化在地域人文环境的构成中占有重要的地位。由于族群及族群的人口规模与生产生活方式密切相关,族群的生活习俗、宗教信仰等凝结成为民族文化和民族性,而生产方式与地域的环境条件、资源禀赋等对应,形成地域文化和地域性,使得民族文化与地域之间的对应关联密不可分。河北省域西部与黄土高原、北部与内蒙古高原的临接位置,使其在与北方游牧民族不断南迁的冲突过程中,形成农耕文化与游牧文化之间相互融合的状况。通过汉族与北方游牧民族的联姻通婚,使得河北地区的人们不断受到北方游牧民族勇猛、豪放性格的影响,所形成的"燕赵文化"为河北文化的主体,也是多个民族共同凝结而成的文化。

全国一些个少数民族在河北省域范围内都有分布,主要的少数民族有满族、回族、蒙古族和朝鲜族,其中

满族人口规模最大,为216.9万;回族、蒙古族、朝鲜族的人口分别为57万、18万和1.2万。在地理空间分布上,满族人口在省域的中北部较为集中,主要聚居在承德、秦皇岛、唐山和保定地区;回族人口主要集中在沧州地区;蒙古族人口主要集中在承德地区。有青龙满族、丰宁满族、宽城满族、孟村回族、大厂回族和围场满族蒙古族6个民族自治县,平泉、滦平和隆化3个民族县,分布在沧州、廊坊和承德地区(图3-2-1)。

民族文化构成了地区人文环境的重要部分,从而使得所在地区具有了独特的文化属性。由于族群的生活习俗和信仰等在民族文化中占有较大的比重,而使民族文化在聚落空间建造上,并不呈现出直观和明显的影响作用,而是通过族群所秉持的生产生活方式以及族群人口的规模,对聚落的建造、民居的建造以及构筑物的建造产生着影响,如用于家庭生活的民居建筑、用于节庆祈福的灯山楼等的建造。

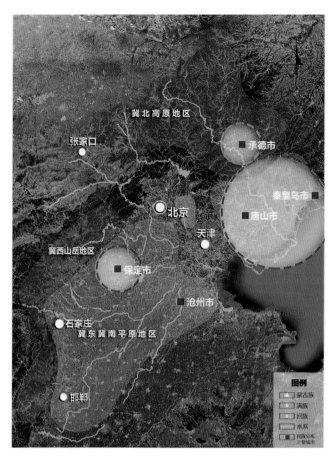

图3-2-1 河北省民族人口分布示意图

领域文化的主体，也发展出了以孔子、老子、墨子为代表的三大哲学体系。汉武帝时，由于推行"罢黜百家，独尊儒术"的政策，使得以孔子、孟子为代表的儒家思想成为文化的大传统，其思想与文化路径深刻地影响了汉民族的文化。汉民族所秉持的儒家思想，在家族观念、社会结构和礼制等诸多方面，在聚落建造上投射下其烙印，如城镇建造的营国制度、城镇聚落中衙署和孔庙的建设规制、家族祠堂的建造、民居合院的空间等级等。

一、汉族

河北自古就是华夏几大部落的聚集地，有轩辕氏、神农氏、盘古氏等，华夏民族的血脉久远。春秋战国时期在省域的北部就有多个少数民族，山戎、娄烦等聚居活动，随着中原从事农耕生产的民族北上发展，使得在这一区域以及周边的几个游牧民族逐渐融入了华夏民族，繁衍发展成了汉族。

汉族在中国古代创造出了灿烂辉煌的文化和艺术，不仅具有数千年悠久的历史和鲜明的特色，而且产生了极其丰富的文化和典籍，并在漫长的历史发展过程发挥了巨大的影响力。春秋战国是华夏文化发展的高峰时期，各种思想学术流派的蓬勃发展及其成就，形成诸子百家争鸣的繁荣局面，开创并奠定了华夏民族所秉持的

二、满族

满族发源于东北的长白山以北地区，是黑龙江和乌苏里江流域的古老民族，最早的记载见于西周时期的肃慎族。历史上满族先民长期居于东北的苦寒之地，16世纪末的满洲时期为满族传统文化的形成时期，满洲人以河流和山林中的渔猎为主要谋生手段，在生产生活、思想文化上的特征都更趋于自然。满族人崇尚万物有灵，信奉萨满教，以自然崇拜、祖先崇拜为特征。到了17世纪中叶，随着满洲人建立清王朝、入主中原，并逐步完成全国的统一，满族传统文化由发展而走向鼎盛。清王朝时期，在民族文化上，表现为满族语言文字的完善和定型，表现为各部落满语的统一以及神话传说的继承；在哲学宗教上，表现为在延续以往萨满文化的同时，吸纳了藏传佛教等多种精神信仰，形成了较为完备的宗教体系。

满族人群主要聚居在河北省域的北部承德和秦皇岛地区，受清王朝陵寝制度的影响，在清西陵、清东陵等多个地点有相对集中的分布。满族不仅有着独特的民族文化，在生活习俗上也有其独特性，"万字炕、西为上"即对应于生活习俗的典型民居建造。满族建筑中跨海烟囱与索伦杆是极具特色的构件，前者是应对聚居地区寒冷的气候环境，而形成的具有民族特征的构造（图3-2-2）；后者是满族祭祀乌鸦神的独特建造。

图3-2-2 满族建筑跨海烟囱

三、回族

河北省域范围内聚居的回族先民，可追溯至辽金元时期，如现北京的牛街清真寺创建于辽圣宗十三年（公元994年），反映出回族在现北京和河北一带有较多的人群聚居。回族在蒙元时期就已经形成了较大的人口规模，族群人员的构成主要是军队的驻兵、工匠和屯垦农户。在蒙古族建立的元朝西征时，军队中就有回族炮手、回族水军和哈剌鲁，被编入万户府和回军户。回族军士随蒙元王朝的军队转战南北，攻灭西夏、金、南宋等王朝后，被编入"探马赤军"作为镇守军驻扎在各地，有的则由屯戍逐渐转为农垦，成为"上马则备战斗，下马则屯聚牧养"的族群。

《元史·镇海传》和《元史·本纪》记述"己丑，太宗（窝阔台）即位，收天下童男女及工匠，置局弘州（今张家口市阳原县）即官办织造局。"[1] "得西域织金绮纹工三佰户、汴京织毛褐工三佰户，皆隶弘州，命镇海世掌焉。"[2] 元代大量使用回族工匠开展织造和皮毛的手工业生产，回族工匠和其他从事农业生产的回族民户一道，形成回族民众聚居的村寨，并在聚落中建造族群信仰崇拜的寺院。

四、蒙古族

河北是蒙古族主要聚居地区之一，其蒙古族先民的栖居形成于蒙古汗国时期，即元太祖十二年（1217年），成吉思汗废桓州，将其给予扎拉尔部的乌鲁郡王作营幕地，张家口的沽源和张北等县成为扎拉尔部落民

---

① （明）宋濂，王祎，奉敕编撰. 元史 镇海传.
② （明）宋濂，王祎，奉敕编撰. 元史本纪.

众的聚居地。随着蒙古族将领攻陷中原哪座城池，哪座城池便成封地的方式，其属下部将和军士，可分得一定数量用以生活和畜养马匹的草场，分户口、立官署、征收赋税、荐置长官。这样就使得蒙古军在河北各地的城镇、要冲屯兵镇戍，如蒙古霸州路元帅孛迭儿率领蒙古军镇守固安、窝阔台汗以五部探马赤军分镇中原、蒙古将领孛罗镇真定（河北正定）、肖乃台镇大名（河北大名）和立中都（河北张北县）虎贲司等。燕山腹地的兴安县（今滦平县）的小兴州等三处地方，也由蒙古族人的虎贲军屯田驻守。

明代时期蒙古兀良哈和察哈尔等部落游牧于长城边外。而散居在长城以南河北省域各地的蒙古族，有的归顺明朝，有的留居当地，大多数人逐渐与汉、回等民族融合。明景泰年间朵颜卫部落实力增长，率部众将其治所入居大宁，形成自大宁抵喜峰口和宣府（今河北省宣化）的朵颜卫辖区。"都指挥故夷件彦贴忽思、第把秃孛等叔侄部落约有千余骑，在古北口外卜地名以逊、以马兔一带驻牧"。明代时期的热河（承德）全境基本上由兀良哈及其管辖的喀剌沁、土默特和察哈尔等部落进入管辖，成为蒙古游牧部落的聚居和活动的地区。到了清代，河北省域范围的蒙古族八旗，主要驻防在木兰围场、热河、沧州、保定、山海关等城镇以及隘口要道等处。

城镇聚落作为构成传统聚落体系的一个大类，有行政管辖等级上的差别，有职能和功能上的差别，也有规模以及形态上的差别，更有着成因和历史发展上的差别。河北省域内的城镇依据其在聚落体系中的职能和作用，可分为以区域行政管理为主的府州城镇聚落、以商业运输和市场贸易为主的城镇聚落、以交通驿站为主的城镇聚落和以军事防御为主的城镇聚落。

无论是城镇聚落还是乡村聚落，均有其在建造上的共性，即与聚居人群的社会组织紧密对应，在物质空间形态上反映出社会构造的形态。而城镇聚落在建造方式上，则与乡村聚落之间存在有较大的差异，城镇聚落多采取的是自上至下"有规划"的建造方式，乡村聚落则多表现为自下而上"生长"的建造方式。城镇聚落在实体形态上，则与乡村聚落有着明显的差别，随着明代烧砖技术的成熟和普及，各级行政管理机构治所所在的城镇聚落均建有砖砌城墙，方正围合的城墙和高大的门楼是城镇聚落的典型形态。

城镇聚落突出地表现在营造上有明确的规则，即早在周代就形成了王城建造的方城规制，内容涉及城的规模、功能布局、道路宽度和城墙城门高度等一系列建造要素，并由此形成了一整套完整的体现王权意志的建造礼制。都城营造的方城规制在后世的发展中，演变出曹魏邺城和明清北京等几种类型，但方城的规制和形态则相对稳定，并随着体现王权的郡县行政管理体制，而成为州、府、县等各级区域管理城镇

建设的基础形制。而管子在《乘马篇》中提倡的都城建设"因天才，就地利，故城郭不必中规矩，道路不必中准绳"。基于地理环境的营造方法，多体现在受山水河流等自然环境影响的城镇聚落建造上，通常表现为聚落边界形态的不规则。承担商贸和交通等各种不同职能的城镇聚落，相较于行政管理治所职能的城镇，更多地表现为在功能布局上的不同而非物质形态上的根本不同。

河北省域范围内，拥有众多历史悠久的传统城镇聚落，由于规模较大的城镇普遍处在平原向山地的过渡地带，交通便利的区位优势使得这些城镇聚落在近代以后，随着人口和经济等方面增长而发生了较大的变化，而规模较小的山区城镇则变化相对较小。河北省现有国家级历史文化名城6座，分别是承德、保定、正定、邯郸、山海关和蔚县；省级历史文化名城6座，分别是邢台、赵县、定州、涿州、大名和宣化。有国家级和省级历史文化名镇共20座，其中8座为国家级历史文化名镇，分别是蔚县暖泉镇、永年县广府镇、邯郸市峰峰矿区大社镇、井陉县天长镇、涉县固新镇、武安市冶陶镇、武安市伯延镇、蔚县代王城镇；12座为省级历史文化名镇，分别是武安市阳邑镇、遵化市马兰峪镇、霸州市胜芳镇、邢台县皇寺镇、蔚县宋家庄镇、万全县万全镇、迁安县建昌营镇、霸州市信安镇、盐山县庆云镇、肥乡县天台山镇、邯郸市大名县金滩镇、定州市明月店镇。

第一节　府州城镇聚落

府州城镇聚落作为承担区域行政管理职能的治所而建设，对应的是王朝管理的垂直层级设置，姑且不论各朝代在"省、州、府、县"或"直隶州、属州"等设置

上的差别，仅就行政管理而言，这类聚落的设置反映出的是管辖区域的大小。因管理不同区域范围内民政而设置的府州城镇，由于存在行政管辖的上下级关系、管辖

区域上的规模大小关系，表现为在府州城镇形成聚落体系的建设，并在区域上形成对应的空间分布。

由于中国长期处在农耕社会阶段，加之封建王朝的郡县管理体制持续时间长，各地的传统聚落不论是乡村聚落还是城镇聚落，都与农业生产有着密切的关联。与全国的其他地区相同，河北的府州城镇聚落也成就于农耕社会的环境中，传统的府州城镇承担着区域农业管理、农产品汇集贸易、商品交换运输等多个方面的民政管辖职能。正因为农业是立国之本，所以城镇聚落的建设规制亦以"农"为基础，在《周礼·考工记》的匠人营国中，就记载有以"夫"的农夫耕作面积单位作为都城建设的计量单位，王朝都城的建设反映出国家管理农业的状况及程度。府州城镇与王朝都城有着行政上的隶属关系，也代表王朝履行农业等事务的管理职能，因此在城镇建设的格局形制上同样反映出与农业的密切关联程度，也大多以方城的形制延续建设。

府州城镇聚落在河北省域范围内有着较为广泛的分布，由于太行山东麓的地理环境、出山河流的状况、华北平原农业的状况等原因，行政管理层级相对高和规模相对大的管理城镇，多集中在太行山东麓海拔约50米等高线的南北走向地带上（图4-1-1）。城镇聚落在地理环境的选择上，会注重便于集聚人口规模较大的城镇利用溢出的地下水资源，并有利于避免太行山区一年一度季节性洪水的冲击等因素，如在汉代《水经·滱水注》中就有关于定州城的记载，"卢奴城在滱水之南，城内西北隅，有水渊而不流，南北一百步，东西百余步，水色正黑，俗名曰黑水池。或云水黑曰卢，不流曰奴，故城此藉水以取名矣。"[1]府州城镇利用地理环境的营城规则，多表现在聚落的选址建设上，而在规模、形态、城墙等方面的建设，则由王朝行政等级的规则所掌控。这使得府州城镇聚落的建设表现为地理定址和王道

营城的融合。河北省域内的府州城镇尤其是规模较大的城镇，在王道营城方面显现出来的规则更加突出。

一、承德

位于河北省域东北部的承德，为华北和东北两个地区的连接过渡地带，也是坝上高原与燕山山地环境的交汇地区，地势自西北向东南下降，山地海拔高且夏季凉爽多雨，滦河、潮河、辽河和大凌河水系发达。承德有着悠久的历史，从新石器时期就有人类劳作生活，商周以来一直是古代山戎和东胡等少数民族游牧活动的区域，拥有丰富的多民族历史文化内涵。清朝入关时承德

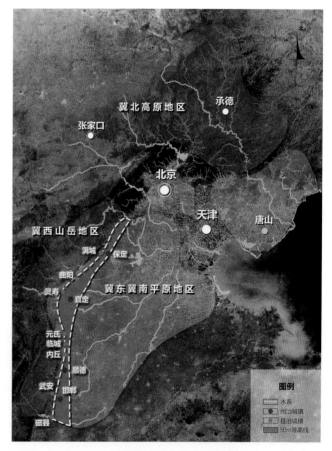

图4-1-1 （明初）太行山东麓海拔50米等高线沿线城镇带

---

① 〔北魏〕郦道元. 水经注 滱水注.

地区被划为禁地，其北部为皇家行围习武的猎场，直到康熙时开始建设行宫，逐渐因清朝皇帝每年夏天避暑的需要（图4-1-2），行宫成了皇帝的办公场所，也使得王公大臣为上朝面君的便利而建设府邸宅院。集聚人口规模的增加拉动了工商业的兴盛，酒楼茶铺鳞次栉比地建立起来，市井等文化开始繁荣，发展成为"生理农桑事、聚民至万家"的城镇。

承德早先为热河上营，在赵尔巽撰写的清史稿中有记载："热河，古武列水。西源固都尔呼河，自丰宁入，纳中源茅沟河即默沁河，东源赛音河，迳磬锤峰，合温泉，始曰热河。"到了清雍正元年（1723年），以地名设管理民政事务的机构"热河厅"，后为昭示承受德泽之意，改热河厅为承德直隶州。清乾隆年间开始增建扩建避暑山庄，承德的城镇发展开始进入快速繁

荣期。乾隆四十三年（1778年）弘历皇帝在谕旨中称："热河地方朕每岁秋狝先期驻跸，数十年来户口日增，民生富庶，且农桑繁殖，市肆殷闻"，这时的承德已经是清王朝鼎盛时期的京师陪都，成为地处塞外的国家重要政治中心。承德作为清代的陪都，后续的几位清帝每年几乎有一半的时间在此避暑和处理朝政，接见少数民族的王公贵胄、宗教领袖以及外国使节。承德在清中期后发展成为仅次于北京的重要城市，因此在民国和解放初期曾作为原热河省的省会城市，其拥有的众多名胜古迹，如最为著名的避暑山庄、建在山庄外围的外八庙以及北部的木兰围场，使其获批国务院第一批公布的国家历史文化名城。

避暑山庄作为承德城镇建设的发展肇始，坐落在武烈河西侧的山麓阶地上，其建设历经清康熙、雍正和乾

图4-1-2 承德避暑山庄及周边环境

隆三朝历时89年，是中国现存规模最大、最宏伟的皇家园林，其占地面积达564万平方米，园区面积相当于北京颐和园的两倍、紫禁城的八倍。在南北方向狭长的地形上建设起来的避暑山庄，对应于承担政务朝觐以及避暑休闲等活动，将整个园区的建设划分为宫殿区和苑景区两大部分（图4-1-3、图4-1-4），其中苑景区包含平原、湖泊和山地三种地貌类型。

宫殿区坐落在避暑山庄南部，占地面积为10.2万平方米，其东北接平原区和湖区，西北连山区。整个宫殿建筑群由正宫、松鹤斋、东宫和万壑松风四组构成，以主殿"澹泊敬诚"（金丝楠木殿）为中心轴线，形成包括九进院落的"前朝"、"后寝"空间格局。承担清帝理朝听政、举行大典和处理政务等功能的建筑群居中，寝居等附属建筑群置于中轴两侧，在建设时利用自然地形，加之建筑风格朴素淡雅，使得避暑山庄宫殿建筑既有皇家气势又趋于园林化风格。

苑景区中的平原部分位于山庄北部，为草地和林地，占地面积60.7万平方米，草原以试马埭为主体承担皇家的赛马活动；林地万树园设有临时宫殿，为召见少数民族的王公贵族、宗教首领和外国使节的政治活动场地。平原区中建有藏书之用的文津阁，以及永佑寺、春好轩、宿云檐等观景游憩建筑（图4-1-5）。

苑景区中的湖泊部分位于山庄东南，水面面积49.6万平方米，有西湖、澄湖、如意湖和银湖等八处大小不同的水面。湖区以山环水、以水绕岛的传统造园手法进行布局，对应着神仙世界的理想图景。湖区岛上的建筑摹写江南名胜，"烟雨楼"以嘉兴南湖烟雨楼为蓝本、金山岛的布局以镇江金山为蓝本。湖中岛上的"如意洲"和"月色江声"两组建筑群，分别由假山、凉亭、殿堂、庙宇、水池以及四合院、亭、堂等建筑组成；建筑群巧妙地建设于洲岛、堤岸和水面之中，将恬静的江南水乡景色融入北方的山水环境之中。

苑景区中的山区部分位于山庄西北部，山体面积

图4-1-3 承德避暑山庄"水流云在"

图4-1-4 承德避暑山庄烟雨楼

图4-1-5 承德避暑山庄"阅风涤翠"

图4-1-6 承德外八庙普宁寺

443.5万平方米，峰谷之间的高差达180米，形成了群峰环绕、沟壑纵横的景观。山体之上建有围墙以及亭台等建筑和构筑物，形成俯瞰山庄内风景、远眺山庄外奇峰怪石和寺院的观景点。

避暑山庄整体布局顺应地形巧借山势，分区明确且构景丰富，北方皇家文化和江南山水文化的融合，使得园林与建筑兼具南北方的特点。宫殿区布局严谨、建筑朴素；苑景区自然野趣、景色秀美，塑造出极富自然、古朴淡雅、奇丽幽美的山庄景色。

在避暑山庄的外围东、北两面的山麓上，先后修建有溥仁寺、溥善寺、普宁寺、安远庙、普乐寺、普陀宗乘之庙、须弥福寿之庙和殊像寺等多座大小不同的藏传佛教寺院，统称为外八庙。避暑山庄周围寺庙的建设，

其目的在于安抚西北蒙、藏等少数民族，并便于少数民族的部落首领或宗教领袖前来朝觐的住宿之用。这些皇家寺庙的兴建意在加强边疆的管理，在建造上则是融合了汉、蒙、藏、维等多个民族的建筑风格，使得各寺院建筑造型别具特色（图4-1-6、图4-1-7）。

二、永年广府镇

广府古城有着2600多年的建城历史，最早可追溯至春秋时期晋国的曲梁邑，因洺水弯曲环绕、堤梁围护而得名。广府古城所在的河北平原南部的永年洼淀，由于出太行山脉的多条河流经此流向东北方向的渤海，使得周边平原湿地水系发达，便于农业耕作和水利灌溉，

图4-1-7 承德外八庙普陀宗乘庙

加之处在磁山旱作农业的发轫地区，使得该处成为建设兼具生产经营、定居繁衍和组织管理等职能聚落的理想地点（图4-1-8）。广府古城自春秋时作为曲梁侯国封邑城，曾为历代封国和王朝的都、郡、州、府、县治所在地，均得益于其有着广阔平坦的农耕土地资源、丰沛的河流水系及灌溉系统、通达便利的道路交通等方面的地宜。

作为春秋时的曲梁邑以及秦汉时的平干国和广平国国都，广府古城的规模不大且城墙为生土版筑，至隋朝末年窦建德和后续刘黑闼在此建立割据都城，使得城池的规模和功能有了发展。到元代引滏阳河入永年县后，城镇的规模有了扩建，至明代进一步扩大了城镇的规模并开挖了护城河，引入滏阳河河水形成了宽阔的城周水

面（图4-1-9）。明嘉靖年间随着烧砖技术和砖材使用的大面积推广，将广府古城的土质城墙外包砌了青砖，筑成了高12米、宽8米、周长4500米的高大城墙，城墙东、南、西、北四面分别建有城门、城楼、瓮城和角楼（图4-1-10）。广府古城平面呈正方形，城墙所围合出的城内面积为1.5平方公里，城墙外部为宽阔的护城河，河面最宽处达140米，使得古城成为柳树、芦苇和大面积湿地环绕的秀美水城。

虽然广府古城在历史上做过区域割据势力的都城，但在建造规模上和形制上仍然是典型的平原地区的府州城镇，即为该区域传统聚落体系中的核心城镇，长期以来是冀南地区的政治中心和经济中心，承担着行政管理和物质汇聚等方面的综合职能。广府古城的空间格局对

图4-1-8　永年广府镇聚落形态

图4-1-9 永年广府镇护城河

图4-1-10 永年广府镇西瓮城

应着东西南北四座城门，分别有东、西、南、北四条大街（图4-1-11），其中东西向大街贯通、南北向大街不正对，形成了两个翻转"T"形聚落主干，以聚落主干道路为骨架，两侧生长出多条小街和数十条巷道。在东西大街的北侧与南向大街正对的街坊，建有行使地方行政管理功能的府衙（图4-1-12），城内还建有文庙等承担教育功能的公共建筑，建有用于守卫防御功能的藏兵洞等。广府古城作为平原水网地区的府州城镇，其基于农耕生产对河流水系的利用智慧和管控措施，也体现在聚落的建造上，在城内的四角建有西北海、西南海、东南海和东北海等大面积的水池，以利聚落的生活用水，古城周边建有著名的弘济桥和布局合理的西八闸水利设施。永年的广府古城反映出自然环境对于选址建设的影响，反映出历史演进对于建造规模的影响，反映出生产生活组织对于功能布局的影响，从而使其体现出所在地区的建造逻辑和所在地点的建造特征。

三、正定古城

与保定、北京并称为"北方三雄镇"的正定，位于河北省域的西南部，拥有"面临滹水，背依恒山，左接沧海，右抵太行"的地理区位，因其城址扼守太行山东麓的南北向交通要冲，形势险要，为兵家相争之地。正定古城在战国时期处于燕赵之间，古称常山、恒州和真定，汉初时属常山郡管辖，汉高祖刘邦平叛后将常山改名真定。北魏道武帝将常山郡城由滹沱河南岸迁移至此，正定古城就一直是郡、州、路和府的治所驻地。在五胡十六国时期即有建设，早期为石筑城门、土筑墙垣，北周时将原先的土筑城垣改为周长15华里的石砌城垣。唐宋时期为正定古城发展和建设的时期，"安史之乱"后，恒州刺史张忠志因降唐

有功而被赐名李宝臣，并封为成德军节度使兼恒州刺史，真定遂为成德军节度使大都督府驻地。后因滹沱河水灌城导致原先石城坍塌，李宝臣将原城墙拆除，"以土筑城，原城所用之石筑门"，扩建成周长20华里且平面呈"凹"字形的城墙，城墙既有军事防御功能，又有抵御水患的功用。到了北宋时期，河北路分为东西两路，真定为河北西路的首府，城池得到了进一步扩建修整，唐宋时期的真定城已是河北中部地区的中心城市。宋代学者吕颐浩在《燕魏杂记》中记载：真定"府城周围三十里，居民繁庶，佛宫禅刹掩映于花竹流水之间，世云塞北江南"[①]。

现今砖砌的正定古城为明代修筑，明朝定都北京后，改真定路为真定府，正定成为河北的省会城镇并

图4-1-11 永年广府镇主街

图4-1-12 永年广府镇衙署

---

① （宋）吕颐浩. 燕魏杂记.

直隶于京师，成为拱卫京师的重要城镇。明代隆庆年间，在土城的基础上以砖包砌城墙，疏浚护城河，大大加强了真定城的防御功能。正定的城墙平面呈方形，周长24华里，城墙的四面正中设门，东为迎旭门、北曰永安门、西称镇远门、南谓长乐门，四门相连形成了"十"字形的城镇骨架结构。四座城门之上均建有城楼，城门外均设月城、瓮城，形成防御性很强的三层门洞。明万历年间的《真定县志·城池》中记载："城周围二十四里，高三丈二尺，门四，各附月城，又各建楼……旧土筑，今易为砖"[①]。到了清代雍正元年，因避皇帝名讳而改真定为正定。现今正定古城的城门楼、角楼垛口均已不存，城垣断续残存，土筑规模尚存而城墙砖所剩无多。四座城门的状况为：南城门存里城门和部分瓮城城垣、西城门存里城门与部分瓮城城垣、北门与东门仅存里城门，南城门外有部分护城河遗迹。近年来南城门（长乐门）以及城墙得到了保护与重建，南门外的护城河也得到整修。

作为国家级历史文化名城的正定古城，在占地6.6平方公里的范围内，密集分布着众多的历史文化遗存，仅全国重点文物保护单位就有9处之多。始建于隋开皇年间的隆兴寺，为中国十大名寺，不仅有着天王殿、大觉六师殿遗址、摩尼殿、戒坛、大悲阁、弥陀殿和毗卢殿完整的佛寺序列，更有摩尼殿殿内壁画和五彩倒坐观音、铜铸千手千眼观世音菩萨、转轮藏经阁等一系列建筑和艺术珍品（图4-1-13）。历史上佛教的兴盛和传播，在正定城中建设并留下了多处古塔，城内现存有四座造型风格迥异的塔，开元寺须弥塔的古、天宁寺凌霄塔的拙、广惠寺华塔的奇、临济寺澄灵塔的秀，四座塔的建造历史久远且成为古城的重要标志（图4-1-14～图4-1-17）。在古城的十字骨架道路上，保留着府和县两处文庙，其中县文庙内保存有建造年代最早的大成殿。

---

① （明）万历五年. 周应中 修. 杨芳 纂.

四、井陉天长镇

井陉县位于河北省平原地区的西部边缘和太行山东麓交界之处，重要交通孔道太行八陉之一的井陉东西向穿越而过，使得该区域的城镇建造有着重要的地理区位价值。井陉自古以来就是京、晋、陕、川跨区域交通的要冲，官员与商旅来往频繁，加之又紧临著名的井陉窑，有着繁荣的手工业和商业经济，而成为历代兵家的必争之地。天长镇处在井陉县的西部，距离县城15公里，其城镇的南部紧临桃河，坐落在凸出的阶地之

图4-1-13　正定隆兴寺五彩倒坐观音

图4-1-14　正定天宁寺凌霄塔

图4-1-15 正定广惠寺华塔

图4-1-16　正定临济寺澄灵塔

图4-1-17　正定开元寺须弥塔

上（图4-1-18）。天长镇有着悠久的历史，在唐代即有"天长城隅"的文字记载，表明在唐代中期时已建有城池。天长镇地处燕晋之间的交通咽喉，素有"燕晋通衢"的称谓，因其交通便利且地形险要，至唐末藩镇割据时以此为军事关隘，并设有天长军命名为天长镇。到了宋代称为"天威军"，《宋史·地理志》中记载，"井陉、次畿。熙宁六年省入获鹿、平山。八年复置，徙治天威军。即县置军使，隶府"。自宋熙宁八年（1075年）将井陉县治迁至天威军，天长镇一直为以后历代井陉县治的所在地，直到1958年县政府才由天长镇迁至微水镇。宋代在唐代天长镇的基础上，重新以土筑的方

式建设县治所的城垣，经元、明、清几个朝代，相继对天长镇进行了多次的修缮和增建。

现存的天长镇为明代洪武年间所筑，城池因地形而北高南低，在东、南、西分别开设有三座城门，东南角外另建有小南门一座，城墙依桃河就山势，形似簸箕，因而有"簸箕城"之称。天长镇的城墙长约1758米，其中南城墙长520米、东城墙长419米、北城墙长400米、西城墙长419米，南城门、东城门和西城门建有瓮城（图4-1-19、图4-1-20）。民国《井陉县志》记载"城虽狭小，而地势北高南低，形如簸箕倚立，北岭据于后，绵河漾于前，雪花山、凌霄塔对峙于西南、

图4-1-18　天长镇聚落形态

图4-1-19　天长镇南城门

图4-1-20　天长镇南门瓮城

东南两角，足称天然之形胜。城在东、西、南三门，无北门，东门之位置，已属南偏，而西门偏南尤甚。故东门至西门之街道，虽系一线，却斜曲而不正直。街之东端为东大街，西端为西大街，由东西两大街之交点至南门，为南大街。"[①]

天长镇因处在山地和溪流环绕的地段，作为统辖区域民政管理的治所城镇，其建设遵循等级制度的规则，也受到自然地形条件的影响而调整街巷格局，呈现出山地城镇街巷与规则道路之间的融合状态（图4-1-21）。古镇城墙范围内，东西大街的北侧地势较高，成为县衙、文庙、城隍庙和书院等建筑选址建设的地点；东西大街的南侧地势较低，成为民居建筑集聚建造的地带。到了清末时期，随着城镇人口规模的增长，引发城镇建设向城外扩张，使得城东门和北门外的关厢地区迅速发展，街道两侧的商业也随之繁荣起来。天长镇的街巷空间格局呈现出：以东西向的城内大街、东关大街和南北向的北关大街为主干道，其余街巷与之垂直，以主街为轴线向两侧发展，构成五街（城内街、南门街、东关街、北关街、城壕街）三巷（合子巷、蔡家巷、卢家巷）的网络格局。

天长镇的中心为明清县衙，东侧为皆山书院，西侧为城隍庙及宏伟高大的元代孔庙。城内的历史建筑众多且保护得较好，井陉古瓷窑遗址和井陉古驿道为国家级重点文物保护单位；古城墙、文庙、城隍庙、龙窝寺、显圣寺观音阁和同济桥为省级文保单位（图4-1-22、图4-1-23）。建于乾隆年间的皆山书院保存完好，为面阔五间、青砖灰瓦的二进四合院落，建筑形式古朴考究（图4-1-24）。城内保存有建于明清时期官吏和商贾的府邸宅院，其中明代霍都堂故居和山西宁武兵备道李春芳的宅院，为建筑规模较大的多进四合院落，大门两侧置石鼓门墩；清代通州副总兵许国璧的宅院，顺应

北高南低的地形，分为高、中、低三层院落，院内以垂花门标定内外，为对应于中国传统礼制结构的空间建造（图4-1-25）。

五、遵化马兰峪镇

马兰峪镇处在河北省域北部的燕山山区，地理区位为蓟县、遵化和兴隆三县的交界处，坐落于遵化市西北25公里的长城脚下，明清两代为京畿军事商贸重镇，素有"畿东第一镇"之称（图4-1-26）。马兰峪镇有着悠久的历史，在康熙年间编撰的《直隶遵化州志》中

图4-1-21　天长镇东西向大街

图4-1-22　天长镇城隍庙

---

① 《井陉县志料》，民国20年修，1988年整理重印。

图4-1-23　天长镇观音阁

图4-1-24　天长镇皆山书院

图4-1-25　天长镇民居院落

图4-1-26　遵化马兰峪镇聚落形态

记载："遵化州界之长城，战国燕筑，秦复修。历代迭葺。"[1]作为燕山余脉的丘陵地带，地理环境为周围群山围绕的小盆地，河流从中穿流而过，造就了资源条件优越的自然环境，因当地山体上茂密丛生的蓝色马莲花（又名马蔺或马兰），由此而得名马兰峪。地理区位条件和地形环境状况，使得战国及秦代就在此建立关隘，驻兵以防御北方游牧民族的袭扰。

现马兰峪镇为明代初年为防御北元的军事势力南侵所筑，明将徐达在重修长城时为扼守长城马兰关口，在此建军事要塞石头城以屯兵为营。后至戚继光镇守和修葺长城期间，加固了马兰峪的防御功能，即在原石质城墙外面包砌了一层砖，在城墙顶部形成垛口，并在门洞之上建设门楼。清代在明代城墙的基础上，将南门之上的门楼扩建为两层明楼，在城墙的东南和西南隅修筑角楼。马兰峪在城墙的东、西、南三面各设一门，其上建有门楼，东门外建有栅楼一座。南门之上的匾额刻有"马兰谷营"。

清代顺治年间在遵化修建陵寝，马兰峪成为管理和守卫陵区的机构驻地，并在随后的清帝年间有着不断的建设，如康熙年间东陵承办事务的衙门和孝陵的兵、礼和工部衙门均设在马兰峪镇；雍正年间建造王府和公府安置允䄉等护陵大臣等，马兰峪镇成为清东陵皇家陵寝的重要组成部分。到了道光年间，建设了东陵的最高学府——兰阳书院，人口规模的增长使得马兰峪镇成为一个以满族为主，汉、回、蒙、壮等多民族聚集的城镇，也使得马兰峪镇（又称兰阳镇）发展成了当地军事、政治、经济、文化中心。

马兰峪镇东、西、南三门形成了"T"字形的骨架结构，管理机构的衙署设置在北部，为典型的传统城镇空间结构。随着清代马兰峪镇人口的增长和经济的繁荣，京城的老字号店铺如厚德福、太顺斋、天福号和万

全堂等，在此设分店或建门市，形成了店铺林立、车水马龙的景象，有"小北京"之称谓。马兰峪城内官家和富户的宅院建筑，也因此多依照北京的建筑样式，建设带东西跨院的四合院，形成中轴对称、尊卑有别的格局。四合院内的建筑单体，多采用官式建筑、入口大门的规则和样式。

明清两代尤其是清代的持续建设，不仅在马兰峪镇城内，也在城外建有众多的寺院建筑和构筑物，如府君庙、天齐庙、鲁班庙、真武庙、二郎庙和药王庙等，其中建于明代的永旺塔，为造型独特的密檐式砖塔（图4-1-27）；坐落于马兰峪西南山坡上的二郎庙，坐北朝南、形制完整，建有山门、钟鼓楼、大殿、东西配殿。

图4-1-27 马兰峪镇密檐式砖塔（永旺塔）

① （清）刘埥 纂. 傅修 纂修. 清乾隆五十九年（1794年）

第二节 商业贸易聚落

商业贸易源于物资生产的跨区域互补交流，由于各区域气候条件的不同、资源禀赋的不同、生产方式的不同，使得物资生产的品种和规模在地区之间存在很大的差异，从而促使了物资交换和贸易运输随之产生。传统农业社会以家庭为单位的小农生产，虽然农产品的商品化率不高，但用于生存和用于生产的物资交换以及贸易始终存在，尤其是与人们生存和生活息息相关且与产地密不可分的物资，如食盐、铁器、陶器和丝绸等等，往往是跨区域贸易和运输的主要商品。在农耕社会生产力条件下，资源的地域性使得生产方式具有明显的地域性特征，并由此形成以生产方式为表征的地域文化圈，而在不同文化圈之间建立起联系的正是商业贸易，起着一种生产方式与另一种生产方式之间的衔接作用，催生了新的生产空间，即商贸水陆交通和沿线的商业贸易聚落。

商贸交通线路的建立以及商业贸易聚落的建设，与所处的地域环境以及地理区位有着紧密的关联，处在不同生产方式所形成文化圈的交汇地域，往往是交通道路发达、商品交易繁荣，商业贸易城镇聚落在空间分布和建设上有其所在地域的特征和属性。河北就是这样的一个地理区域，其北面紧临蒙古高原的牧业文化圈，南面为黄河流经贯通的中原农业文化圈，西北面为半农半牧生产的交错带，加之东面临海的长芦盐场，成为农业与畜牧等产品频繁交换的区域。河北省域内北面的燕山和西面的太行山，有着多条陆路交通商道，中部的华北平原和南部的黄河，有着运河和滏阳河等多条水上交通商道，自古就成为商业贸易及市场经济繁荣的区域。尤其是河北省域内依地区资源禀赋而建立的制陶烧瓷、金属冶炼和中医药材等手工业有着悠久的历史，随着其手工业商品贸易的发展，繁荣了当地经济并促进了商道沿线

的建设。河北围绕着北京这一王朝政治经济的中心，尤其是在明清两代，北京作为都城所拥有的庞大消费功能，使得各种商品穿越河北汇聚而来，促进了省域范围内多个方向上商道的繁荣和商业贸易城镇的兴盛。

商业贸易城镇的区域空间分布和建设，也非单一职能的独立营建，多与府、州、县城镇以及交通要道处的聚落融合，一来府、州、县城镇有其管辖的区域，也就自然便于区域农产品和商品汇聚，同样也就便于形成各种商品消费的腹地；二来位于多条道路交会或水路道路转换处的城镇，便于汇集各域外各方的商品而中转运往各方。这样的城镇在河北省域内，有较为广泛的分布，如定州、沧州、蔚县等既是行政管理的治所驻地，也是商贸城镇；同样也有随着近代万里茶道和边贸的兴起，明代作为扼守交通要道的长城边关张家口，发展成为商品贸易运输的城镇。

商业贸易的繁荣兴盛不仅带动了沿交通线城镇聚落的建设，也带动了聚居人口规模的增长，进而带动了城镇功能的多样化发展。商业贸易城镇的建设，促进了商业网络的延伸和商品销售市场拓展，带动沿商道的各级城镇市场经济的发展，与此同时也促进了商业、手工业、运输等相关从业者的集聚，导致城镇的消费功能以及社会网络的多样化。商业贸易城镇因人群聚集，逐渐形成具有从业属性的民俗、宗教活动等文化，城镇的建设与商贸文化的形成始终处在相互促进、协同发展的状态。

一、蔚县暖泉镇

暖泉镇位于河北省域西北部蔚县的最西端，该地区是太行山、燕山和恒山三山交汇处，为太行山西北麓山

间盆地，向东对接太行八陉之飞狐孔道，向西沿恒山余脉连接山西省广灵县。在殷商时期为代国、春秋时期尉文之属地，战国时期为秦赵争霸之地，唐宋时期为农耕与游牧民族的交锋之地，也是南来北往的交通贸易运输之地。元代时期暖泉就因商贸的繁荣而形成了"三堡、六巷和十八庄"的规模，由于其商道交通发达、防御功能突出，被誉为"京西第一古镇"。暖泉镇因镇区中心有一水量充沛的温泉（佛镜）涌出，形成遍布镇区的清泉流水，沿沟渠灌溉菜地和稻田而得名。

暖泉镇所在的地区因地势平坦、水源充足、土地肥沃，而拥有优美宜人自然环境。作为"中国历史文化名镇"的镇区周边，绿树成荫、河水清澈、农田环绕、远山挺拔。因历史上为交通枢纽和商贸中心，暖泉镇的商业和手工业发达，伴随着商业贸易的交往，汇聚融合了各地的文化习俗，形成了当地的独特文化样式。处在蔚县通往山西的商业要道之上，暖泉镇不仅具有与商业贸易相关的各项功能，同时兼具了防卫和驿站功能，由此形成了由高大夯土寨墙围护下，宅第、寺院、戏楼、民居、商铺、客店和货栈等林立的建造形态。整个暖泉镇由北关堡、西古堡和中小堡三个寨堡组成，并有暖泉书院、华严寺等公共建筑伫立其间。

西古堡建于明代嘉靖年间，为暖泉镇内保存得最为完好的寨堡，高大的堡墙围护着县衙、民宅、寺院、客栈、戏楼等明清时代的传统建筑（图4-2-1）。西古堡平面呈规整的方形，南北向主街的两端建有防御性很强的高大瓮城，寨堡内"十"字形街巷连通堡墙下环路，加之通向水井的井巷，形成了"国"字形的街巷空间结构。西古堡东西长260米、南北长330米，黄土夯筑的堡墙高8～10米、墙基宽6～8米、墙顶宽2～4米。为提升寨堡的防御功能，在南北堡门和瓮城处的堡墙增高加厚，并以条石砌筑墙基、青砖内外包砌墙体，形成城门券洞处的加固砖贴脸。砖券堡门洞高3.5米、宽2.2米，

图4-2-1　蔚县暖泉镇西古堡

下铺设青石板道以利车马通行，数百年商业交通的繁华，在青石板上留下了深深的车辙沟痕。

西古堡南北两个堡门外建有瓮城，平面为边长50米的正方形，瓮城均向东开门。北瓮城的堡墙上建有16.5米高的九天阁，形成空间形态上统领标识；南瓮城内正对堡门建有附设耳房的戏楼。戏楼西侧建有地藏寺，为天井式合院楼房，底层为砖砌窑洞，楼层建有地藏殿、观音殿、三义庙和钟鼓楼等，构成堡墙之上的建筑群（图4-2-2）。

西古堡内现存的传统民居院落约180户，所建年代各不相同，最早的合院建于明代，也保存有清代和民国时期建设的民居。堡内民居建筑规模等级较高的有张邦奇故居、董家祠堂、九连环院等几处多进合院，多方整严谨、砖砌墙体、砖雕精美；也有等级较低的民居合院，多规模较小且位于次要街巷内。堡内的古宅民居以木材、砖、石和生土为建造材料，形成了以木材搭建主体结构、以砖和土坯砖建造围护结构、以石块垒码墙基的建造方式。民居建筑的整体色彩以砖的灰色和生土的黄色为基调，木质直棂窗、白灰青砖筒瓦加之外围的生土夯筑堡墙，使得古堡犹如从黄土大地之上生长而出。

北官堡位于西古堡的北面，明代驻军屯兵之处，堡寨北高南低，四面建有高大的夯土堡墙，北部利用高起的黄土台塬建有瞭望高台，台塬之下开凿有曲折盘桓的藏兵洞和运兵地道，具有很强的军事防御和攻击功能。在堡寨的南门上建有高大的歇山顶堡楼，整座南门青砖包砌、雄伟庄严。有着500多年历史的非物质文化遗产蔚县"打树花"（图4-2-3），每年的元宵节就在北官堡的堡门处呈现给众人。中小堡与西古堡之间仅隔一道旱沟，为南北向长、东西向窄的小规模堡寨，南北堡墙上各开一小堡门，北门与商业街相通、南门与壶流河阶地农田相连。

作为繁荣的商业贸易大镇，经济的兴盛带来了人口

图4-2-2　西古堡瓮城

图4-2-3　蔚县非物质文化遗产"打树花"

的集聚，在暖泉镇内建造了众多的重要建筑物和构筑物。始建于明洪武三十二年的华严寺，是蔚州境内唯一的藏传寺庙，为国家级重点文物保护单位；暖泉书院是元代工部尚书、蔚州人士王敏早年读书的地方，造型别致的水过凉亭、八角井和金碧辉煌的水上"魁星楼"，是古蔚州"八大胜景"之一。

二、万全县万全镇

有600多年历史的万全卫城，始建于明洪武二十六年（1393年），为明代长城防御体系中的重要组成部分。明初为防御退居漠北的蒙元势力的侵扰，修筑长城并设九镇分区域戍守，其中河北省域的西北部九边第一重镇宣府镇，其下设卫、所、堡等防御聚落，以扼守通往华北平原的要道。万全卫城定址建于坝下的得胜口处，取"背枕长垣，面临洋水，左抱居庸之险，右拥云中之固"的形胜，以谋"万全之策"而得名（图4-2-4）。

万全古城平面呈方形，城墙东西长880.4米，南北长880.7米，周长3522.2米，城墙高12米，南、北两面开设城门，分别为"迎恩门"和"德胜门"，东、西为翼城，形成两条轴线贯通的十字大街（图4-2-5）。城中央为嘉靖年间建设的玉皇阁（清远楼亦称钟楼），其下四面建有宣仁、正德、安礼和昭武大市坊四座牌楼，四向延伸出的大街将城区划分为方形街坊，由十字大街上延伸出的次级街巷伸入街坊之中，连接院落与民居建筑。建城初期为夯土筑城，至正统年间在土墙外包砌城砖，后经历代建设增筑南关、重修北城墙、重修南瓮城和整修东西城墙（图4-2-6），形成了建有两座城楼、四座角楼、一座谯楼和四座牌坊，并建有官署（都指挥司）及文庙、武庙、西大寺、昭化寺等庙宇50余处的坚固城池。在万全镇的城南还建有得胜驿及五处驿传站铺，与宣府镇之间建立起人员、物质和信息的联系，成为宣府镇西部的战略支撑和军事防御城镇。

万全镇由于所处的地理位置独特，加之拥有优越的交通条件，自古就为粮食商贸的集散地。河北省域北部的农牧交错地带，长城军事聚落体系扼守交通要道，战时为防御设施，和平时期则为重要的茶马互市场所。受明代戍边战争及蒙汉通商贡市双重作用的影响，万全古城逐渐发展成沟通坝上坝下物资交流的繁华集镇，由军堡而转为商业集镇成为城镇职能演变的一种类型。为戍守边关，保障军队的物资供给，逐渐出现了商屯、农户和地主阶层，也吸引了各地的商人和手工业者参与物资运输以及货市贸易，如永乐年间在城东北建有神机库、城东南设厂运仓（粮仓，图4-2-7）、南关西南角有草场和备荒仓等。

隆庆和议之后，长城的防御重心东移辽东镇，宣府镇戍守区域茶马互市等经济活动增加，各级聚落的军事职能逐渐减弱，商业职能上升，使得万全镇在蒙汉之间物资交换的作用得以凸显。随着后期与蒙古各地和俄罗斯贸易的不断繁荣发展，使得城内南北大街上商号店铺林立，商业经济的兴盛带动了人口规模的增加，也使得城中出现了众多功能类型的建造，如庵观、寺庙、书院和养济院等。

图4-2-4　万全右卫城镇聚落形态

图4-2-5　万全右卫十字大街

图4-2-6 万全右卫城墙

图4-2-7 万全右卫东南城墙中运仓

三、武安市伯延镇

北宋年间建设的伯延镇，位于河北省域南部邯郸下辖武安市的西南，在地点尺度上向南1.8公里依鼓山，向西北2.4公里临南洺河；在镇域尺度上西面依太行、东面接平原，是太行山脉向东与华北平原交汇处的一个古老小镇。由于临接连接晋、冀、豫三省的重要交通孔道滏口陉，由早先农业耕作人口聚居的村庄，逐渐生息发展成为繁荣的集镇，到了明清时已成为武安商帮的八大商贸集镇之一。在自然环境、社会环境以及人口集聚的状况等诸多方面的影响下，造就了"武安商帮"，并进而使得伯延镇这样的商贸城镇得以建设并兴盛。

武安地处山地环境向平原的过渡区域，其中全境的一半为太行山区，而丘陵大约占到全境的一半，平整易于耕作的土地资源匮乏。到了明代嘉靖年间，县域人口规模已超过10万，土地等赖以获取生存的资源贫瘠，驱使人们外出或依托交通优势从事商业贸易以养家糊口，由此形成了"武安最多商贾"的状况。早期经商的产品主要为当地所产的药材，出现了利用交通道路开展药材贩运的行商，记载曰："每年春季推车而往，岁终推车而归，习以为常，频年跋涉，不能大有成就。"到了乾隆年间，伯延镇的商人获得契机开始大批在东北经商，《武安县志》记载："乾隆中，民殷国富，到处升平，内地商业已成供过于求之疲弱现象，遂有聪明人士，思向关外发展，以浚利源。"[①]通过创设临泰商号北开药店、南销绸缎，带动了很多伯延镇的商人富裕起来，在家乡营造豪宅大院，并促进了聚居人口的快速增加，集市庙会贸易昌盛也带动了各种手工艺匠人的进一步集聚，使得伯延镇发展成为街巷纵横、院落重重、规模宏大的冀南名镇（图4-2-8）。

伯延镇顺应所处的山坡地形，街巷结构呈现出自由扩展的生长状态，镇内街道空间分为街巷、支路和小巷三个层级，其上生长出的建筑院落依山就势、布局自由灵活。伯延镇骨架街巷商业店铺密集，对应着经商和运输的需求，其宽度能容两辆马车对向通行，沿街界面的商铺店面以及合院大门也高大，形成的街巷空间尺度较大（图4-2-9）。从街巷通往各户大院的支路则稍窄于商业街巷，其宽度对应于马车和骄子的宽度，两侧界面多为高大的院墙。居住院落各支路之间宅间小巷则较为狭窄，普遍宽度不足2米，为一人挑担通过的尺度。由于坐落在南高北低的山坡地形上，加之镇区的建设规模较大，全镇的街道空间呈现不规则的网络状。由于商业街区和居住街区的功能差别，导致街巷空间不仅有宽度和尺度上的差异，同时也有环境气氛上的差异，深宅大院门口还设有相对宽敞的场地，可满足停放马车等的需求。伯延镇在多个街巷空间的交接处和转角处建有跨街的砖拱门，横跨街巷的拱券门楼或过街楼有着多种的功能，其一起着标定街坊的作用，其二起到街巷两侧院落的连接功能，其三起到深宅大院的防卫功能。

经商的人群凭借发达的经济条件，在伯延镇内建设的普遍是较为规整的四合院，四面房屋围合庭院，对应于家庭的礼制结构，院落的建设有明显的中轴，居中的正房高大，两侧的厢房对称，大门设于正中或东南方的巽位，整体四合院呈封闭内向型的状态。巨贾富商在镇内建设的大宅院沿中轴方向由几套院落组成，形成呈"日"或"目"字形的二进院或三进院，也不乏四进院落和九门相照等大型院落。大户人家的宅院由几个多进套院通过巷道组合在一起，形成一组大规模的院落建筑群。这些巷道被称为"马道"，巷道的两端有大门作为总的出入口，巷道的尽端建有影

---

① （清）蒋光祖修.（清）夏兆丰纂. 武安县志. 清乾隆四年刊本.

图4-2-8 泰安市白延镇

壁。宅院的大门开向街道，由于宅院的规模较大，为使用上的方便，有的进院落开侧门与巷道相连通。宅院内部的庭院与庭院之间通过中轴线上的门或堂屋加以贯通，院落之间既相互独立又相互联系，房屋围合出的庭院内栽植花草树木，形成对应于大家族聚族而居生活模式的空间形态。

第三节　交通驿站聚落

在殷商时期，随着社会经济发展促使跨地区商品交换的频繁，各诸侯方国之间相互结盟的联系不断，借助车马等交通工具以及交通孔道的改进，驿传体系以及驿站聚落就已初步建立。早期的驿站设置因各方国的制度不同而不同，有三十里一置或五十里一置，主要用于传递政治和军事消息，在儒家著作《孟子·公孙丑上》的第一章中有相关记载，孔子曰："德之流行，速于置邮而传命。"秦汉时期的统一王朝以咸阳周边为中心，为加强都城与各地郡县之间的联系和管控，四向修筑直道和驰道等道路形成交通网络，并在各水陆交通要道交汇处，大量建设沿交通线的驿站；汉代时期的驿传系统有了完备的邮与驿组织和建设，邮为传书、驿为传达消息的机构，馆驿备有驿马供给传书者作为交通工具，建有食宿空间以接待往来官吏。隋唐在继承汉代邮驿制度的基础上有所发展，随着大运河等水路网络的开凿，水陆交通以及相互之间的衔接更加畅通。

遍布全国的邮驿系统在元明清三代有着较大的发展，由于这三个朝代的定都北京，促使以北京为中心通往全国各地的路网系统得以完善，驿传制度也相应地得到了完备，同时也使得都城周边的河北省域范围内，交通驿站聚落的建设得以繁荣发展。交通驿站聚落的建设和设置制度，在各个朝代和各地的名称以及设置有所不同，但均与沿交通孔道的空间距离有密切的关联，也就是依据骑马和步行的路程来设置馆驿。汉代的邮驿制度为"五里设一邮、十里设一亭、三十里一置"，其建设和服务的功能不相同，前两者重在传递信息，后者侧重接待食宿、提供车马。元朝的驿传分为"站赤"和"急递铺"，站赤相当于汉代的驿站，每六十里设一驿站；而急递铺相当于汉代的邮亭，传递官府交寄的公文等。明朝的驿传承袭元制，并发展成为一套完整严密的体系和管理制度，设有水马驿、急递铺和递运所。《明会典》记载："自京师达于四方，设有驿传，在京曰会同馆，在外曰水马驿并递运所。"即明代的驿站建设在京城的称为会同馆，在外省的称为水马驿、递运所和急递铺。因为明代有南北两京，故会同馆建设有南北二馆，其中北馆六所，南馆三所。水马驿在陆路为马驿、在运河水路为水驿、在水陆要冲处为水马驿，递运所则主要承担粮食物资和军需物品的转运功能。清代在西北因战事而保留有递运所，在河北等地区仅设驿站和递铺，也因管理和功能的差异而有驿、站、塘、台、所和铺等多种名称。到了清末，由于火车、轮船近代交通工具的兴起，大大改变了传统的交通方式以及驿传体系，至民国时期，驿站和驿铺等被裁尽，延续几千年的驿传制度彻底废除。

交通驿站聚落由驿传制度催生，既是国家管理和信息文书传递等的需要，也完善了水路交通网络体系，促进了各地经济的发展与繁荣。邮驿制度虽然在近代废止，但长期的建设在河北省域范围内留下了大量交通驿站聚落，如大运河沿线的良店、连窝、新桥和砖河等水马驿，以及出居庸关向西交通道路上建设的土木驿、鸡鸣驿、宣府驿等。由于河北省域为北京的京畿地区，历史上有着众多的商道驿站建设，近代随着驿传制度的废止而出现城镇职能的民化，规模大者发展成镇，规模小者存留为村。

一、怀来县鸡鸣驿

鸡鸣驿位于张家口市怀来县西北的洋河北岸，因其地处鸡鸣山下而得驿站名，鸡鸣驿因山得名，因驿而设城，以驿名定城名。鸡鸣驿是全国现存最大、功能最齐全的古驿站（图4-3-1）。鸡鸣驿始建于元代，1219年

图4-3-1 鸡鸣驿聚落形态与周边环境

成吉思汗率兵西征，为保障人员和物质的输送，在通往西域的大道上设置"站赤"，即开辟驿站。而元代以前上溯至秦代，鸡鸣山下虽无驿馆，但已是"上谷干道"上往来商贾平民的歇脚处。鸡鸣驿从元代西京路德兴府的"府邸店"，到明代永乐十八年（1420年）已发展成了京师北路的第一大驿站；到明代成化八年（1472年）修筑夯土城垣；后经嘉靖年间多次修葺，到隆庆四年（1570年）以青砖包砌城垣，驿站平面接近正方形，城墙周长2330米、墙高12米，在东西两侧城墙上各开一门，城门上方筑两层越楼。到了清代乾隆三年（1738年）对城垣进行了修葺，并为抵御山洪对城池的侵袭，在城东外25米处砌筑了一道高约3米的护城坝。历史上鸡鸣驿站从承担驻兵和屯粮的军驿、民驿功能，发展成了北京通往西北的重要中转站，并随着商贾云集、人口增长而文化繁荣，城镇内的各项功能设施的建设也随之兴盛。至近代电报邮政的兴起，传统的邮驿体系丧失了其原有的作用，1913年北洋政府宣布"裁汰驿站，开办邮政"，撤销了全国驿站，鸡鸣驿也结束了其数百年的历史。

鸡鸣驿紧临官道驿路的北侧修建，是一座近似正方形的砖包土城，东西两边的城墙长约460米，南北两边的城墙长约480米。整座驿城的地势东北高、西南低，对应着驿路的走向，城池的中轴向西南偏斜，在东西城墙开始有城门，城外为护城河所环绕。北城墙的中部建有玉皇阁（图4-3-2），南城墙的中部建有寿星阁，中部两阁楼遥相对应，形成了鸡鸣驿空间形态的统领和形象；东南城墙上筑有角楼魁星阁，四面城墙均建有凸出的马面战台，具有很强的军事防御功能。鸡鸣驿西城门外150米处建有驿城守军的校场，在驿道两侧分布着战时传递信息的墩台，周密防御、防洪设施的配置建设，保障了驿站的安全和邮驿事务传递的畅通，反映出长城沿线边驿一面作战、一面通邮的聚落建设状态。

图4-3-2　鸡鸣驿玉皇阁

东西城门之间正对且贯通的街道，构成鸡鸣驿的主街，通过平行与相接形成"三横二纵"的整体街巷结构（图4-3-3、图4-3-4）。三条东西向和两条南北向直抵城墙的大街，将驿城划分为多个大小不同的地块；东西走向的头道街区域主要是军政管理和商业服务区；南北走向的西街区域是驿站的核心设施，包括驿仓区、驿学区和众多的寺庙建筑。鸡鸣驿以驿路、驿署、驿站机构为主的职能，使得驿城的空间布局呈现出独特的方式，其建造特征表现为：倚路建城、顺路设门，方便城镇与驿路的相接；驿衙、署、馆均占据全城的中心位置，突出显示了以邮驿机构的规划特色；马号、驿仓环境优越，位置突出，充分反映出邮驿对其赖以存在的交通工具驿马的高度重视；相当数量的祠庙和"驿学"的设立，反映出曾经人口的繁盛和文化的昌盛。

鸡鸣驿城中的合院规制较为完整且建造精细，城西北的一座明代三进院落为"公馆院"即驿馆，是专供过往官员、驿卒就餐住宿的地方，北屋隔扇木插销头作工考究，各个木插销头分别雕刻有琴、棋、书、画、荷、莲、蝙蝠、蝉等不同的形象。城内前街中部路北的贺家大院是当年的驿丞署，为五进连环院，每进院为正房三间、耳房两间，建筑的墙上有精美的图案和镂空的砖雕，曾为慈禧太后出逃北京时路过居住的地方。

二、蔚县宋家庄镇

宋家庄镇地处张家口市蔚县的南部，为明代洪武初年（1368年）始建，旧村堡由宋姓人族建设肇始，故定名为"宋家庄"。后经历史发展和更迭，韩姓家族接替宋性家族而成为统领宋家庄的大户，但"宋家庄"堡名仍然沿用了下来。宋家庄堡南的飞狐峪自古就是京、津、晋、冀、蒙等多地的跨区域通商要道，而向堡北11公里则连接蔚州古城，宋家庄镇成为扼守出飞狐陉后的交通要冲。紧临穿越太行山北上的重要交通孔道，往返于华北平原、山西高原和蒙古大草原之间的运输马队骡帮络绎不绝，各地的买卖客商往来不绝，宋家庄的韩家镖局远近闻名，加之宋家庄镇有多家拥有百匹牲畜的骡帮大户，使得多家骡马大店、留人客栈、饭铺杂货铺等集聚建设于宋家庄镇。飞狐古道由于其历史上的重要地位，使其成为兵家的必争之地，出于军事防御和交通的需要，服务于人员和物资往来以及传递信息的驿站亦有建设。为应对抵御外族的侵扰掠夺、接待客商和传递信息等多种需求，村民们筑土建堡形成了飞狐古道上的交通驿站城镇，宋家庄也因其悠久的历史文化和多样化的建设，而成为河北省历史文化名镇（图4-3-5）。

宋家庄镇区古堡格局完整，整个城堡坐北朝南，平面呈长方形，南北长170米、东西宽140米。基于蔚县地区普遍向北防御的筑堡规则，宋家庄镇的城堡开南门，堡门的青石匾额上刻有"昌明"字样，取意兴旺发达，故宋家庄又称"昌明堡"（图4-3-6）。古堡坐落在地势平坦的蔚县盆地中央，周边为大片的旱作农地所环绕，堡墙以当地的黄土为材料夯筑而成，墙体高约5米，断面呈下宽上窄的梯形。南堡门下部为砖砌高约3.2米券门，前后两段墙体中间置对开木板堡门的建造方式，堡门之上建单檐硬山顶门楼一座，名为"魁星楼"。紧靠堡门的北面建有"穿心戏楼"一座（图4-3-7），跨越在进入堡寨的道路之上，节庆时则在其上架设木板形成戏台，供南北两个方向的人观戏。南面的魁星楼、穿心戏楼与北面堡墙高处的真武庙，通过堡寨的主街连接一线，加上南堡门外建设有关帝庙，构成了统领古堡的空间和形象。

堡寨内设有一条南北向的主街和三条东西向的横街，构成"主"字形街道，三条东西向横街的最北一条与堡墙之间距离约30米，其余两条之间的距离约为60米，使得最南的一条东西向街道为紧贴南侧堡墙。三横一纵的街巷将堡内的用地划分为六块，北侧的两块用地中建设南向开门的合院民居，中部与南部的四块用地中建设"背靠背"的民居建筑，分别形成南北两向开门的合院。现存的堡内合院民居建筑为蔚县地区典型的明、清时期民居样式，即以木结构为民居建筑的支撑结构，以当地的生土制作成土坯砖砌筑围护结构，墙基以石材或石块砌筑以防潮和抵御雨水的侵蚀，其上采用卷棚和双坡灰瓦屋顶覆盖。存放车辆和牲畜的厩廊的建造则相对简单，多为不铺瓦的单坡屋面。由于聚居于宋家庄镇的村民以旱作农耕为主要的生产方式，在北堡墙外的土地上建有一排独立的土坯房，通高的空间用于烘干和储藏农作物，成为宋家庄镇古堡保留下来的独特构筑物。

图4-3-3 鸡鸣驿街巷结构

图4-3-4 鸡鸣驿聚落主街

图4-3-5 宋家庄镇古堡聚落形态

图4-3-6　宋家庄镇南堡门

图4-3-7　宋家庄镇穿心戏楼

第四节 军事防御聚落

河北省域范围内的军事防御聚落，为明代及其之前朝代所建，有其明确且特定的建造规则，如对应着军事单位的编制有镇、关、卫、所、营和堡的聚落建造。军事防御聚落为与省域北部外长城以及西部太行山区内长城密切相关的建造，由于历史上的主要军事防御方向为向北和向西，这类城镇聚落的建设在空间分布上则集中在北部和西部地区。长城（外长城）在河北省域范围内属蓟镇和宣府两个边镇统辖，其军事防御聚落体系的建设，有山海关、黄崖关、喜峰口、张家口、独石口和马市口等关隘聚落，也有宣府、蓟镇、万全左卫、万全右卫、怀安卫、怀来卫、龙门卫、镇边城所、龙门所等一系列规模层级不同的城镇。拱卫北京西部的内长城，在明史《兵志·边防》中有所记载："西起山西老营堡转南而东，历宁武、雁门、北楼至平型关尽境约八百里；又转南而东，为保定界，历龙泉、倒马、紫荆、吴王口、插箭岭、浮图峪至沿河口，约一千七十余里。"其中内长城在河北省域西部的部分，为由居庸关向南蜿蜒至黄榆关的长城，即所谓的内三关部分，存留下来的内三关军事防御聚落中居庸关位于现北京市范围内，其余紫荆和倒马两关处在河北省域范围内。

军事防御聚落尤其是关隘，在选址时择地形险要处，傍溪扼道为其建设的基本规则。这在宋代的《武经总要》前集卷十六中即有记载："此自古限隔，蛮夷之地。其边镇襟带之处，建都部署、钤辖、都巡检，专督戎政，治城郭，塞蹊遂，置关镇，立堡寨，以为御冲之备。"① 如内三关的居庸关跨道而建，扼守通往北京的军都陉；紫荆关紧临北侧溪流而建，扼守连通涞源与易县的蒲阴陉；倒马关扼守山西大同与定州之间的灵丘古

道。除了内外长城沿线为了军事防御目的而建设的城镇聚落外，府州县城镇聚落因其行政管辖的重要性，也在建设时强化了城墙、瓮城、城门和护城河等防御设施，使其具有了军事防御功能。

一、山海关

山海关位于河北省域的东北角，古称榆关，为隋开皇三年（583年）所筑关城，关城向北是辽西走廊西段，为秦代古碣石所在地，史称"碣石道"。明洪武十四年（1381年）筑城建关设卫，因其地势险要、依山邻海，北倚燕山和南连渤海的区位环境，关城得名山海关。山海关为万里长城辽东镇和蓟镇防区的交界处，防御位置的重要性和建设的重要性，使其有"天下第一关"和"边郡之咽喉，京师之保障"的称谓。

明初为向东防御辽东地区元朝残余势力的南下侵袭，而建设山海关。整个关城周长约4公里，城墙高14米、厚7米，与长城相连，当道建城、以城为关，关城建有四座城门以及箭楼、靖边楼、牧营楼、临闾楼和瓮城多种防御设施。明代后期随着后金的崛起，辽东地区的局势趋于紧张，明朝在河北省域范围内的军事防御重心，由宣府镇防区东移到蓟镇防区，山海关在防御上的重要性进一步提升。到了万历四十六年（1618年），山海关设总兵驻守，使得关城升为了防区治所驻地的镇城。后明朝的蓟辽总督移驻于此，随着朝廷屡次派遣经略、督师大臣来这里督战，山海关成为辽西走廊蓟镇防区最重要的城池。正是基于关城军事防御的重要作用，建设时充分利用地形环境的险要，并通过"人工

---

① 〔宋〕曾公亮，丁度. 武经总要.

设险"的建设方式，将边墙、城堡和关隘等，组合成结构严谨、层次清晰的军事防御体系。山海关城与南翼城、北翼城、东罗城、西罗城、宁海城和威远城与长城及其附属设施彼此呼应，被建设成了互成犄角之势的形态，构成了完整的山海关城的军事防御布局。

整个关城的军事防御布局，可分为三个方向，即在向北区域防御的纵深方向、山海之间防御的面宽方向、垂直设施防御的高度方向，构建多层次的严密防御设施。

在防御的纵深方向上，即在东北方向上，山海关城以长城墙体为东城墙，在城墙上开一东城门，即山海关门，其上建镇东楼加以防御，东关门外设有瓮城和护城河；与东门相对应，在南城墙上设置关门一座，筑有城楼和瓮城并挖有护城河；万历十二年（1584年），为庇护关门，在东门瓮城外又加筑东罗城，并建有瓮城和护城河；崇祯十六年（1643年），在西门翁城外又加建西罗城；在关门外的长城前线位置约1公里处，又修建有威远城，作屯兵与前哨瞭望之用。在纵深方向上，就形成了"威远堡（前哨）—罗城护城河—东罗城（含瓮城）—关城护城河—东门（含瓮城）—山海关城—西门（含瓮城）—关城护城河—西罗城"的防御层次。

在防御的面宽方向上，沿长城边墙设置了诸多的防御工事。关城设置了南北二门，并均设有城楼、瓮城和护城河；在距关城南北两侧的不远处，在长城防线的内侧还建有南北翼，以扼守南北水关，防止北方部落势力从两侧的侵入；长城向南延伸约5公里入海，入海处建有南海口关以及宁海城，控制入海隘口；长城向北延伸则直上角山，借山势地形阻隔入侵势力。在面宽方向上，形成"北翼城—关城护城河—北门（含瓮城）—山海关城—南门（含瓮城）—关城护城河—南翼城—宁海城"的防御范围。

在军事设施上，为防止北方部落势力的侵入，于关城北侧的高处设有敌台、烽火台和营盘，以扼守军事要点。由于山海关城建在平原之上，以长城的墙体来占据防御的高度优势，墙体上的重要防御部位设置有敌楼，不仅有东门城楼（镇东楼）和东南、东北二角楼，东城墙还建有临闾楼、牧营楼、新楼以及临北台，共同构成对关门处的多方位防御，地面设有城门和护城河。在设施高度上，就形成了"高处敌台—城楼—城墙—城门及护城河"的立体防御空间。

二、张家口

位于河北省域北部的张家口地区，地处蒙古高原和华北平原的过渡地带，西部为阴山余脉，东面连燕山山脉，南面接太行山脉的北端，是草原文明与农耕文明的交错地带，形成了坝上草原游牧民族和中原农耕民族的天然分界线。从蒙古高原南下进入中原地区，穿越张家口地区则是最为便捷的路线，加之张家口地区的中部为桑干河和洋河水系流淌所形成的盆地，地理区位的重要性使得该地区成为自古以来的兵家必争之地。正是由于游牧部落和中原政权均将其作为军事战略要地，使得自战国时期的燕赵、秦、汉、北魏、北齐、唐、金和明等多个朝代，在历时2000多年的过程中，在这一地区先后修筑了13段长城，形成纵横交错、重复叠加的分布。

明代为了防备北元势力的南下而建设长城，就将该区域作为防御的重点划归九边的"第一重镇"宣府镇统辖，张家口堡（图4-4-1）就是宣府镇下辖的关城，其三面环山、一边临清水河的地点环境优势，使得张家口堡成为北扼守野狐岭天险、东南方向屏卫宣府镇城的重险之地。明永乐帝自南京迁都北京后，为加强对北方的军事防御体系，修筑完善长城的军镇驻屯制度，并在后续的宣德、成化、嘉靖和万历年间，有不断的修葺、包砖和增建。据《宣府镇志》记载："张家口堡，高二丈五尺，周围三里一十步，城铺十，东、

图4-4-1　张家口堡

南二门。宣德四年筑，成化十六年展筑。"①张家口堡建在清水河西岸的高台上，周边的山体与河流成为天然的屏障，且清水河提供了戍守军士的生活用水，也提供了戍堡周边屯田灌溉的便利。高处建堡利用扼守交通要道与河口，加之来远堡（大境门和马市）在北，万全右卫在西、万全左卫在西南、宣府镇在东南、葛峪堡在东，形成了具有纵深且互为犄角的防御体系。北部的来远堡主要承担互市贸易功能，南部的张家口堡主要承担军事防务功能，构成了北为"上堡"南为"下堡"的双堡结构。张家口堡（下堡）修筑有防御的城堞以及玉皇阁（图4-4-2），除了保留土堡包砖前的东、南两门外，在北面玉皇阁下增设了小北门，小北门外的道路狭窄而陡，加之北城墙高大的马面敌

台，形成了防御性强且便于瞭望的设施。堡内十字穿心的鼓楼（图4-4-3）建于万历四十六年（1618年），其下所通的四向道路构成了主体街巷空间，连接东门的东西向"武城街"是繁华的商业街，税司、山东会馆和戏园等建筑就近建设。

明代隆庆议和后，汉蒙之间的民族矛盾趋于和解，加之明朝后期由于后金的崛起，长城在河北段的防御重心东移到辽东镇，宣大地区由兵戎相见之地转换成为茶马互市之所。张家口北的来远堡大境门有着远近闻名的官马市，其南面的桑干河流域水草丰富，适宜大规模的商队集聚，这些条件都使得张家口逐渐成为边关贸易的大市，并最终由堡城升级发展成了区域的行政中心和商贸中心（图4-4-4）。后续从清代

---

① （明）孙世芳，栾尚约纂修. 宣府镇志. 明嘉靖四十年刊本.

图4-4-2　张家口堡玉皇阁

直至民国，军事防御聚落的张家口堡始终处在民化的发展过程中，由于万里茶道途径于此，使得张家口专营对蒙古各地及俄罗斯贸易，更成为北方最大的商埠之一。

张家口升级成为区域的商业中心，导致了区域整体结构和聚落内部的功能结构随之发生改变，区域和聚落军事职能的减弱和商业职能上升，使得屯垦经济转向跨区域贸易，同时也吸引了大量的移民进入，不仅催生了新的城镇功能，更催生了新的城镇和乡村聚落。随着商业贸易的繁荣，大量来自各地的商贾和匠人等涌入张家口堡，人口快速增加使得世俗生活成为

人们活动的主体，城隍庙、关帝庙、孔庙等寺庙也随之在城堡内外得以建设起来。原有的军事防御聚落的张家口堡，也因聚居人口的增加扩大了城镇规模，突破了堡墙的限制，在堡门外建设了关厢，还因不同从业匠人的聚居而形成了以行业命名的街巷，晨钟暮鼓的世俗管治由此成为地方行政管理的重要职能。明代建设起来的长城沿线军事防御聚落，随着社会经济环境的改变而逐渐民化，特别是在清代至民国期间，军堡转型发展成为市镇甚至升级成为商业都会，是中国古代城市发展演变的重要类型，张家口就是这样的一个特殊聚落。

图4-4-3　张家口堡鼓楼

图4-4-4　来远堡大境门

三、紫荆关

　　紫荆关位于易县县城以西约40公里的太行山中，因地处险要通道上而于战国时期即设关扼守，东汉时为五阮关，宋代为金陂关，后因地处紫荆岭且山上多紫荆树而改名。紫荆关有着2000多年的历史，由汉代的土石夯筑小城逐渐发展成明代内长城的重要关口，与其北面的居庸关、南面的倒马关并称长城内三关。紫荆关是京师的西南门户，居庸关是京师的西北重防，明代兵部尚书于谦曾说："险有轻重，则守有缓急，居庸、紫荆并为畿辅咽喉，论者尝先居庸、而后紫荆，不知寇窥居庸其得入者十之三，寇窥紫荆其得入者十之七。"作为保卫京师的咽喉要地，紫荆关有"畿南第一雄关"之誉。

紫荆关扼守战略重要交通孔道太行八陉的飞狐陉东道，关城四周地势险峻，东靠万仞山、西依犀牛山、北临拒马河、南枕黄土岭。"因山设险、以河为塞"的关城，立于连绵峰峦环绕所在的山间盆地中，蜿蜒曲折、水流湍急的拒马河从关前东奔，形成天然的屏障。《西关志·紫荆关》记载："南阻盘道之险、北负拒马之渊，近以浮图为门户，远以宣大为藩篱，一关雄踞于中，群隘翼庇乎外，规模壮丽，屹然畿辅保障云。"[①]从区域作用上看，紫荆关控制连通山西高原与河北平原的交通要道，其东北方向是京畿要地，西向和北向远通山西镇、宣府镇两个长城防御体系上的军事重镇，南边连接倒马、龙泉二关，拥有四通八达的交通区位优势。《畿辅通志》称紫荆关"控扼西山之险，为燕京上游路，通宣府、大同。山谷崎岖，易于戍守"。从

地点条件上看，紫荆关城建在坡地之上，既可控制东西流向的拒马河河道，又可以控制南北走向的山路，山体之上建设的宽大墙体与山形山势、水体相配合，既便于戍守士兵据险防御，也便于日常生活的取水。

作为天下九塞之第四塞的紫荆关，是五座小城组合而成防御体系，包括拒马河北岸的小金城、南岸的关城、小盘石城、奇峰口城和官座岭城。从东边通向紫荆关的第一道关门，门额上嵌石匾一方，横书"紫荆关"三字。关门内是通向关城的十八盘。盘道顶端是南天门，经南天门至奇峰岭山顶。门券上嵌着"畿辅第一雄关"的石匾，进入南天门是第二重门，再内是第三重门，又称南门。北门有瓮城，南天门西侧有从内城通向黄土岭的关门一座。紫荆关主城分东西两部分，东城设文武衙门，西城为屯兵之所。拒马河北岸建有小新城，与主城之西城隔河相望，其间有铁索相连，为关城的前哨（图4-4-5）。

图4-4-5 紫荆关聚落防御体系

---

① （明）王士翘. 西关志.

乡村聚落作为传统聚落体系的另一大类，有着量大的存留和面广的分布，并且作为体系中最为基础和"自下而上"生长而出的聚落单元，其与所处地区的自然环境和人文环境之间有着最为直接的对应关联。长期的农耕社会造就了众多的乡村聚落，以聚居的人群在自然环境中获取生存资源、建设赖以立足的庇护所（民居建筑）开始，而其所形成的乡村聚落并非仅仅是民居建筑的集合体，而是在聚落层面上有其类型、空间结构和形态上的差异与建构规则。单就乡村聚落的建造而言，这些物质空间上差异的形成均与地区自然环境、资源禀赋和选址地点地形等有着直接的关联，如有所处地区环境上的差异，有集聚规模上的差异，有村址地点上的地形差异，有街巷结构上的差异，也有村落形态上的差异，更有自然资源条件所造成的生产方式和建造方式上的差异。

肇始并成就于农耕社会的乡村聚落，在河北省域范围内的各处均有分布，对应于地理环境、地区资源和气候条件等方面的差异，而在地理分布上呈现出南北区域的密度和数量差别、东西区域的类型和规模差别。众多的乡村聚落在区域和地形环境上的分布，可为省域西北部和北部的高原乡村聚落、西部太行山区和北部燕山山区的山地乡村聚落、南部和东部的平原乡村聚落、西部和西南部太行山中的河谷盆地乡村聚落。

传统的农耕经济条件下，从自然环境中直接获取生存资源，或者利用自然资源生产加工成生活物质，普遍成为人群集聚生产生活的依托基础，从而形成人群聚居的乡村聚落建造，由此构成了乡村聚落与自然环境之间的紧密对应。由于从大的区域自然环境、周边地带的资源禀赋到村址地点的地形条件，均对村落的建设发生着

主导且持续的影响，乡村聚落从肇基建设到后续发展呈现出自下而上"生长"的建造方式，"生长而出"的物质空间形态反映出自然环境构造的状态，从而使得聚落所在的自然环境已经不再仅仅是地形，而变成了乡村聚落的自然生境。

乡村聚落在河北省域范围内的分布，随着各种自然环境条件的不同而呈现出多样化的类型，并由此产生了相应的空间结构与形态。历史上由于战乱兵燹、人口迁移、资源分布和农业开发等的原因，加之近代直至当代社会经济以及交通等影响，已使得传统乡土聚落的分布和存留状态发生了较大的改变。现今河北省域范围内的传统乡村聚落，主要集聚在张家口市域西南的蔚县地区、保定市域的中部地区、石家庄西部的井陉地区、邢台与邯郸西部的太行山地区，其中飞狐陉、井陉和滏口陉三个沿线区域传统的乡村聚落，留存状态最为完整，分布得最为集中。

截至2019年2月8日，在住房和城乡建设部公布的五批中国传统村落名录中，河北省第一批32座、第二批7座、第三批18座、第四批88座、第五批61座，共计有206座村落入选（含32座国家级历史文化名村）[①]。在河北206座中国传统村落中，张家口市52座、石家庄市53座、邯郸市44座、邢台市40座、保定市12座、秦皇岛市1座、唐山市2座、承德市和衡水市各1座。在国家公布的206座中国传统村落名录之外，还有河北省级历史文化名村11座（表5-0-1、图5-0-1）。当然，河北的传统乡村聚落并非仅仅只有这些，217座国家级和省级传统村落的认定与保存状况有关、与各地区的申报有关、与经济欠发达和地处偏远有关。

---

① 中华人民共和国住房和城乡建设部网站（http://www.mohurd.gov.cn/）

批次	河北省级历史文化名村	
第一批	邢台市平乡县丰州镇窦冯马村	邢台市临城县赵庄乡驾游村
第二批	沧州市献县南河头乡单桥村	
第三批	张家口市蔚县代王城镇石家庄村	唐山市遵化市马兰峪镇官房村
	定州市赵村镇孟家庄村	
第四批	张家口市蔚县涌泉庄乡涌泉庄村	保定市唐县倒马关乡倒马关村
	邢台市邢台县南石门镇小桃花村	邢台市邢台县黄寺镇李梅花村
	邢台市邢台县西黄村镇南会村	

注：依据中国传统村落名录之外河北省级历史文化名村。

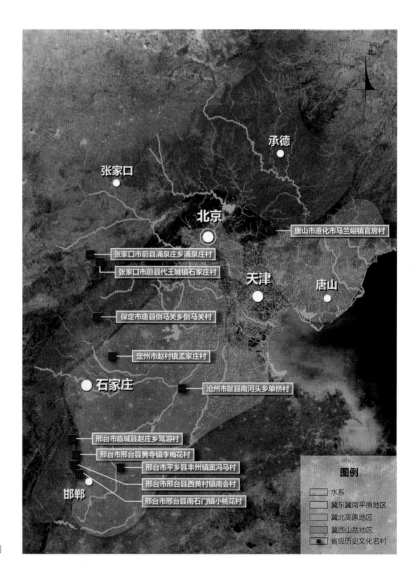

图5-0-1　河北省级历史文化名村分布图

第一节 自然环境与聚落类型

人群在乡村聚落集聚的状况，与所处地域的自然环境所能提供的生存资源以及类型密切相关，乡村聚落在物质空间上的生长和建造状况，与所处的区域以及村址地点的地形地貌密切相关。农业社会自然经济主导下的集聚与建设，对地域以及地点资源的利用原则，必然使得乡村聚落在类型和规模等方面，与诸多自然条件之间是对应和融合的关系，而非大规模改造的关系。由此，自然环境成为乡村聚落营造的主导因素，地域的地理环境主导了聚落建设的类型，地点地形环境主导了聚落的生长结构和空间形态。河北正是由于其自然环境复杂多样，有着高原、山地、丘陵、盆地、平原、湖泊和海滨等多种地貌形态，加之各个地区不同的自然资源禀赋和地理区位，造就了具有明显地域差异的聚落类型和其选址建造方式；各地区的自然材料特性和相应的建造技术，造就了具有强烈地域特征的乡村聚落空间类型。

一、高原聚落

高原型乡村聚落，分布在省域北部的张家口地区，主要集中在西部的蔚县地区。对应于省域西北部的高原地域环境和历史地理环境，这类乡村聚落所处的地域为宜农和宜牧的交错地带，为高原之上的波状平原与丘陵的地形环境，土地规模大、地势平坦、黄土资源丰富是这一地区的自然环境特征。冀北高原上的蔚县由于位于燕山、恒山和太行山的交汇处，农耕文化和游牧文化的贸易交流以及战乱袭扰均在此发生，使得聚居的人们采取防御的方式建设村落，即利用当地丰沛的黄土资源夯筑堡墙，围合出向北防御、对外封闭的村落。随着明清两代玉米的引种和边贸商道的繁荣，加之东西向连通北京和山西的商道，使得高原型乡村聚落有了数量上较大的增长，并且沿南来北往的商道有了较多的建设。

蔚县地区的高原乡村聚落，虽为从事旱作农业生产的人们聚居的场所，但因防御功能是其承担重要部分，而不似其他地区农耕村落"自下而上生长"的建造方式，而采取的是城镇聚落"自下而上"有规划的建设方式，所建造的乡村聚落类似于缩小版的防御性城镇聚落。这类的乡村聚落规模不大、形态方正，依据运输的行程沿商道分布，反映出在建造上的防御保卫功能和在分布上的驿站交通功能。高原环境中不仅有平坦的农地及隆起的丘陵，还有黄土台塬和水流长期冲蚀所形成的沟壑，这类村落在选址时除了临近商道外，多选择在倚靠隆起丘陵或沟边崖上的高处进行建造，所建造的村落既便于服务商道上的交通，又便于居高瞭望防御。高原型乡村聚落因其规划建设有防御设施，而呈现出堡寨村落的形态，普遍建有高大的堡墙和南向的堡门，真武庙、三义庙和文昌阁成为堡墙和堡门上的重要建筑，关帝庙、观音殿和戏台等构成了堡门处的公共建筑群（图5-1-1）。蔚县暖泉镇的北官堡和横涧村就是高原型乡村聚落的典型，其中北官堡北侧依靠隆起的丘陵，构成了完备的防御设施（图5-1-2）；横涧村则靠沟靠崖，便捷取水的同时也加强了堡墙的防御功能（图5-1-3）。

二、山地聚落

山地型乡村聚落，分布在省域西部的太行山区和北部的燕山山区，由于北部燕山山区自然气候条件以及历史上封禁的原因，这类传统村落绝大部分处在冀西的太行山区。太行山区为省域西部隆起的高大山脉，地势自西向东倾斜下冲衔接丘陵平原，由此造就了复杂的地形地貌环境，形成了中山区、低山区以及山间盆地等多样

图5-1-1 宋家庄镇堡门及公共建筑群

图5-1-3 蔚县暖泉镇横涧村

图5-1-2 蔚县暖泉镇北官堡

化的地区，并且有着多样化的环境要素组合状态。山地的环境和资源提供了人们生存生产和聚居繁衍的庇护场所，使得很早就有人群在山地环境中定居建造村落，后随着人口规模的增长和朝代更替、战乱兵燹引发的避难氏族的进入，以及明清时期山西移民的大量进入，导致太行山区内山地乡村聚落有较多的数量和较广的分布。由于太行山的地形地貌和自然资源存在着地区间的差异，处在中山、低山等不同地区的山地聚落，虽同为山地型聚落但也呈现出建造上的差异。

处在不同山区环境中的聚落建设，需要应对不同的村址地形，但农耕社会的聚落有其基本的建造规则，即靠近农田、临近水源和因地制宜。不论是在中山地区还是在低山地区，可供耕作的平整农田较少、建设用地逼仄且起伏是普遍的状况，因此山地村落的建造"占山不

图5-1-4 沙河市刘石岗乡大坪村

占田""借天不借地"是其选址的共识。即充分利用村址的地形及资源，不改变山体原有的形态和植被状态，在台地平面之上或有山泉水出露之处建村，也便于开垦旱作农田、引水灌溉和获取生活用水。建立在这样营造共识上的山地型乡村聚落，从村址地点的自然环境上可分为台地村落和平岗村落，其中得益于山间台地上农田面积较大，台地村落聚居的人口较多，建设规模也较大；而山顶或接近山顶处的平岗村落，通常得益于山泉水的出露，但因建设用地的限制，聚居人口较少，建设规模也较小。对应于山间台地的状况，台地村落普遍选址在土层薄、石材厚且起伏较大的地点，留出土层较厚且土壤条件较好的农田，村落中民居院落的建设相对集中，并依据高差在村中开凿出多个大蓄水池，以存储雨水供生产和生活之用。平岗村落多选址在山泉水出露地

点的下方，山地民居院落围绕着泉水进行建设，由于村落规模较小而不开凿蓄水池。山地聚落因其所处自然环境的限制，不论是台地村落还是平岗村落，在村落和民居建设上均反映出与所处地点之间的紧密对应，并构成了冀西山地聚落类型的特征。沙河市刘石岗乡的大坪村（图5-1-4）和武安市活水乡的地坪村（图5-1-5），就分别是台地村落与平岗村落的典型，反映出聚居的人们依据所处地点环境的不同，在山地聚落营建上利用与建造程度上的智慧。

三、平原聚落

平原型乡村聚落，处在冀东和冀南大片的平原上。而东、南、西、北四至分别为渤海、黄河、太行山东麓

图5-1-5 武安市活水乡地堖村

和燕山南麓的河北平原，由黄河、海河以及多条发源于太行山区东流入海的河流冲积而成，土地开阔、地势低平，分布有面积规模宽阔的多处湖泊洼地。由于土地盐碱化且排水不畅的原因，导致农业耕作相较于河北其他地区开展得晚，加之历史上多个朝代在此对峙交战，如宋辽金的对峙、元明之间的战争和明初的"靖难之役"等，严重影响了人口的集聚和村落的建设。明永乐随着北京定位都城和山西移民的大量迁入，直至清代伴随着粮食作物的引进，平原的农业耕作得到了长足的发展，从而使得平原型聚落有了数量上的广泛空间分布和规模上的持续扩大建设。

由于河北平原地势平坦开阔、河流众多，平原聚落普遍建于平坦地形的高处，村址或定在比周边农田地势略高的台地上，或坐落在临近河流的堤岸之上，或处在靠近淀泊的高地上。明清两代人口的繁衍以及移民的迁入，使得在平原之上从事农业生产的人口规模大大增加，由此所形成的平原聚落普遍为集聚规模较大的村落。平原村落在建造上呈现出规模较大的特征，源于金代县以下的村社制以及后期移民家族的集聚，对应于较为完善的社会组织和耕作制度，形成了平原村落内聚化的建设形态。对应于平原环境中的高地形态，平原村落呈现出边界较为规整、民居建筑集中的特征。对应于河流的泛滥以及平原地区耕作半径较大的影响因素，平原

村落由小规模的散村发展成为大规模的集村。这种平原聚落虽然规模较大，但类型较为单一，聚居功能一直占据主导的地位，在当代社会经济环境以及便捷的平原交通环境的影响下，这类聚落变化得较为剧烈。保定市清苑区的冉庄村和安新县圈头乡的圈头村（图5-1-6），是较为典型的平原聚落。其中处在被白洋淀水面环绕的、由三个自然村组成的圈头村，仅有些许的传统民居建筑得以保存下来。

四、河谷聚落

河谷型乡村聚落，主要选址建造在太行山脉及其腹地的溪流阶地、沟峪和小盆地中，因太行山地区季节性降雨的缘故，依山麓、沿沟谷而建的村落居多，在传统村落名录中这类村落占到较大的部分。临近河谷和冲沟的地带有着较为充沛的水源、较为平整的土地，为人群集聚开展农业生产的地点。河谷聚落在选址建设上，多位于山区主要汇水溪流两岸的高地上，并且坐落在短小冲沟与溪流的交汇处，周边山地环绕以形成相对适宜聚居的微观地理环境。这类村址所在的地点环境，通常为北高南低的山麓地形，山体缓坡和近水阶地开垦出旱作农地，临村和近水便于劳作与灌溉，加之季节性洪水带来的土壤，使得这类地点的土壤较为肥沃、植物生长茂盛，为人群集聚建设村落较为理想的环境。

太行山脉中由于沟谷地带的农耕用地规模狭小破碎，通常在河谷聚落中集聚的人群规模不大。这类村落的建设也因受到河谷、冲沟以及村址周边山地地形的限制和影响，所形成的聚落规模较小，从避免洪水侵袭的临水二级阶地上肇基建设，逐渐沿山坡向上攀升是河谷聚落普遍的建造方式。河谷地带山岭密布、地形起伏，所形成的微观地理单元规模较小且空间较为围合，适应冬季避风向阳、夏季纳风遮阴的村落建设要求。这类聚落被周边山岭环抱的村址地形，使得村落的内部通常利

图5-1-6　安新县马庄镇圈头村

图5-1-7　井陉县南峪镇地都村

用自然冲沟形成主要街巷，晴时用于通行、雨时用于行洪，主街的冲沟铺砌石块街面，其上多建有券门。受到山区河谷、沟峪等地形环境的直接影响，这类聚落普遍规模较小且建设较为集中，聚落为山岭沟壑所界定而呈现出不规则的外部边界。河谷聚落在太行山深处以及向东的丘陵地带均有分布，其中太行山深处的村落规模较小，而丘陵地带的村落规模稍大。这类村落因靠山近水，且与村址地形环境之间的对应较好，从而具有丰富的村落形态和环境景观。井陉县南峪镇的地都村（图5-1-7）和邢台市路罗镇茶旧沟村，都是较为典型的河谷聚落（图5-1-8）。

图5-1-8　邢台市路罗镇茶旧沟村

第二节 村落空间结构

乡村聚落与自然环境之间高度紧密的关联，使得地区环境和地点环境成为人们集聚与建造聚落的主导要素，而村落的空间结构作为聚落从肇基建设、生长直至存留的脉络，呈现出村址自然环境在聚落建造上至关重要的构造作用。村落空间结构由通行的街巷组合构成，将村落内的民居建筑与院落连接成整体并形成街巷体系，不同尺度和宽度的街巷由于其承担的功能或通行量有所差别，因而使得村落中的街巷有了主次之分。虽然村落中的主次街巷均受到村址自然地形环境的影响，但主要的骨架街巷因与村落的肇始建设和规模增长直接对应，因而更能明显地反映出自然地形环境对村落生长方式的主导作用，反映出村落生长在村址地点环境上的选择逻辑和建设时序。

以骨架街巷构成的村落空间结构，既受到所在地区自然环境的影响，也受到所处地点地形环境的影响，而两方面产生的影响因聚落类型的不同而有所差异，如高原型乡村聚落受地区环境的影响作用较大，而其他几种类型的乡村聚落则受地点环境的影响作用显著。就村落中骨架街巷的形态而言，河北省域范围内的乡村聚落在村落空间结构上大致可分为：带状结构、枝状结构和网状结构。

一、带状结构

主体骨架街巷空间呈现出"带状结构"的乡村聚落，在太行山区中有着较为普遍的建设与分布，其结构类型的成因主要是受到沟峪环境、山中商道或山顶环境等建设用地狭窄的影响（图5-2-1）。带状空间结构并不在于村落骨架街巷的线型是直通还是蜿蜒曲折，而是由于村址周边用地狭长逼仄的环境，使得村落的规

模增长和人们的聚居建设主要依托骨架街巷，从主体骨架街巷上衍生出的次级巷弄则短且连通的民居建筑少，形成主体的骨架街巷贯通整个村落并连接起大部分民居建筑的状况。随着所处村址地点的不同，带状结构的村落也会呈现出形态上的多样，但在空间结构体系上则表现得较为单一，即街巷空间等级和功能的简单。

（一）茶旧沟村街巷空间结构

邢台路罗镇茶旧沟村的肇基历史为明代初年，早期聚居于此并建村的人群来自山西洪洞县的移民。茶旧沟的村名则传源于当地的特产，人们制作称为茶汤的豆沫，因以当地石材加工成为杵捣豆沫的红石臼为"茶臼"，而得名茶臼沟，后简化称为茶旧沟。茶旧沟的村址处在东西向地堑的北侧，坐落在一条长度约200米西北往东南走向的"L"形短沟峪内，为南侧地堑的支沟。村落中的短冲沟汇集季节性地表径流，但村中的地下水丰富，有几处出露的山泉被村民称为古井，井水清澈见底，成为村落中聚居人群生产生活的依托。

由于村址所在的汇水支沟短小，加之两侧山岭的空间逼仄使得村落的建设用地狭窄，导致茶旧沟村中人群的聚居规模不大，全村仅有约100多户。村落中的主街顺沿村址地形内的短冲沟，形成了"L"形东南低、西北高的骨架街巷，使得街巷两侧的民居建筑沿沟峪两侧山体建设，形成依山攀升的山地合院（图5-2-2）。狭窄的山坡用地，使得民居建筑多为两层的楼居，以当地的石材进行建造，构成了石屋石楼和宅院石墙沿等高线层层叠叠的形态。村落中主街两侧的石楼民居院落整体进深约20米，使得建筑之间的巷弄狭窄而短小（图5-2-3）。茶旧沟村的主街顺冲沟的走向而折拐，主

图5-2-1 丘陵顶部带状村落

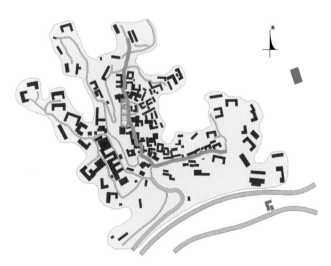

图5-2-2 茶旧沟村街巷空间结构

图5-2-3 茶旧沟村中巷道

街上延伸而出的巷弄短促且多为入户门道，村落整体的街巷空间结构呈现为狭窄单一的带状。

（二）地垴村街巷空间结构

活水乡地垴村处在太行山峰林的东麓，坐落在高耸的峰林与风化塌落之间的交接地带，其下方的山坡相对平缓，地处偏僻且平坝用地浅狭。地垴村由于受限于村址地形，村落建设规模不大，为少量农户在山中开荒耕作所形成的聚居村落，历史上最盛时也仅有二十余户在此聚居。作为建设于山腰上部的村落，地垴村村址虽然用地浅狭，但相较于其他地点，村址周边的农耕和种植用地规模已算相对较大，由于地垴村附近的土层相对厚沃，其上生长的核桃树高大茂密。由于村址处有泉水出露、农田和山林资源，其成为聚居生活于此的人群从事半农半牧生产的环境依托（图5-2-4）。

地垴村中的石砌民居有独立建筑、院落建筑，在朝向、形态以及规模的建设上随形就势。村中的民居建筑均以木材为支撑结构，围护结构为石材，木质梁檩多搁置在石砌墙体之上，其上覆盖石板形成屋面，由于石板重量的原因，均采用一面坡三块板的铺设方式（图5-2-5）。在石砌建构上方法一致但形态则各异，如门窗洞口同为双层石块缝填片石的建造方式，但有

图5-2-4　地垴村聚落环境

图5-2-5 地圪村石砌民居屋顶

图5-2-6 地圪村石砌民居门窗洞口

图5-2-7 地圪村石砌民居墙体

半圆发券和弧形发券的差别（图5-2-6、图5-2-7）。地圪村中的民居建筑、院墙、照壁、挡墙、水井和石碾等的建造均就地取材，以嶂石岩石材进行建构，而使得整个村落与山地环境融为一体（图5-2-8）。

建于山腰处的地圪村整体敞向西侧，村落西北角入口处的高台巨石之上建有独立的石屋，构成了北端村口空间；隆起的自然台地与作为护佑村落的庙宇建筑——高跷石屋（民国3年建造），构成了村落南端的入口空间。进村道路在村落的西北角接入，顺着等高线蜿蜒曲折，连接起村中不多的几组民居建筑。受村址地形的限制，从北向南贯通村落的骨架街巷，东侧倚靠着山坡台

图5-2-8 地圪村石砌民居

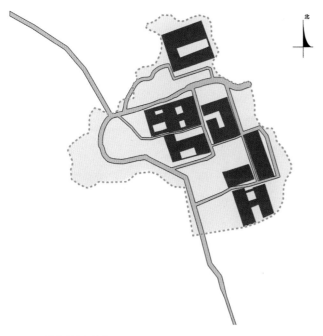

图5-2-9　地塌村空间结构

地，西侧开敞向下方的洺河谷地，由民居建筑立面界定的单边骨架街巷连接南北村口，其上生长出的次级巷弄短小，使得村落的街巷空间结构呈现出顺沿地形的带状（图5-2-9）。

二、枝状结构

主体骨架街巷空间呈现出"枝状结构"的乡村聚落，在太行山区以及其他地区都有建设与分布，是传统村落中最为普遍的空间结构。同样是受到沟峪环境、河流水系、交驿道通等环境因素的影响，因村址建设用地的规模较大，使得村落中有两条以上的骨架街巷交会，或从主体骨架街巷上生长出的次级巷弄较长且连接的民居建筑较多。呈现出来的建设状态为村落中的次级巷弄从骨架街巷的两侧分支生长，延伸连接村落用地深处的民居，形成类似"树枝状"或"鱼骨状"的村落空间结构体系。枝状结构的主次街巷，在物质空间上存在着宽度和尺度等方面的差异，在功能上存在着行车马和行人

等方面的差异，在高低起伏上存在着主街较缓和次街较陡的差异。

（一）小龙窝村街巷空间结构

井陉县天长镇城西的小龙窝村，始建于隋朝原名龙窝铺和龙窝村，村落因地处九龙簇拥之地，故得名龙窝。村址周边四面青山环抱，绿树成荫，渠水三面环绕，秦皇古驿道蜿蜒穿村而过。小龙窝村因古道驿站而兴盛，隋唐时的龙窝寺石窟及其佛像石刻遗迹，反映出曾经的繁荣（图5-2-10、图5-2-11）。村落内的建筑因地形山势而构筑，就地取石材建造形成了古朴错落的石楼和石窑（图5-2-12），村内大块山石铺砌的街与巷，古井、古树以及石碾与石磨，构成了村落空间及环境营造的特色。小龙窝村内有隋唐时期的龙窝寺，明代建设的观音庙、三官庙、双龙桥和戏楼等古庙院十余座。

小龙窝村的民居院落顺应村址地形环境而建，建筑布局朝向各不相同，街巷空间也不平直，而是让出村址周边的耕作农田建设民居院落；对应着山形山势，建设的街巷高低起伏。山径古道蜿蜒起伏、幽深静谧，穿越村落并形成了主街空间。村内的主街龙泉街建在蜿蜒曲折的沟坡之上，延伸出6条次级的民居巷弄，主街的东侧有枣园巷和榆坪巷，西侧有桥头巷、西场巷、西边巷和槐岭巷。村落内贯通各民居院落的街巷长短不一，走向则依据地形自然曲折，除承担民居院落的交通功能外，还承担街巷与院落的排水功能。蜿蜒的主街和多条次级巷弄与村址地形紧密对应，构成了小龙窝村的枝状街巷空间结构（图5-2-13）。

（二）西古堡街巷空间结构

建于明代嘉靖年间的西古堡为蔚县暖泉镇内保存得最为完好的堡寨村落，为暖泉三堡中最主要的堡寨，高大的堡墙围护着县衙、民宅、寺院、客栈、戏楼等建

图5-2-10　小龙窝村龙窝寺

图5-2-11　龙窝寺石刻

图5-2-12　小龙窝村石窑

图5-2-13 小龙窝村街巷空间结构

于明清时代的传统建筑。西古堡东西长260米、南北长330米，黄土夯筑的堡墙高8～10米、墙基宽6～8米、墙顶宽2～4米。为提升堡寨的防御功能，在南北堡门和瓮城处的堡墙增高加厚，并以条石砌筑墙基、青砖内外包砌墙体，形成城门券洞处的加固砖贴脸。砖券堡门洞高3.5米、宽2.2米，下铺设青石板道以利车马通行。

西古堡的平面呈规整方形，连接南北两端高大瓮城的主街，承担着堡寨对内对外的交通，主街的两端穿越瓮城后向东，不直通的主街加强了寨堡对外的防御功能。主街在堡内的中部与东西向街巷交叉，构成了"十"字形骨架街巷，骨架街巷连通四面堡墙下的次级

环路。宽度较大的骨架街巷连接堡内的客栈和寺院，次级巷弄相对较窄，承担连通民居院落的功能，堡内的次级巷弄由骨架街巷上生长而出，通向水井的井巷也由骨架街巷上延伸而出，形成了西古堡的"十"字形树枝状街巷空间结构（图5-2-14）。

三、网状结构

主体骨架街巷空间呈现出"网状结构"的乡村聚落，通常是规模较大的乡村聚落，这类空间结构的村落在各地均有分布，尤其是用地较为平坦的高原和平原地

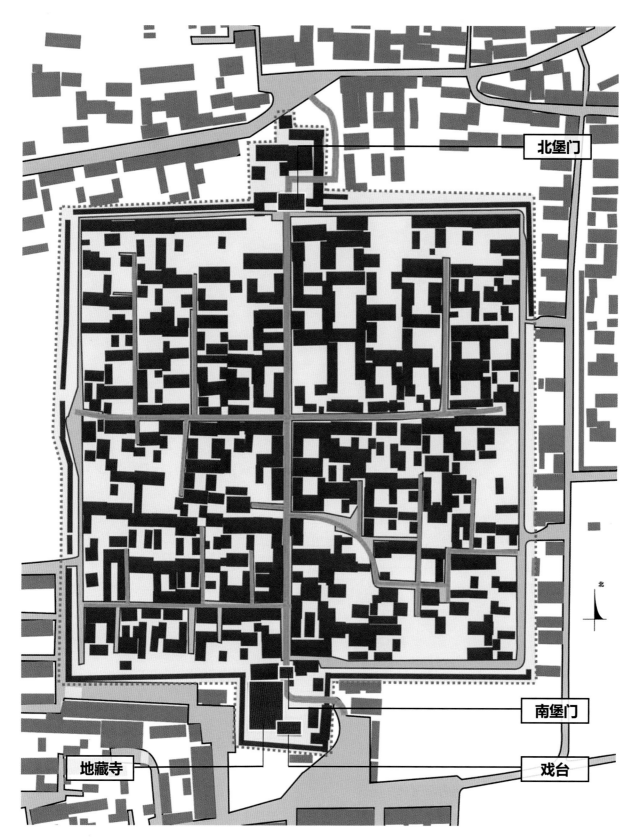

北堡门

南堡门

戏台

地藏寺

北

图5-2-14　西古堡枝状结构街巷空间

区，在太行山腹地中的小盆地环境中也有分布建设。由于这类村落的建设用地较大且地势较为开阔，有多条主体骨架街巷纵横交叉，形成网络状的主街，主街之间有次级巷弄贯通连接，形成宽度和尺度等方面等级清晰的街巷空间体系。网状结构村落的聚居人口规模较大，物质空间建设的规模较大，众多的民居建筑和院落呈现出匀质化的建造特征。网状结构村落在同等级街巷的空间尺度上差别不大，其空间特征对应民居院落的建造而呈现出匀质化和均好性，村址用地平坦开阔的村落，街巷弄划分出的建造地块规模差异不大，而在山区网状结构会受到村址地形环境的影响而产生相应的变形。

（一）大社村街巷空间结构

大社村位于冀南峰峰矿区的北部，其历史可追溯到明代之前的"大阁寺"，后在寺院的南北逐渐因人群的聚居而建成村落。寺院在其后的历史进程中逐渐衰败消失，而寺南和寺北的两个村落则发展为"南大社"与"北大社"，现大社镇政府驻地的大社村，即为历史上的南大社村。大社村处在山麓台地之上，村址周边地势平坦肥沃，加之冀南一带有着悠久的黍米生产历史，聚居于此的人群以旱作农耕为生。清末其周边地区的煤炭开采，使得大社村的经济快速繁荣，聚居人口规模的快速增长，使得商铺、客栈、酒馆以及手工业诸多行当集聚，大社村遂成为周边的经济和商贸中心。村内保存有众多的传统民居建筑、古槐、古井、古桥和古庙等，尤其是占地1.6万余平方米的何家大院，建设规模庞大、院落空间丰富（图5-2-15）。

因聚居人口较多，大社村落的建设规模较大，其通

图5-2-15　大社村何家大院

达各处的街巷空间呈网络状，即以南北向永峰路为结构骨架，形成的南北向平行街巷，并向东西两侧延伸出若干次级巷弄（图5-2-16）。村落内的街巷空间因功能作用的不同而有着主次等级、宽度与密度的差异，永峰路和主街较宽且线型顺直，而在居住的地带则是密集排列的巷弄，空间宽度狭窄尺度亲切。对应于承担功能的

不同，大社村内的街巷在铺地上，有石板路、灰砖路、夯土路、鹅卵石路等多种形式，主要的骨架街巷为便于往来客商及货物运输而采用石板铺砌道路，通往民居建筑的次级巷弄则采用夯土路面，而民居院落内部如何家大院内的巷道多为灰砖铺地。大社村商业贸易和运输功能以及居住功能在使用上的差异，塑造出清晰的街巷

何家大院

北

图5-2-16 大社村网状结构街巷空间

弄主次空间和相应的空间氛围，加之人群因从业的协作业态而聚居，由此形成了密集规整街巷空间的网状结构。

（二）桃树坪村街巷空间结构

有着悠久历史的邢台路罗镇的桃树坪村，位于山西河北交界处，紧临跨地区连通的古道，为晋冀之间重要的商贸交通枢纽，聚居人群将近3000人，为太行山深处的大村。村落在元代就有肇基建设，明代初年从山西洪洞移民而来的赵姓家族成了早期的村民，后随着明末的社会动荡以及清代的经商，不断有多个姓氏的家族人群定居下来，构成了村落中赵、游、乔和王姓等数十个家族聚居的杂姓集村。村中聚居的人群主要从事玉米等农作物生产，当地盛产板栗、核桃等山货，加之煤矿的开采和连通晋冀的商道，良好的地理区位条件和经济条件，造就了桃树坪村的建设规模。

桃树坪村虽处在太行山深处，但村址为山岭环抱的开阔谷地，有河流形成的滩涂、山体缓坡阶地以及山中汇水形成的冲沟，村址地势北高南低、背山面川，北部的山体为红色的石英砂岩陡崖山峰。村落顺应自然地形，坐北朝南，村中的民居建筑大多为两层楼居为主，四向围合出院子，通体红色石英砂岩建造的石屋随坡就势，形成依山攀升层层叠叠的形态（图5-2-17）。村落北面为隆起的丘陵，东西南三面为冲沟，冲沟围合出的村落中部较大且建设较为规整，村落的东部和西部民居院落建设对应地形的变化则显得相对自由，由此形成的村落街巷空间结构也呈现出中部规整、两端曲折多变的状态。村落在东西方向上有三条平行的骨架街巷，其中一条较宽的街巷是入村的主要道路，在南北方向上则有多条平行的巷弄，构成了村落中规整的街巷空间网状结构（图5-2-18）。当地的红色嶂石岩石材，不仅是民居建筑的建造材料，也是石磨、石碾、石缸等传统生活用具的制作材料，网络状的街巷地面也多以红色石板铺设。

图5-2-17　桃树坪村聚落环境

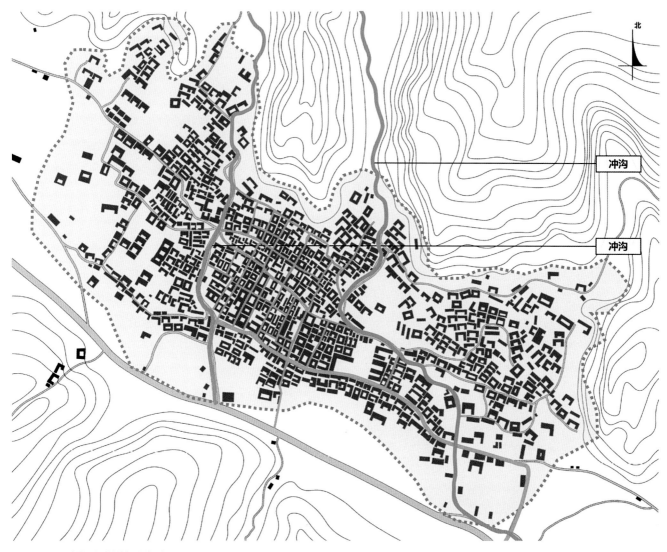

北

冲沟

冲沟

图5-2-18 桃树坪村网状结构街巷空间

第三节 村落空间形态

　　乡村聚落建设坐落于村址环境中，其所形成的物质空间形态与环境形态之间存在紧密对应是必然的。除了高原地区和平原地区的村落空间形态，因建设用地的平坦和开阔而与村址地形之间的对应较少外，处在山地和河谷地形环境中的村落，均受到来自村址地形以及自然环境中诸多要素的限制。相较于地区自然环境，村址所

在地点的自然环境状况，对村落空间形态的形成所起到的决定作用尤为明显。特别是处在太行山区中的传统村落，由于山地环境的复杂多样、用地逼仄且朝向多变，使得顺应村址的自然环境成为建村的基本立足点。基于农耕社会中，人们对自然环境的利用远大于改造的取向，村址环境中宜居宜建用地的面积、地形地势

以及边界形态等自然环境要素，决定着人们集聚建设村落的规模以及边界。

村落的空间形态，表现为众多民居建筑和院落所形成的建成区域形态，以及由此所形成的村落建设边界形态。由于村址地点的自然环境是村落建设的立足基础，村落的空间形态反映出地形等环境要素的构造方式，则是必然的状态。就村落物质空间的建造形态而言，河北省域范围内的乡村聚落在村落空间形态上大致可分为：团状形态、规整形态和自然形态。

一、团状形态

乡村聚落尤其是在人群集聚度较高的大规模集村中，众多民居建筑及院落相临而建，形成与村址地形相呼应的"团状"建成区。团状形态的村落通常以村址的自然要素的变化为边界，如在平原环境中多以农田边界来界定村落的建设，在高原环境中多以沟壑边界来界定村落的建设，在山区台地之上多以农田和崖堰来界定村落的建设。团状村落的内部布局紧凑，民居建设相对集中，村落中心通常为规模较大的公共建筑，如祠堂、寺庙和戏台等，为村址中最为适宜建设的地点，也是聚居人群的精神空间所在。

（一）冉庄村村落形态

保定清苑区的冉庄村位于冀中平原上，村址及周边为海河流域的平原面貌，地势平坦、地形开阔。村址范围内有两条季节性河流，分别为村落南部西北东南走向的九龙河及村落西部近乎南北走向的西开河，村址外围均为农田，为典型的北方平原农业耕作的地貌环境。冉庄村始建于隋代，由于唐代植槐于街巷之上，在宋朝时期曾一度繁荣，而有唐村宋镇之称。冉庄村因其在抗战时期的地道战而闻名，1937年七七事变后，为了防御日本侵略者的袭击，冉庄于1938年挖

掘地道，4条主干线和24条支线组成的长16公里纵横交错的地道网，1961年被国务院确定为全国重点文物保护单位。

冉庄村具有华北平原中部传统村落的典型形态和结构，虽现今的村落因冉庄镇的建设而发生了改变，但村落的空间格局仍较为完整。南面的九龙河、西面的西开河和东北面的芦苇坑塘，界定了村落建设的边界，形成了边长约300米的不规则梯形村落平面。村落由偏南北向的抗战路和偏东西向的古槐路，构成了"十"字形骨架结构，两条街道将村落划分为4片民居建筑的区域，村落中的次级巷弄从十字街生长而出，使得街巷空间结构呈现出十字交叉的枝状分布。村落中十字街为各项建设的中心，南北大街两侧为商业店铺建筑集中的地带，承担着精神生活功能的寺庙在十字街上也多有建设，如东段建有双庙、南段建有三官庙和青神庙、西段建有五道庙、北段建有老母庙、中部建有关帝庙。村落中的民居为单层平顶砖木建筑，以青砖或土坯砖砌筑民居的围护墙体，大街两侧的商业店面也为相似的建造。

冉庄村以季节性河道以及低洼芦苇坑塘所构成的村址环境为依托，以河流为护村壕形成了村落紧凑的团状形态，十字骨架街巷与团状形态为平原地区典型的集村建造（图5-3-1）。就冉庄村而言，十字街不仅承担着村落地面上的商业、交通等功能，还是地面下地道网的建设中心，其上的报警的铁钟和古槐是冉庄地道战的标志。

（二）大坪村村落形态

沙河市刘石岗乡的大坪村位于太行山深处，村落坐落于高居溪流河谷之上的台地，村址台地为南北两条沟壑夹峙形成，对外相对隔绝封闭，为聚族而居的理想环境。大坪村村址所在的台地，为西高东低的缓坡，东西宽约600米，南北长约300米，南北两侧的沟壑中植

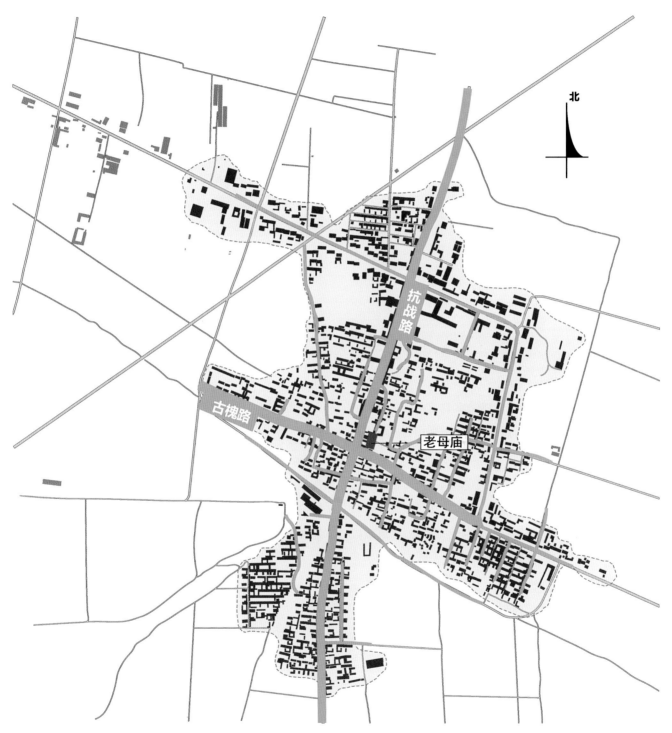

北

抗战路

古槐路

老母庙

图5-3-1 冉庄村村落形态

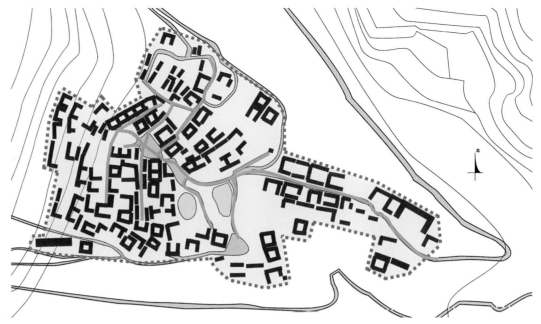

图5-3-2 大坪村村落形态

被茂密，村西则是旱作梯田层层叠叠，村东松树柏树等高大乔木生长茂盛。清康熙九年（1670年），有彭姓家族从外部迁入，开荒种地、置产立庄、肇基建村，后经多代人的发展，逐渐形成了现代有着彭姓族人占绝大多数的700余人村庄。村庄因建设在一片平坦开阔的石坪上，故而得名大坪村。

大坪村顺应村址环境而建，有东西方向曲折的骨架街巷1条；顺着台地的等高线在南北方向上，有次级巷弄5条和短小巷道10余条。街巷高低错落、纵横交织，形成了密集的枝状街巷结构，青石板铺砌的街巷贯通山坡上层层叠叠的民居建筑。集中在村址台地东侧的村庄，东西宽约100米，南北长约200米，呈现出边界不规则的团状形态（图5-3-2）。村落东部的村口处建有高低两个水池，为承接季节性降水的蓄水池，高处为承担生活功能的饮用水池、低处为洗衣和灌溉用的水池，是太行山中农耕村落较为典型的建造（图5-3-3）。大坪村中的民居建筑依山而建，多为清代和民国时期建造，均以当地红色嶂石岩石块为建造材料，墙体为石块砌筑，屋顶为石板覆盖（图5-3-4）。村口一块面积为

图5-3-3 大坪村村中蓄水池

200多平方米的天然巨石板上，建有一座二层石楼，因直接建设在石板上而成为大坪村的一景。

大坪村南北两面以村址台地为边界，西面为大片的梯田（图5-3-5），东面村口处为水池坑塘，形成了紧凑呈现团状的村落形态。这种村落形态与血缘家族聚居繁衍的人群结构相对应，反映出农耕社会对定居环境的选择和避世建造的状态。

图5-3-4 大坪村民居建筑

图5-3-5 大坪村村落周边梯田

二、规整形态

规整形态的乡村聚落分布于冀西北的高原地区，由于地势平坦且开阔，不受村址用地在规模和地形环境上的限制，加之处在社会环境不稳定的地区，村落建设普遍建成具有防御功能的堡寨形式。这类民堡呈现出人为规划建设的特征，即村落平面形态方正且边界清晰，规整高大的夯土堡墙构成的村落边界围合着内部的民居院落。规整形态的乡土聚落与自然环境之间的关联，体现在规整形态的堡墙多选择在台塬或冲沟陡坎上建设，以抬高堡墙加强村落的防御功能，在材料上则选择当地的黄土夯筑建设。

（一）北方城村落形态

蔚县涌泉乡的北方城村是典型的堡寨聚落，村落平面呈近似方形的平行四边形，四面为边长约200米的夯土堡墙所围绕，因整体方正而得名"北方城"。村落南东北三面为平坦的农田，村西临西北向东南走向的沟堑，与蔚县堡寨临接交通商道而建的选址方式相同，村落南面为县城连通五岔关的商道。北方城是明代万历四年（1576年）肇基建村，为山西洪武年间移民经数代繁衍发展后增建的新村。北方城村平面格局、堡门和堡墙保存较好，底宽4米的夯土堡墙残高约有6米。平坦开阔的村址地形和防御堡墙的围绕，造就了规整的村落形态。出于防御的需要，每面堡墙有向外凸出的马面，堡寨的拐角处建有凸出的角台。

对应着规整的村落形态，堡内有一条宽约6.5米的南北向主街贯通，形成南北的纵轴线；东西方向上有三条宽约5米的次级巷弄，构成了"丰"字形街巷空间结构。村落中南北纵轴线的主街北高南低，堡内从堡门处开始沿主街，自南向北分别建有观音殿（东）、地藏庙（西）；财神庙（东）、马王庙（西）；佛殿（中）以及北堡墙上的真武庙。古堡北部最高点的真武庙，由前、

中、后三进院落组成，山墙上绘"真武大帝传"壁画，是村落空间形态的统领形象。南堡门外正对倒座戏楼，戏楼东侧建有龙王面，构成了堡寨入口处的标志，同时也是精神生活的重点场所（图5-3-6）。

（二）偏城村村落形态

涉县偏城镇偏城村由东岗、西岗和寨子三部分组成，曾为山西黎城县的区署和偏城镇政府驻地，后归邯郸的涉县管辖，为偏城镇下辖的偏城村。村落处在四面环山相对开阔的谷地之中，谷地形态呈西南至东北的走向，大片的农田分布在谷地的南部（图5-3-7）。偏城村村址的中心为一处隆起的规整高岗，其上的刘家寨建筑群有着悠久的历史，并构成了偏城村的主体。在宋末元初，刘氏家族自山西辽州迁居于此，后刘氏家族世代为官渐成旺族，后随着寨中居住的罗姓家族绝嗣没落，寨子成为刘氏家族单独聚居的"刘家寨"（图5-3-8）。刘氏家族将寨子的四周砌筑起石墙，建成了设有东、南、北三门的小山城，改名为"永安寨"（图5-3-9），因地处偏僻，故又被称为"偏城"。

始建于宋末元初的刘家寨，顺应村址高台的规则地形，整个寨子的村落形态呈长方形，寨子四周以石材砌筑的寨墙高约10米，在东、南、北三个寨门之上建有门楼。刘家寨占地16600平方米，寨墙将家族宗祠、民居院落以及防御设施围合其中，构成了形态规整的寨堡式建筑群。对应着寨子长方形规整形态，寨内的街巷布局整齐呈现网状，南北向的两条街巷构成了连接南北寨门的主街，与东西向的次级巷弄"丁"字形相接，街巷为青石板铺砌地面（图5-3-10）。寨内建有6门圪廊和47个院落，院落建筑对称建设、布局紧凑，有明楼院和石柱院之分。明楼院主房为明楼样式，明楼外皆是精美的雕刻和书画；石柱院主房的柱子为笔直的石头，石柱下有雕刻着各种图案的柱顶石。

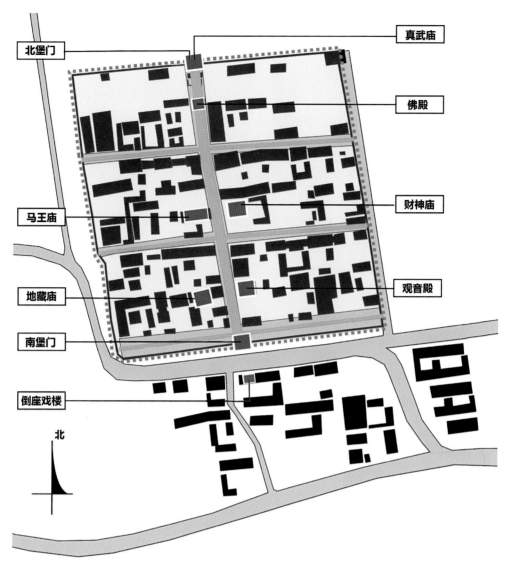

真武庙

北堡门

佛殿

财神庙

马王庙

观音殿

地藏庙

南堡门

倒座戏楼

北

图5-3-6　北方城村村落形态

三、自然形态

　　山地环境中的乡村聚落，尤其是建造在沟峪地形以及山顶处的带形或散点村落，由于村址地点处宜建的土地形态破碎或山坡陡峭，导致村落中民居建筑及院落只能选择不相邻的用地进行建设，由此形成分散的村落形态。这类形态的村落通常建设规模较小，其村落的形态更多的是源于村址处地形环境的"自然形态"，而非体现出聚居人群的社会形态。民居建筑或院落呈分散或簇

状的建设，使得村落没有突出和统领的建设中心，民居建筑以及街巷空间均以地形环境的构造状态为建造规则，形成村址地形环境的自然形态投射成为村落建设的形态。

（一）安子岭村落形态

　　武安市冶陶镇的安子岭村，处在市域西南的低山丘陵地区，其西南与涉县、磁县交界，周边群山环绕、沟壑交错。安子岭村由村落和山寨两部分组成，

山寨在上、村落在下，西南东北走向的山岭形成的沟峪，将山寨和村落上下连为一体。明朝初年吴姓家族迁居于此，在荒山坡地上开垦梯田，后经历多代的繁衍发展以及不断的移民加入，村落聚居人口和建设规模不断扩大，形成了跨季节性河流两侧的建设。因村前有一山岭状似马鞍而得名"鞍子岭"，后简化为"安子岭"的村名。

安子岭村落受所在山地沟峪环境的影响，顺延两侧山岭而建，南北长约390米，东西宽约280米，整个村落平面呈不规则的自然形态（图5-3-11）。村落由庙宇、民宅、街楼和古池塘组成，依据村址地形的山林形成了几个组团，各组团形态随地点的山形变化。主街上建设的菩萨庙、关帝庙等公共建筑，将各个组团联系成为一个整体，尤其是村中始建于明洪武年间的阴阳日月池，承接太行山区的季节性降水，两座坑塘构成了安子岭村的风水池，也是聚居村中人群生产生活的用水来源（图5-3-12）。安子岭村内的民居建筑均是用当地的青石砌筑的四合院，每座院落依山而筑，层层叠叠。单层和楼居的民居建筑、水窖马棚以及各种石桌石凳，均为青石砌筑建造而成（图5-3-13），街巷的地面和院落内的地面也均为青石板铺就，呈现出与所处自然环境的紧密融合的形态（图5-3-14）。

安子岭山寨坐落在村落西南的凤凰山山巅之上，对应山顶地形，山寨平面呈不规则长方形，因形如鸡冠又名凤凰寨。山寨建于明代后期，为防止匪寇和战乱的袭扰而建。山寨由前后两部分组成，前寨平面呈三角形，南端最宽处约30米，北端最窄处约10余米，东西寨墙成燕尾式包住后寨北墙，在东侧寨墙的尾部设有一门宽4米，连通前后两寨。山寨的寨墙依山势而建，最低处7.5米左右，最高处10余米，采用当地青石加工后干砌，墙上砌筑垛口。

（二）王硇村村落形态

沙河市西南的柴关乡王硇村，其村址坐落在山地凸起的高台之上，下临四面环山的谷地，村落西南为高耸的红枫山。由于高起台地的地形较为平坦，在太行山区中又有利于接受阳光的照射，是适宜聚居生产和生活的环境，加之高台地形隐蔽并隔绝外界，使其成为理想的栖居避乱之地，王硇即是这样的村落。王硇村始建于明代永乐年间，祖先为明代四川籍总兵王得才，因惧怕朝廷对其失职的追究而弃官携家眷定居于此，随着600多年的繁衍发展，成了规模较大的家族血缘村落。

出于避世自保的目的，建造在台地之上的王硇村，为了保证其家族繁衍生活资源的充足，在生产上留出台地上周边相对平坦的土地用于农业耕作，导致农田的自然形状界定了村落建设的边界。村落集中在台地中部隆起山体的周围建设，不占地势相对平坦的农田同时也方便了聚居人群的日常耕作，由此形成的民居和街巷建设使得村落空间呈现出自然的形态。集中村落平面在其东南角上凹入，也是自台地下方河谷曲折攀升上来的村落入口空间，村落中民居院落集中建设的地段地形变化复杂，街巷随着地形高低起伏、曲折变化，地势较高处建有具有瞭望和防御功能的石楼，民居院落利用地形的高差建有隐秘的地窖。村落中的民居建筑不仅利用当地的红色嶂石岩作为墙身和屋顶的建造材料，主要街巷也由石材铺砌，有红色嶂石岩、青色石灰岩和卵石，对应着村落空间的自然形态，多条骨架街巷和次级巷弄的宽窄不一、长短不一、线型不一。为保障聚居人群的生活用水，村中打有水井；为保障农田的灌溉用水，利用村落北侧的自然冲沟建有两处储水的坑塘，水塘、农田和植物等要素加入，愈加强化了村落空间与村址环境融合的自然形态（图5-3-15）。

图5-3-7 偏城村村落形态

图5-3-8　偏城村刘家寨寨门

图5-3-9　偏城村永安寨寨门

北

北寨门

东寨门

南寨门

图5-3-10　偏城村刘家寨村落形态

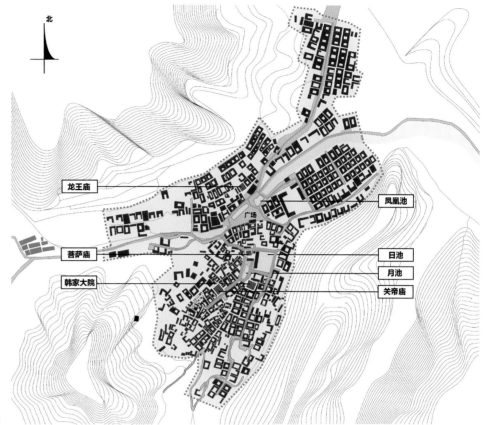

北

龙王庙

菩萨庙

韩家大院

凤凰池

日池

月池

关帝庙

广场

图5-3-11 安子岭村落形态

图5-3-12 安子岭中日月池

图5-3-13 安子岭村石砌民居建筑

图5-3-14 安子岭村中青石板路

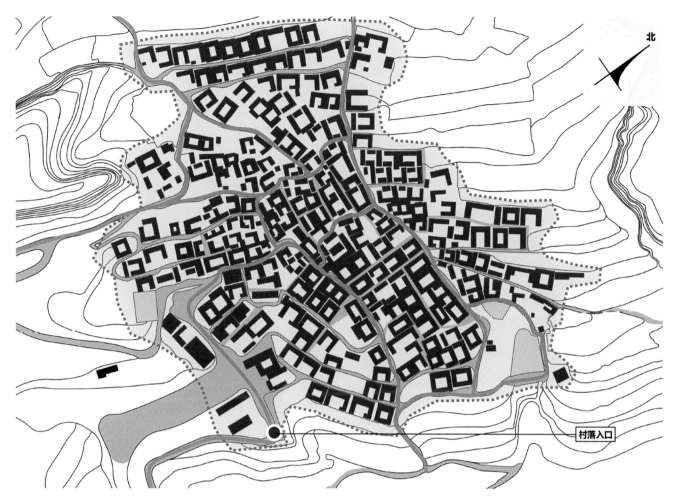

北

村落入口

图5-3-15 王硇村村落形态

乡村聚落的营造与所处的自然环境之间有着密切的对应关联，村址周边以及村址地点的地形，深刻地影响着村落的肇基和生长建设，村落的街巷结构和空间形态，均直接反映出村址处自然环境的构造。就乡村聚落的物质空间营造而言，自然环境成为乡村聚落营造的主导因素，但聚落的营造终归是因人群的聚居而建，其物质空间除了反映出"人地关系"外，也必然反映出"人群关系"。由此聚落的物质空间营造，不可避免地与聚居人群的人文环境之间存在密切的关联，聚居人群的社会组织以及生产生活方式等，也同样成为影响乡村聚落营造的重要因素。

因人群聚居而产生的乡村聚落营造，与所处自然环境的紧密关联，反映在自然环境中的优势禀赋，可为聚居人群的生存提供何种生存资源。即使是在小农经济为主体的农耕社会，自然资源也并不能直接成为人们的生活资源，而是通过人们所采取的生产方式或加工方式，实现资源的自然状态向可利用状态的转化。随着人群在自然环境中的聚居，以及对自然资源利用的方式和效率等，自然环境就已经不再是物质层面意义上的环境，而是转变为人们获取生活资源以保障其生息繁衍的自然生境。人群的聚居必然产生在生活方式、信仰习俗等诸多方面形成人文环境，无论是以血缘为纽带的人群聚居，还是以业缘为纽带的人群聚居，都有其相应的人文环境，并在后续发展过程中转化成包含人群社会组织结构的人文生境，深刻地影响着聚居人群的繁衍发展以及聚落空间的生长营造。

由于自然生境和人文生境，均会对乡村聚落的营造产生影响，均会将生境的构造特征转换为乡村聚落的建造规则，从而在物质空间的营造上留下其烙印，因此村落物质空间体现出来的，就是自然和人文多方面综合适宜的建造规则。在聚落物质空间营造上，街巷结构和空间形态，更多地体现出与自然生境的关联；功能组成和布局形态，则更多地体现出与人群从业状态、社会组织结构这些人文生境的关联。当然自然生境和人文生境两

类影响要素，并非同等同量地作用在乡村聚落建造上，而是在不同类型的营造上，显现出不尽相同的影响作用。自然生境和人文生境两方面不同程度的影响，以及乡村聚落与两方面诸多特征要素之间不同程度的融合，构成了多样化的乡土聚落类型，也由此构造出与类型相对应的结构和布局形态，形成了乡土聚落建造在功能类型、集聚人群、地区和地点上的个性化特征。

传统的乡土聚落成就于农耕时代，农业经济主导下的多种生产方式，是人群集聚和开展聚落建设的基础，同时也就造成了乡村聚落功能的多样化。河北省域复杂多样地区自然环境，蕴含着多样化的资源，造就了多样化的资源利用方式，并构成了聚居人群多样化的生产生活方式，由此形成了具有人文生境差异的乡村聚落功能和建造特征。在人文生境的构成上，人群的生产生活方式是主体，也是乡村聚落的功能以及赖以生长发展的基础，即农耕社会的人群秉持多少种生产生活方式，就有多少种聚落功能的类型，也就有多少种依据功能为基础形成的聚落建造类型。当然聚居人群生活的多样性需求，必然使得聚落功能不是单一类型的，而必然是呈现出多样化的组合形态，所谓聚落功能类型则表现为人群集聚所依托的主体功能或聚落建造的目的。

从乡土聚落建造的功能基础上看，有依托土地资源的农耕生产所形成的农业村落；有依托高原或高山牧草资源所形成的半农半牧村落；有依托地区矿产资源而形成的手工业村落；有依托地理区位优势而形成的商贸村落等。也有依据所在地区社会环境和特定目的而建设的村落，如有应对地区社会环境状况而建设的堡寨村落；有出于军事防御目的而建设的戍堡村落；也有如易县凤凰台村这样出于守陵祭祀功能而建设的陵监村落。各种功能类型均会在乡村聚落的建造上投下其痕迹，或直接或间接，或大尺度或小建造地体现在聚落层面、建筑层面和设施层面，从而形成了与聚落功能形态相对应的物质空间建造类型特征。

第一节　农业村落

依托农田土地资源，以农耕生产方式为人群集聚的基础，是农耕社会乡土聚落普遍的状态。省域内平原、高原、丘陵和山地等地形环境的地区，农业村落都有分布和建设，这类村落在冀西太行山区和冀北高原地区，存留的状况较为完整且能较好地反映出农业生产与村落建设的关联。这类村落的选址建设遵循农耕生产的规则，在临近地形相对平整并利于耕作的地点、在临近溪流或季节性冲沟或泉水出露的地点，村落建设在向阳背风的山麓处，接近农田但不占农田的用地。

由于农业村落是农耕社会最为普遍的建造，也是乡土聚落中最为典型的建造，因此在省域内的各个地区和各种自然环境中均有分布，并根据所处地点的资源状况而有着多样化的结构和形态。就物质空间建造而言，这类村落的规模有大有小，与农田资源的规模以及聚居人口的规模相对应，而在村落中则依据农业生产的需求建有相应的设施，如石碾、石磨和蓄水池等。

一、大梁江村

（一）地区生境

大梁江村所处的太行山地区属暖温带大陆季风气候，四季分明、春旱多风、夏热多雨、秋凉气爽、冬寒少雪，年降水量在534毫米左右，夏季丰沛而冬季稀缺。6、7、8三个月为全年集中降雨的季节。山区降雨的季节性和突发性，导致的大量地表径流形成了明显的洪水期，丰沛的降水对流经的地层岩石具有极强的冲蚀与切削作用，塑造出太行山脉中独特的自然地形地貌。太行山深处条状和块状山脉纵横，在常年季节性洪水的侵蚀下形成许多陡峭谷壁和河谷

沟壑，自然地形环境的险峻造就了内向宁静的聚居生境。大梁江村就位于群峰环抱的太行山体东麓山坳之中，由于处在交通闭塞、与世隔绝的河谷中，而成为家族躲避战乱兵燹、利于繁衍生息的理想之地（图6-1-1）。

大梁江村原名甘桃村，因该村的山桃甘甜可口而得名。元末明初，因战乱而先后有康、陈、杨、梁等几个家族来此定居避难，其中的梁氏先祖于明末自山西平定县城迁徙聚族而居于此。后因梁氏家族子孙兴旺，逐渐成为全村第一大姓，村名便由甘桃村更名为大梁家。清光绪三年（1877年），因山中洪水暴发，冲积形成一条40余里长的沟，被当地人视之为"江"，自此又易名为大梁江村。

大梁江村地处太行山深处地，山岭绵延、沟壑纵横。穿过开凿在横亘山岭之上的隧道，进入封闭于山中相对开阔的滨河谷地，大梁江村便犹如世外桃源，整个村落顺着山麓缓坡的地形等高线展开。由于处在群山围合出的山间谷地之中，形成相对封闭的微观地理单元，导致大梁江村对外交通不便。大梁江村中聚居的人群，主要依赖周边山坡上开垦出的农田从事生产，经济不发达但也不受外界战乱的侵扰，使得村落形态和建筑风貌得以保存完好，为井陉县保留最为完整的历史村落之一（图6-1-2）。大梁江村的整体布局依托村址地点的山形山势，由临近溪流的台地处开始建设，从低向高处攀山而建。村址东西北三面的山体环抱，使得村落形态与村址自然地形紧密对应，形成外围边界清晰、内部依山建设的状态，层层叠叠蜿蜒起伏的民居建筑，犹如从山体上生长而出的整体，与自然环境完美呼应（图6-1-3）。

图6-1-1 大梁江村聚落形态

图6-1-2 大梁江村风貌

图6-1-3 大梁江村建筑群

（二）村落建造

大梁江村坐落在向阳的山坡之上，进入村口门楼"林慈阁"后，村落内的骨架街巷顺应着山麓地形及等高线分为"上街、中街、下街"三条。其中的下街为一条蜿蜒曲折的南北向短冲沟，将村落北部的山体汇水导入南侧的甘桃沟，因此洪涝时为行水的冲沟，天晴时为行人的道路，村口的门楼就跨建在下街之上，形成了村落的入口标志形象。下街的中部延伸出坡道与中街和上街在祠堂戏台处汇合，形成村落的中心活动空间。整个村落的街巷网络系统由上、中、下三条骨架街巷，以及贯通骨架街巷之间的次级街巷组成，三条不同标高的街巷分别串联起中医宅院、戏台、八大会馆、县长宅院和武举宅院等民居建筑，使得不同高度台地之上的民居建筑随所处地形的起伏而转折，形成层层叠叠且变化丰富的空间形态（图6-1-4）。

村庄入口门楼的券洞之上题"襟山带河"和"接脉通全"，门楼之上建有为村民日常参拜礼佛的林慈阁，阁楼分为上下两层，上面供佛，南供关帝、北供观音，人们可从下面通行，使得村口的标志性建筑兼具了精神功能和防御功能（图6-1-5）。从高处正对村口的戏台构成了村庄的中心活动空间，相对开阔的公共场地之上架立起戏台建筑，周边建筑围合加之高大的树木，将整个村庄的街巷汇聚于此（图6-1-6）。戏台建于清乾隆年间，坐南朝北，由四根方形石柱支撑，石柱上刻有两副对联，其中一联为："可删可存格外文章圈外注，不真不幻水中明月镜中花"，意味尤长。由于村庄选址地

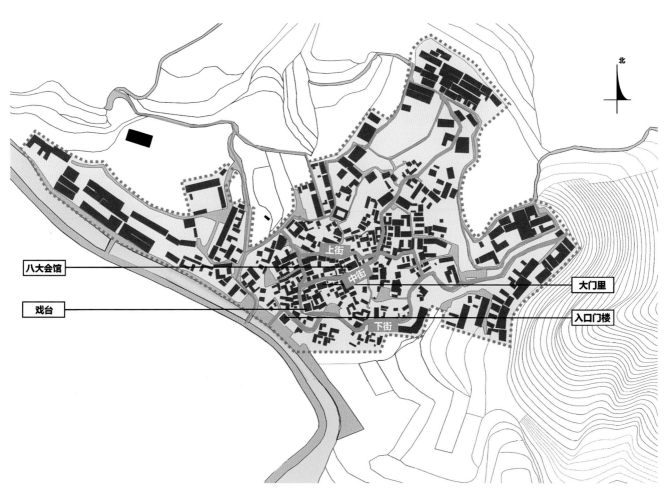

图6-1-4 大梁江村空间形态

图6-1-5 大梁江村入口门楼及林慈阁

图6-1-6 大梁江村中戏台及外部空间

形起伏多变，街巷在三条骨架街巷和五条巷弄的基础上，采取平行或转折坡接和垂直台阶的方式，衔接各民居院落，并利用由此形成的边角空间搭设储藏空间和卫生空间。利用建筑院墙的后退和地形的变化，形成附贴于街巷空间之上的公共场地，场地之上设置碾子和磨盘以利村内族民粮食加工与生活交流。

大梁江村受传统农耕经济、本地习俗以及独特的地理区位和村址地点地形地势的影响，呈现出其聚落特征。村落内的民居建筑和院落空间以家庭为单元，秉持着共同的传统农耕生产方式，使得聚居人群有着共同的生活和建造方式，并通过与地形环境的适配建设构成了村落完整的形态。

（三）民居建造

大梁江村中的民居建筑多为明清时期所建，因民居院落跨多个地形台地高度，导致民居普遍为"院内建楼、楼上有院"的格局。村中无论窑洞民居，还是平顶或坡顶民居的石质建造均有多种样式，大体可分为三种类型：

第一种是窑洞类型，大梁江的民居大多为沿山而建的窑洞，主要依赖山墙崖壁以多填充发券结构建造，即以厚实的墙体抵御侧推力，门洞处圆拱加上高窗，冬天可以使阳光进入窑洞的内侧，从而可以充分利用太阳辐

图6-1-7 大梁江村窑洞民居

射使人们获得居住的舒适度（图6-1-7）。

第二种是平顶石屋类型，平顶石屋的建造形式简单，在建造上有着经济和坚固的特点。厚重石块为基础墙体，石块之间用白石灰黏合，屋顶则采用薄而宽的石板覆盖。平顶石屋的屋顶用作粮食晾晒的场地，屋顶上设有专门的排水装置，将雨水汇聚到地窖贮存起来（图6-1-8）。

第三种是砖墙瓦屋类型，瓦屋大多为经济条件较好的家庭所建。瓦房的结构以四梁八柱为主，石基以条石为主，就地取材以青砖作为外墙，内部墙体则用灰泥饰面。屋顶以抬梁式为主，以木梁檩为骨架，其

图6-1-8　料石台阶、压顶与排水管

图6-1-9　大梁江村砖墙瓦屋民居

图6-1-10　大梁江村石构建筑

上覆盖苇箔并以灰泥粘仰瓦，形成硬山起脊的屋顶（图6-1-9）。

　　由于大梁江村址周边拥有丰富的石材资源，石灰石成为村落和民居建造的主要材料。村中无论窑洞、坡顶还是平顶民居，均以石材作为主要的建造材料。大梁江村的石质建造有多种样式，有整面石材筑、砖石混合砌筑、卵石砌筑以及石料砌筑等，石质材料的运用体现在建造上的各个方面，石质门框和窗框多为经过打磨的料石发券而成，经济条件好的民居墙体上的压顶石、门头之上的挑槽石、屋顶乃至整个墙体均为料石建造（图6-1-10）。村落内处处石构，建筑的石墙内部抹灰、院落石墙多为干砌、戏台建筑的立柱和栏板为石质、井圈为卵石码砌、屋顶排水管为石材凿刻等（图6-1-11）。村落中的石质建造有粗犷也有精细，粗犷者有卵石和石块砌筑的窑洞发券（图6-1-12）、石块

图6-1-11　大梁江村戏台

砌筑的炉具等；精细者有石雕门墩抱鼓石等，上刻阴阳鱼、莲花和瑞兽吉祥图案。在整个村庄石质建造的粗犷

图6-1-12 石材砌筑与发券建造

环境中，入口门楼上的砖砌拼花照壁显得尤为精细，为六边形浮雕琉璃砖围绕着麒麟瑞兽镶嵌而成，反映出村民祈福的愿望。

二、于家石头村

（一）地区生境

太行山脉南北向绵延四百多公里，这层峦叠嶂、群峰耸立的大山分隔了华北平原和山西高原，山脉之上的断裂形成连接东西向的交通孔道，构成了"太行八陉"。井陉自古为通衢要冲，为"太行八陉第五陉，天下九塞第六塞"，其高山险关所隔绝出的封闭微观地理

① （战国）孟子. 卷十三 尽心上.

环境，为士大夫避难和家族繁衍提供了场所。

太行山体虽多为石质且土质瘠薄、灌木丛生，山间谷地土地较为破碎，但山谷沟壑之中由于具有汇水溪流，使得土地相对肥沃从而适宜农业耕作（图6-1-13）。依托井陉沟通东西的交通，其周边地区山间有多个村落分布。

于家石头村为明代于谦的后裔避难迁居而建，是典型的以血缘关系聚集而成的村落，自于有道起繁衍至今已有24代，目前石头村共计1600余人，村中95%以上为于姓。于氏后人筚路蓝缕以启山林，"与木石居，与鹿逐游"①，以石为料搭房垒屋，造石具以开荒种田，利用当地充沛的山石开凿加工而成的建筑材料进行家园建设。整个村落在漫长的年代中，立基发券、垒墙盖屋、砌筑田坎等的建设均依据地貌展开，造就了形势独特、粗犷豪放、由山地中生长而出的聚落。由于在较为封闭的环境下内向演绎，石头村的基本空间结构和生活方式都是一脉相承的，在发展过程中并没有遇到太多的波折，对研究家族聚居生活方式有一定的参考价值。

（二）村落建造

石头村是以明、清两代民居为主的完整的山村古村落。其整体布局宛如一座城池，四面环山、四面设门。石头村的道路与宅基有统一的规划，街道全部用青石铺成，高低错落、纵横交织，奠定了石头村的空间形态基础。而农居则为各家按需而建，邻里之间互相参考但决不雷同，房屋既有个性，又不失共性，形成了灵活多样而又统一的建筑风格。314座完整的四合院落与4000多间房屋（房屋全部由石头建成），依坡就势、参差错落、古色古香，构建了古村落的基础风貌（图6-1-14）。加之，村中自制石器千姿百态，千眼石井散布于村中，村中的石桥、石碾、石碑、石刻，皆以纯

图6-1-13　太行山腹地山地环境

图6-1-14　于家石头村东入口

净的石头构筑了这个典型的山乡古村落（图6-1-15）。

村庄选址于南向的阳坡之上，南边为东西向的山谷冲沟，整个石头村呈东西向沿等高线展开、南低北高沿山势向上逐渐攀升的聚落态势，村庄周边有层叠的耕作梯田环绕。村落的中央，是石头村中最大的庙宇——观音阁，村中标志性建筑清凉阁位于村东侧入口。村庄内街巷纵横，院落、街道的建置均统一规范，东西为街、南北为巷、不通为胡同，总长3700多米，有"六街七巷十八胡同"之称。东西向的街道构成村落的骨架结构，通过小巷和胡同对应山地的起伏变化，形成独特的街巷网络（图6-1-16）。

图6-1-15 于家石头村村中街巷

图6-1-16 于家石头村空间结构

166

整个村庄的街巷结构以村口的清凉阁为标志，向西在上、中、下三个山体高度层上展开主街，主街宽度从1.5米至3米不等，主街两侧界面有两层的建筑、单层的建筑、院墙或山体，街巷通过合理的高宽比控制塑造出舒适的步行空间体系（图6-1-17）。街巷地坪均为青石板铺砌，高低起伏、形态曲折、变化丰富，串联起多个水井空间，并以坡道、台阶等衔接石头院落民居。

村庄街巷空间东向贯通清凉阁与寨门，并沿主要街巷串联起各种精神生活和日常生活建筑，有真武庙、观音阁、全神庙（图6-1-18）和戏台等公共建筑，同时在其前部留出人们聚集的场地，形成村中重要的节点空间。场地之上往往设置有石质的装置，并在地面的石板铺砌方式上区别于街巷，也标识出公共交往空间的属性。

（三）村内建筑

石头村的房屋材料一律为石材。有的原石未动，有的錾迹寥寥，有的粗犷奔放，一派农家淳朴风貌。于家石头村中最为独特的是村东口的清凉阁（图6-1-19），为明代万历时期的建筑。清凉阁为粗犷石材仿木结构的三层楼阁，一、二层所用石料虽大小、长短、

厚薄不一，但砌成的阁楼却角线平直。整个阁楼架设在石砌的券门高台之上，形态古拙但建造精巧，远远望去宛如一块天然巨石雕刻而成。清凉阁内外主体结构中的柱、梁、斗栱、栏板等全部由石材打造，甚至窗洞侧的扇板亦为石材建构，阁外设有回廊空间，阁内架立起殿堂空间。清凉阁一阁之中有五座寺庙，二层分为四室，分别为尧舜禹三皇庙、刘关张三义堂、阎罗殿和观音祠，第三层为玉皇庙，阁西还有一戏楼，为供奉时供唱戏而用。在石头村，有庙阁的地方，必然有戏台对应，也有相对宽敞的场地相邻接，于家石头村有戏台六座，现在保存的还有五座，由此可见村落盛期民俗文化的繁荣。

石头村中最大的庙宇——观音阁（图6-1-20）位于村落的中央。观音阁是两层楼阁，坐南朝北，前置戏楼，后及山川，右倚古道，左临桥涵，上砖下石，筒瓦重檐，上层观音庙，下层石洞门，是明清古道的出入口和于家石头村的南大门。观音阁庙顶"重檐"与通常讲的"斗栱重檐"完全不同，它的房顶前坡截然分为两段，宛如两个房顶衔接在一起，一前一后，相距4米。同时，观音阁采用的是七脊八兽的建筑方式，也和一般建筑不同，是比较少见的。再就是每一拢瓦上前沿有一个小兽，其实是瓦钉，起固定作用，

图6-1-17 于家石头村街巷界面

图6-1-18 于家石头村全神庙

图6-1-19 于家石头村清凉阁

图6-1-20 于家石头村观音阁

使整个瓦面整齐，减少损害，这也体现出石头村人的智慧。不大的观音阁，小兽近百个。下层石料规矩方正，錾迹细致，在该村众多的古建筑之中是首属精工建筑。石券洞门虽不高不宽，但是深达8米，相对使人感到幽深古奥。

与许多中国农村的村落一样，村里的建筑少不了祠堂，这是祭奠祖宗的地方。于家石头村也是如此，这里的祠堂叫于氏宗祠，是一座保存完好的石头四合院。宗祠的大院北面（正房）是祠堂，门首悬挂"儆见忾闻"金字匾额，门口两边挂有镌木楹联，祠堂正中设有于有道神龛。祠堂院中的一棵柏树，枝繁叶茂，郁郁葱葱。

于家石头村中的民居建筑普遍为石材砌筑（图6-1-21），且多种石质建造的方式并存，有粗制石块叠砌墙体，有打制石块叠砌发券墙体洞口，有石块垒筑院墙等，其中既有单层的石质建造，也有多层的石质建造，有平顶、拱顶和平顶拱顶结合的石质建造，也有石砌飞券跨越街巷连接两侧民居建筑的通道，石质建造手法丰富多样。

由于整个村庄以石材建造，街巷空间与民居建筑呈现出壮美雄浑的风貌特征，处处可见建造者的精细匠心独运。村中的民居建筑既有室内空间相互贯通的石碹窑

图6-1-21 于家石头村石砌民居

洞的石榴院，也有石砌与砖砌混合建造的双门院，前者粗犷厚实，后者雅致精细。造型多样的石质建筑加之石碾石磨等建造，构建起"工粗而雅"的独特聚落。民居多为典型的四合院类型，其中一个合院进门影壁前的葡萄树，已经碗口般粗细，枝繁叶茂。墙角一棵石榴树，亭亭玉立。据当地人说，村里多种植石榴，取多子多福之意。石头屋内整洁有序，一尘不染。尤其是墙体竟有1米厚，冬暖夏凉。石头村的石头建造深深地融进了建筑、生产、生活等方方面面，形成了独具特色的石头民俗文化。

三、上苏庄村

（一）地区生境

太行山与燕山、恒山交汇处的西北，为黄土高原台塬开阔地带，地貌平坦，自山麓处由东南向西北倾斜，向东衔接穿越太行山的飞狐峪，飞狐峪为历史上著名的"太行八陉"之一。台塬的东南临近山岭处，植被茂密、水资源相对充沛，受山间峪口流出的泉水溪流滋润，使得该地区自然环境条件优越，适宜农业耕作并兼具贸易商道的交通优势（图6-1-22）。

蔚县地处壶流河盆地，壶流河由西向东流经蔚县县境。除壶流河两岸为河滩平地外，蔚县南北两面近山麓处多裂隙地貌。上苏庄所在的台地呈东南向西北走向，其选址充分利用地形，南堡墙下临黄土台地的陡坎。上苏庄所在的翠屏山脚地带，因地势平坦且临近山体而水源充足，加之土地肥沃和土层深厚，形成了良好的农田耕作资源。村庄周边为地势平坦的农田所环绕，绿树成荫、河水清澈，拥有便于生产生活且优美宜人自然环境（图6-1-23）。

上苏庄村于明嘉靖二十二年（1543年）兴建，"上"字与村西洼地故村"底村"相对。建堡之初堡内有"张、田、柳、孟、王"五大姓氏家族聚居，后又有其他姓氏家族陆续迁入，形成多姓聚居的状态，聚居的人群民风淳朴、互助友善。如村落里发丧实行义务委派的形式，由丧家指派抬材挖墓人员，被委派人员有义务承担为丧家处理抬材挖墓的任务，若不能承担则仍需被委派人员出资另行委托其他人。上苏庄传承了丰富的民俗文化，在清咸丰和同治年间上苏庄便有了戏班，通过

图6-1-22　上苏庄村村落环境

图6-1-23　上苏庄村自然环境

戏剧题材的感染影响着聚居人群的价值观。每年元宵节百姓都会举行"拜灯山祀火神，摆香案敬三义"的民俗活动，"拜灯山"作为上苏庄特有的民俗活动，2008年被列为国家级非物质文化遗产。

（二）村落建造

上苏庄村的南侧为一深沟，无法开设堡门，便将堡门设在村落的西侧，坐南朝北而开，出于加强防御功能的考虑，在距堡门北8～10米处建有戏台，戏台东侧设五道庙，进入堡门须绕过戏台，通过五道庙等建筑的建设，以压缩村落堡门前的空间。堡门东侧堡内设照壁一座，正对观音庙，入口处形成围合感较强的广场，戏台、堡门、观音庙轴线被强调出来，广场将堡寨分为东西两部分。堡内地势东高西低，高差约7

米，由一条东西向主街（响堂街）贯通，响堂街因铺设石块且雨田排水和行走有声而得名。东西向的主街之上连接南北向的巷道，形成结构等级分明且棋盘状纵横交织的街巷体系（图6-1-24），主街的东侧对景为太行山峰，顺应地形以山石铺砌街面，便于排水。规整的四合院建筑嵌入道路网络之中，村庄平面形态状如民间的打击乐器——镲锣，因而得名"镲锣堡"（图6-1-25）。

清代以来，蔚县获得了经济的大发展，这时堡寨建设的最大特点，体现为堡寨内宗教文化类建筑的建设及正门外庙宇、戏台等公共建筑的建设。上苏庄内外寺庙众多，除堡门外的戏台和五道庙及进入堡门处的观音庙外，堡寨中心有关帝庙和三义庙，堡南端建有灯山楼，这些作为神佛等栖居的场所，反映出当地的民俗文化

图6-1-24 上苏庄村巷道

和情感寄托以及精神价值取向。众多寺庙的建设见证了当地文化的繁荣，更表征了居民"弘义扬善"的愿望，特别是将三义庙建于北端堡墙的最高处形成标志（图6-1-26）。堡寨内有建于明清两代的大小四合院60多所，临主街的四合院规模较大，门楼伟岸且装饰精美（图6-1-27）。

上苏庄内东西向主街连接起堡门入口空间、中心十字街关帝庙和东堡墙照壁，寨堡的空间格局完整、尺度等级清晰，有村口标志和活动空间，有村中心的公共活动及精神空间，也有通行空间和驻留空间（图6-1-28）。整个堡寨的东西两个区域在形态上也

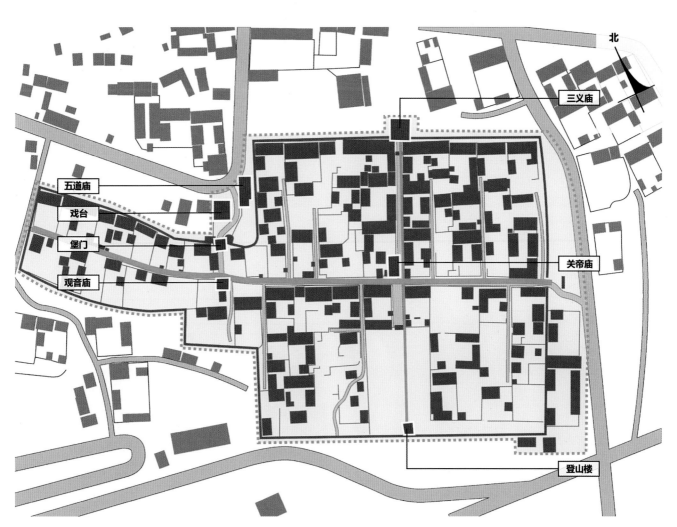

图6-1-25 上苏庄村"镇锣堡"

图6-1-26　上苏庄村空间序列

图6-1-27　上苏庄村民居建筑大门装饰

图6-1-28　上苏庄村堡门前空间场地

有差别，主要体现在这两部分区域的街巷尺度和合院规模上：西侧部分街道尺度较小、房屋等级较低，主街宽度3米左右，无巷道，房屋主要为单进院落，个别院落仅东侧有厢房、无倒座；东侧部分主街宽度5~6米，巷道纵横，多为四合院，具有典型的北方合院民居建筑特征，各院大门入口方向不同、形制布局和建筑形态各异，有内外院和连环院，也有砖砌和垒石夯土建筑。

堡门处东西两侧用毛石和土坯砖垒建出寨堡入口的标志性构筑物，东侧纤细高耸、西侧方正敦实，象征了一笔一砚，寓意上苏庄人对文化的崇尚（图6-1-29）。位于堡北部最高点的三义庙（图6-1-30）、位于堡中心十字街西北侧的关帝庙、堡南侧的登山楼控制着上苏庄的南北主轴线并与轴线两侧的民居形成了严整的空间序列。堡内合院建筑在体量形态、营造方式和建造材料等方面各不相同，有双坡屋顶、有单坡屋顶；有砖砌墙体、有生土墙体；有石块垒砌、有土坯砌筑，形成了丰富多样的建筑造型和界面肌理。加之寺庙建筑、民居门楼的精美木雕和砖雕，使得整个寨堡从整体到细部都具有了良好的空间和实体形态资源（图6-1-31）。

（三）民居建造

堡内民居建筑以四合院居多，合院的正房一般为"四檩三挂"卷棚顶，檐橼做卷杀，南侧屋檐出挑长度长于北向以突出正房的朝向，有些比较考究的民居合院则在正房前增设一道檐廊；正房形制更高者则采用"五檩四挂"结构，屋顶有正脊。倒座房和厢房通常采用单坡，梁的一段架在檐柱上，另一端搭在院墙内部预先立好的柱上，梁上设侏儒柱撑檩（图6-1-32）。等级较低的房屋用鹅卵石做墙基，卵石高度通常即为室内外高差，墙基上用土坯砖砌筑墙体，土坯砖长、宽、高大致尺寸为：38厘米、20厘米、6厘米。土坯砖墙上架树枝

图6-1-29　上苏庄堡门入口构筑物

图6-1-30　上苏庄村三义庙

图6-1-31　上苏庄村观音殿

图6-1-32　民居梁架上侏儒柱

或细木棍，覆土盖瓦为屋顶。等级高些的房屋在卵石或毛石墙基上垒一层厚约150毫米的条石（条石上表皮与室内地面铺砖齐平），条石之上砌奇数皮青砖，房屋墙体四个角部用青砖代替土坯砖，根据户主家财力、地位，山墙中央部分砌筑手法可采用砖砌、砖包土坯砖、草泥抹面等手法，以不同砌法表现出不同的图案。上苏庄民居建筑沿街立面在不同的视觉角度上构图均衡、比例协调，各种材质的建构逻辑、形式逻辑合理严谨（图6-1-33）。

正房或门房山墙部分装饰及构图是上苏庄民居建筑的重要装饰特色，垂脊两侧的垂兽与正脊之上的吻兽在山墙构图上构成比例协调的三角形，垂脊之下为一排勾头滴水，砖雕悬鱼位于中轴线上滴水之下，博风部分主体与下方拔檐线脚宽度比接近2∶1，均为砖作，博风头外接一块刻有花卉、树叶等形象的砖雕。山墙均为砖砌等级较高者，在悬鱼下方嵌砖雕一块。清式做法中，山墙墀头上的石梁为"挑檐木"所取代，与石材相比，在同体积用料情况下使用"挑檐木"墀头之上可以获得更大的出挑长度（图6-1-34），南北屋面不等长者，挑檐木不在同一标高。山墙拔檐以下部分的折线形砖砌界面、挑檐木以下建筑角部砖砌界面和条石墙基以上砖砌界面三者共同围合出"凸"字形界面，该部分凹陷于砖墙面约50毫米厚，做法多为土坯砖外抹厚约30毫米厚的草泥后抹3～50毫米厚的白石灰。在单坡厢房中，亦可见此种构图的变形手法（图6-1-35）。

上苏庄民居装饰类型主要有砖花、瓦花及少量砖雕，砖雕多采用浮雕形式，主要位于堡门、影壁（图6-1-36）、庙宇或等级较高的民居墀头、护栏、院墙顶部等部位。不同等级的民居之间装饰的不同除体现在砖瓦作的精细程度之外，还体现在门窗装修及木作、木雕的繁简程度上。

图6-1-33 上苏庄村民居建筑立面

图6-1-34 上苏庄村民居山墙装饰

图6-1-35 上苏庄村民居墙体建造形态

图6-1-36 上苏庄村关帝庙及影壁

第二节 半农半牧村落

　　半农半牧作为聚居人群的生产方式，与所在地区或所在地点的环境资源密切相关。由于冀北高原地带虽有大规模平坦的土地资源，但光热资源和水气资源的相对缺乏，使得通过农耕生产获取生活资源的效率较低，无法满足聚居人群的生活需求。与冀北高原相类似，冀西太行山区的高处，虽然光热资源和夏季水气条件相对较好，但由于土地资源的匮乏，仅靠有限的农业耕作和采摘山货无法满足聚居人群的生活需求。由此，依托半农半牧的生产方式形成的聚居村落，主要分布在冀西北和冀西山地。

　　依托半农半牧生产方式建设的村落，因资源条件的限制，聚居人口的规模较小，相应的村落规模较小，在村落的物质形态上也反映出半农半牧生产方式的特征。由于这类村落聚居的人群畜养牲畜，在村落层面的建造上有羊圈和草料棚，而在民居建筑层面的建造上，则是外院建设羊圈和牲口棚，内院建设居住的生活用房。

一、倒坮村

（一）地区生境

邯郸下辖的磁县处在太行山东麓，为山地向华北平原的倾斜转换地带，县域东部为平原，西部为山高谷深的太行山山地环境。磁县县域西端的陶泉乡位于太行山深处，其西与涉县山岭相连，南与河南的林县隔漳河相望；北面和东面分别与北贾壁乡及白土镇接邻。陶泉乡域内山峰耸立，平均海拔在500米以上，台地沟谷地势起伏变化剧烈。磁县最高的炉峰山（海拔1088米）位于乡域的西南，山岭之下为多条冲沟发育。乡域内的土壤为石灰性褐土和钙质石质土，适宜小麦和玉米等农作物生长，山体上则是大片的灰白色石头出露。这一区域山体下部的沟谷，因降雨所形成汇水冲刷与堆积，土地资源条件相对较好，农作物和植物生长茂密。但随着海拔的提升，水土资源的条件呈现快速地衰减，山顶处的土层瘠薄，乔木稀少而灌木与草甸遍布。

倒坮村处在这样的地域环境之中，与周边的南王庄、北王庄和花驼等几座传统村落有较大的差别，不同于几座村落沿山坡台地的建设，倒坮村是一座隐匿于山巅之上的小村落。在村址地点环境上以及聚落功能的独特，使得倒坮村具有了独特的村落结构与形态。倒坮村坐落于南王庄村倚靠的石质山体之上，高大的山体从西南方向的最高峰炉峰山奔腾而来，凸起兀立的炉峰山联通老爷山直至南王庄村的北端。高耸的山体壁立高约300多米，极为狭窄的山脊呈"Y"字形蜿蜒，状如刡峰；山脊两侧的山坡极为陡峭，状如悬崖，倒坮村则选择在狭窄山脊的稍宽处进行建设（图6-2-1）。

尽管倒坮村所在的南王庄地段，因南邻漳河三峡并有多处山泉出露，水气条件较好且植被茂密，但土壤、水气和植被等资源随山体的升高而变化，形成山上与山下迥异的差别。倒坮村因处在山崖之上，山顶土层瘠薄、石层出露、缺水少木是其村落地点的环境状态。山体上部的石质也与山体下部的不同，上部为灰白色片状的沉积岩，下部则为大块的青灰色岩体。倒坮村村址地点环境与其所在区域环境上的差异，造成了其在对应于生产方式的使用功能、对应于建造材料的民居空间等诸多方面，有着区别于周边传统村落的独特结构与形态（图6-2-2）。

村落地点的自然资源条件是人群生产生活的依托基础，并投射在物质空间的建造上，表现在村落的大小规模、使用功能等方面。倒坮村与太行山中多数以"坮"为名的村落相似，均为坐落在山体高处的村落，山顶平岗处的资源状况成为村落赖以立基的条件。倒坮村所在的山脊周边灌丛草甸生长较好，但水资源则依赖降雨，受环境条件所限，山下村民仅在春夏时节利用山顶光热和牧草资源开展半农半牧的生产，村落成为季节性生产的作业点（图6-2-3）。

在倒坮村山脊的南北两侧坡地上，开垦有层层石堰梯田，当地村民以山上随处可得的石头垒堰挡土，在陡峭的山坡上顺应登高线形成狭窄的条田，留住瘠薄的土层并形成雨养的旱作农业系统。利用一年一度的东南季风在太行山区6~8月间形成的降水，使种植的黍米和玉米等农作物及经济果木得到灌溉，以获取生存所必需的粮食等收成。由于土地的粮食产出不高、旱作梯田的规模不大，加之山地牧草资源相对丰富，使得栖居在山顶的人们以半农半牧的生产方式，获取尽可能多的生活资料成为必然。为尽量利用山顶有限的土地资源，在山脊南北两侧均开垦了石堰梯田，为使农作物尽量利用山顶的光热资源，山脊南侧开垦的石堰梯田规模较大。对应于畜牧生产，在山脊上或独立或附贴民居建设石块垒叠的羊圈，以便于人们白天放牧和夜晚收拢羊群

图6-2-1　倒垴村聚落环境

图6-2-2　倒垴村村落形态

图6-2-3　倒垴村周边旱作梯田

图6-2-4 倒垴村民居及附属建筑

图6-2-5 倒垴村石构建筑

（图6-2-4）。由于受山顶处农田和牧草资源量的限制，建立在资源利用基础上的人地关系，投射在村落建设上，使得倒垴村的规模不大且分散。

水是人们生产生活必需的资源，也是山顶村落最为缺乏的资源。倒垴村为了应对高山之上的栖居问题，应对生产生活的需要，在村边建设有多处存储雨水的水窖。倒垴村坐落的山体石材丰富，有沉积岩的层叠石板，也有石块。为满足半农半牧生产方式的需求，石材被用来制作与生产生活相关的器具，有贮藏雨水的水窖、加工粮食的石碾石磨以及给羊群饮水的水槽等，反映出地域建造与生产方式之间的紧密对应（图6-2-5）。

（二）村落建造

相较于陶泉乡的几座历史文化名村和中国传统村落，倒垴村因其藏于深山崖顶之上，既不通路，也不为外界所知，其村名也是当地村民的口头称谓，因此完整保持着原有的结构和形态。不同于乡域内南王庄等传统村落的街巷结构和集聚形态，倒垴村立基的狭窄山脊的带状地形，对村落的结构和形态起到了极其显著的主导作用，从而在村落的结构、村落的形态和村路的民居等连贯的建造上，塑造出了极具特征的样貌。

因长约400米的山脊上的用地浅狭，村落择其相对宽阔处进行建设，形成了沿山体脊线"一大带两小"的簇状散村形态（图6-2-6）。在"Y"形山脊西侧一枝的中部，因用地较宽而建有较大一组民居院落，这五六户民居院落构成了村落中的"一大"簇群（图6-2-7）；西侧一枝通往下山小径的北侧，所建的两三户民居院落构成了村落中的"一小"簇群（图6-2-8）；东侧一枝的端部悬崖石台之上，所建的两户民居院落构成了村落中的"另一小"簇群（图6-2-9）。在三处簇状聚落之间，分别建有石块垒叠出的羊圈，构成了由山脊小道串联起来的村落建造。山脊小道贯通整个倒垴村，仅在中部簇群的民居院落间形成了有界面围合的街巷空间（图6-2-10），在其中的东西两端为半边街的空间形式，而其余各处均为顺地形等高线的曲折小径。特定山顶地形的曲折走向，投射在倒垴村的空间结构上，使得空间组织以及附着其上的民居院落生长建设，显现出强烈的地点特征而非地域性特征。

倒垴村的村落形态由其结构生长而出，并与地形和用地之间有紧密的对应，整个村落依山顶小道展开建设，用于生活的簇状民居院落以及用于放牧生产的羊圈间隔而建，呈现出"串珠"状的形态（图6-2-11）。

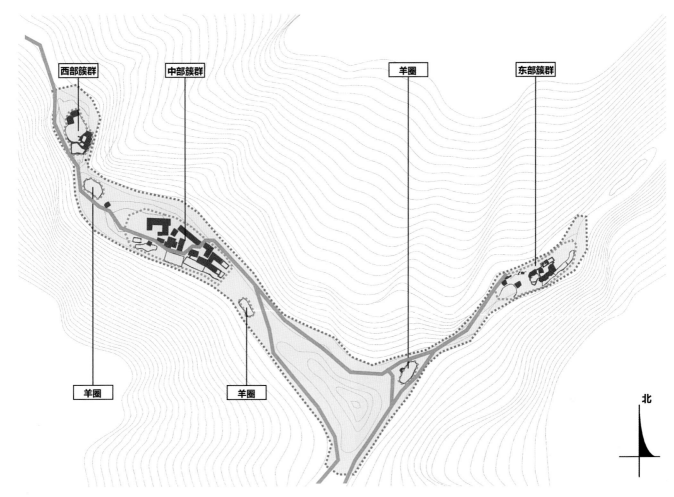

西部簇群　中部簇群　羊圈　东部簇群

羊圈　羊圈

北

图6-2-6　"一大带两小"簇状形态

图6-2-7　倒墁村"一大"簇群

图6-2-8　倒墁村"小"簇群

图6-2-9　倒坮村"小"簇群

图6-2-10　倒坮村中部簇群街巷空间

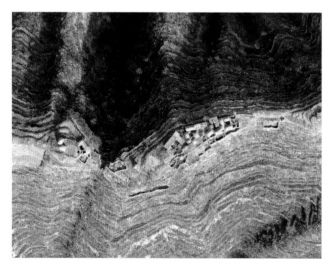

图6-2-11　倒坮村"串珠"状形态

山脊上为数不多的几棵乔木成为民居院落建设点，形成了绿树与石屋相融的簇状建设，如中部规模相对较大的簇群、东部悬崖石台上的簇群，均是选择有乔木生长处而建，反映出择水气相对优越处立居的朴素生态思维。西端簇群以独栋的石屋围绕出中心晾晒场地，民居建筑利用地形而建，形成上下叠合的簇状形态；中部簇群以祭祀土地的石碑起始，民居院落向东排列建设，形成较为规整的延伸形态；东部簇群以南侧的乔木为起始，民居院落向北建设，形成与悬崖石台相融合的形态。

为汇集降水用于农作物生长的灌溉，利用山坡开垦出的石堰梯田，紧临于山脊倒坮村南北两侧的下方，在便于村中人们就近从事农耕生产的同时，也有利于人们的生活入地肥田。倒坮村的村落形态因地点环境，呈现出鲜明的层状特征，即顶部为簇群状的民居院落、下部为层层的梯田所环绕，村址处山体的褶皱与山脊的绵延共同构成了村落独特的形态。

（三）石屋民居

太行山因其石材资源丰富且分布广泛，很多地区的民居建筑均以石材进行建造，有邢台和武安等地的红色嶂石岩建造的民居建筑，也有井陉等地的青灰色石材建造的民居建筑。无论是石板覆顶的民居建筑，还是石碹窑的民居建筑，均是就地获取建造材料并发展出相应的加工建造技艺，所建造的民居建筑具有所在地域的属性特征。倒坮村石屋民居的建造也不例外，就地取材和因材施技是其建造的基本规则，但倒坮村因其所处地点不同于周边区域，使得村中石屋民居不同于山下传统村落中民居建筑，而呈现出极为独特的形态，具有地点属性（图6-2-12）。

倒坮村的民居建造为山地院落式，由于处在山脊之上的用地较为平整，院落内的地坪高差不大，受到用地规模的限制，院落为窄面宽的三合院和二合院。在空间形式上，多为民居建筑围绕的单一院落，仅在

图6-2-12 倒堖村民居建筑

图6 2 13 倒堖村中部民居建筑群

中部和东部村落簇群中，各有一处民居建筑围出南北两个小型院落，为其基底石台的面积稍大所致。对应于山脊地点的地形条件，使得倒堖村的民居院落普遍有狭长侧院的建造，如东部民居院落在东侧的窄院、中部民居院落在南侧的窄院。尤其是中部院落的南侧窄院，设台阶解决地形高差问题，扩展了民居建筑的空间、衔接了南侧山坡上的层层梯田，也为直接下地的农田耕作创造了便利。

倒堖村的民居同样为通体石材建构，但由于山顶石质材料的独特，使得民居建筑呈现出与众不同的形态。山顶的灰白色沉积岩板状层叠，量大且较为容易剥离获取，民居建造即就地取材以石板作为建筑材料，墙体以较大的石块干碴垒砌后，室内以草泥抹面填缝，以达到保温和防风的效果。倒堖村石屋民居的特殊并非仅仅体现在灰白色的石材上，民居建筑屋顶的形态是材料和营造技艺的所指，也是石屋民居迥异于周边传统民居的特色所在。由于山地缺乏乔木作为支撑结构材料，民居以厚2~3厘米的小块石板逐层向上叠涩，形成半球状的穹隆屋顶，其下遮蔽的室内空间约2.4米见方，村落民居状如一簇簇石质蘑菇生长于山脊之上（图6-2-13）。

为抵御山顶日夜骤变的温差，石屋民居内普遍砌筑有土炕，其上叠涩穹隆顶的石板缝隙有利于烧柴产生烟气的排出，以获得清洁干燥的室内空气。

二、渐水凹村

（一）地区生境

沙河市位于河北省西南部，太行山东麓，河北平原西缘。沙河系境内最主要的河流，自西而东横贯全境。沙河市区位优越，交通便利，东与南和县交界，北与邢台市邢台县为邻，南与邯郸市永年区、武安市毗连。古称"赵北之咽喉，襄南之藩蔽"，是沟通晋、冀、鲁、豫的交通枢纽。沙河地区属典型的大陆性季风性气候，四季分明，降水多集中于夏季（图6-2-14）。

渐水凹村隶属于沙河市刘石岗乡，村落位于沙河市正西方向40余公里，约90分钟车程。村落地处太行山腹地，秦王湖北侧一处海拔800米的山坡之上，周围群峰环抱，沟谷纵横，林木森森。出河北邢台沙河市沿省道329向西行驶33公里过小渡口，于天顶山南侧的漆泉寺标识处转入村道向北，盘山曲折而行5公里，渐水凹

北

10公里

图6-2-14　沙河市地理区位

村沿山地等高线横向绵延、纵向攀升（图6-2-15）。

　　沙河市县域地形以山地、丘陵和平原地貌类型自西向东坡降而下，面积各占约三分之一。山地群峰耸立，层峦叠嶂，最高峰北武当山（老爷山）海拔1437米。丘陵区山丘低缓，谷地开阔，平原为洪水冲积而成。城关褡裢镇向西的广阳山地区是道教圣地，相传为老子骑青牛出函谷关东去后的隐居地。此地位于山西、河北和河南交界的地区，山岭绵延、沟壑纵横，因群山阻隔加之交通闭塞，而成为古时中原氏族避兵燹、保家族繁衍的理想地。

　　由于该地区太行山体上的土层相对厚实，适宜山地农业耕作，元末明初有多个家族由山西迁移而来，肇基于此，开荒种地。后逐渐借周边山峰围绕所形成的褶皱凹陷处汇水充沛之利聚居成渐水凹村。随着聚居耕作人口的增加，村落中民居建筑顺山体阳坡等高线东西向展开，沿山坡高度层叠建设而成现有规模（图6-2-16）。

　　有文字记载，渐水凹村自明永乐年间建村，至今已有600余年的历史。

　　渐水凹村北是太行山大峡谷"八里闯"，谷深数百米，长10余公里，峡谷两岸悬崖峭壁，怪石嶙峋。村东是高耸的天顶山，奇峰林立，峡谷幽深，小五指山、秦王湖、北武当山遥相呼应，南侧山脚下的漆泉寺由唐朝开国将军尉迟敬德监修，曾为佛教文化圣地。村西北是道教名山"小西天"及风景区，山势奇特秀美，山顶建有碧霞元君庙和玉皇殿等道观。渐水凹村便处在天顶山、小西天等山峰峡谷环绕的山体之上，白云出岫、峰峦奇险、环境幽静、山石嶙峋，山体主要为太行山的红色嶂石岩。由于村落周边石材资源极其丰富，为沉积变质紫红色石英砂岩，石质坚硬层薄且获取便捷，被用作为民居建筑的材料和屋面铺砌的板材，由此造就了山地相融的村形与村色。

　　渐水凹村村域面积120平方公里，共有377户，

图6-2-15 渐水凹村聚落及周边环境

图6-2-16 渐水凹村周边地理环境

1372人。明永乐年间，侯、李、胡诸姓由山西洪洞县迁此开荒种地，立名侯家庄。因村庄所处的位置地势高，缺乏水源，遂将村庄移至山凹有渐水（当地称从山上淋下来的水为"渐水"）处。之后，范、郭、崔、朱等姓氏陆续迁入，各家族在此繁衍生息，人丁兴旺，渐成村落。因村庄坐落在渐水凹地，故更村名为"渐水凹"，后简称"渐凹"，沿用至今。

渐水凹村气候凉爽，昼夜温差大。生产高山优质红谷子、梅子、酸枣、核桃等。山中林木以槐树、枣树、柿树、梧桐、杨树居多。由于山坡无平坦的耕地，村民在村北开垦了一层层梯田，因土质发红，在下过雨后，土质的红色更为凸显，层层叠叠的红色石堰梯田造就了渐水凹村另一番美景（图6-2-17）。源于太行山丰富的岩石和森林资源，村民家中随处可见各种石质、木质的用具。其中包括生活工具如人工錾制的小石磨、石臼，生产工具如木铁结合的耧、犁，还有喂养牲畜的石槽等。村内的五口古井亦是用石块垒砌而成，村里有"七步五眼井"之说。井壁因长年累月的冲刷而十分光滑。

从清代至今，每当农闲时，渐水凹村民敲锣打鼓扭秧歌、吹唢呐、舞洪拳、唱地方戏曲平调、落子腔等。村民们用这些民间艺术在戏楼的台前广场上丰富着自己的生活。渐水凹村悠久的历史以及丰富的民俗文化赋予了村民独特的人文特质，在丰富村民文化生活的同时，也使民俗文化得到了传承。

（二）村落建造

整个渐水凹村坐北朝南，顺沿山势的曲折而建，形成了与山地形态相互咬接的呼应关系，村落仿佛由山体中生长而出。村落民居建筑由低向高依山势层层叠起，随坡就势，古朴而有特色的民居建筑与周边山体地貌相互映衬，故有太行山深处"小布达拉宫"之称。站立村口西望，一排排错落的二层石楼临山谷而建，犹如高大巍峨的石砌城堡。因村落地势北高南低，一条溪水从村中央自北向南贯村而出。为保障聚居人群的生活需求，村中心处建有"龙池"蓄水塘以汇集周边山坡的地表径流，一池静水倒映出周边的山影天光（图6-2-18）。

渐水凹村东西向跨度约2公里，有东西向的古街两条，南北向的古街一条。街巷蜿蜒，小巷穿插其中。渐水凹村的街道结构以下层的"龙池"和上层的戏台广场为主体，以两侧多个标高处延伸出去的街巷为骨架结构，形成以两翼民居围绕水塘的村落空间结构。戏楼台前广场是村里主要的公共交往空间，村民们每天不约而同在这里聚集聊天。农闲时村民的民间艺术活动也多在这个小广场上进行，形成了从村落入口到中心戏楼的公共活动场所。村中街道或平直或弯曲或倾斜，构建起连接至各户不同高度民居院落的街巷空间。街道交会处的空间尚存留有石磨等生产设施。村内道路网密度较高，道路蜿蜒起伏，沿路多有石块堆砌的挡土墙，并与石砌的民居院墙相连接。街巷以嶂石岩板铺砌地面，以嶂石岩砌筑院墙，形成独特的紫红色街巷色彩（图6-2-19）。

由于村庄坐落在山坡之上，夏秋季节常常遭遇暴雨山洪来袭。为将山体汇水对于建筑的冲击转化为生活资源，并有效缓解季节性暴雨山洪的危害，村落在建造时特别注意排水系统的修建。街巷挖有排水沟槽并通过石砌的明沟暗渠将地表水汇入其中。村庄入口处大路北段由一块硕大的红石板铺作路面，路面东侧有人工挖成的排水沟槽。街面上的水可汇入沟槽，再向东北方向流出不远即进入券形暗渠，排水沟槽隐于地下，出暗渠洞口后便被引导至村中心的龙池。龙池蓄满水后，溢水可直接排入村南山谷。村落中民居院落也多修建排水暗道，将落入院落中的降水排入街道上的沟渠，在沟渠之上架设石板连接民居院落入口空间与街道空间（图6-2-20）。

（三）民居建造

渐水凹村古迹甚多，建有龙神庙、土地庙、杨仙庙和老母庙等多处清代及之前的古庙宇，其中坐南面北的戏台建筑占据村落中的核心位置，并与其北侧的广场共同构成了村落的公共活动与节庆场所。清代戏楼为三开间，高10余米，青石条砌筑的基座高1.6米，戏楼正面为四根石质八边形柱子，顶部开卯以安装木质梁枋，上部为原木抬梁支撑石板覆盖的屋面。因年代久远，戏楼废弃多年，现已重修，顶部起脊扣瓦，飞檐挑角，青石八边形柱子保留了下来，重修的戏楼依然呈现出历史的样貌（图6-2-21）。

渐水凹村的传统民居大部分建于清代和民国时期，宅院多为四合院，有单门独院、一套两进院、三进院、五进院等。院内栽植苹果、石榴等果树。石头砌筑的墙壁高大厚实而坚硬，红石板做瓦盖顶古朴而沉稳，临街墙体开小窗（图6-2-22），拐角处为弧形，以便驴马驮货行走。因太行山中石材获取便捷，村民建造房屋时就地取材，选取村边石英石、石灰石、硅砂石等颜色各异、大小不同的石块垒砌墙体，村中民居建筑普遍以紫红色嶂石和青色石灰石建造，既有高数丈的二层石楼，也有单层的石屋；既有大块石条建造的墙体，也有小块石材码砌的墙体。村内最大院落是清朝秀才朱世英的旧宅（图6-2-23），是一套至今已有300多年历史的七进院。街门口用紫色英岩石块垒砌，厚木板做门，没有气派的门楼和精美的雕花。朱世英当年居住的第三进院石楼坐西面东，南北排列六间，上下两层，墙体为经人工打磨的规则青石条垒砌，楼室正门口往北拐为下坡，砌有七级青石台阶。

石质墙体上开设的窗洞和门洞的发券有弧形与平梁之分；洞口上方过梁依据尺寸的大小有木质和石质之分，形成了多样化的营造手法。民居院落入口大多为平顶过木或石质拱券结构（图6-2-24），门口两侧放置石门墩，较少雕刻装饰。院内窗户窗棂为木质且图案样式较多，有田字套、田字套与龟背纹组合、米字与田字套组合，还有充满美好寓意的图案，如中间雕绿叶捧莲、石榴开花等。平房屋内或一层楼内设有土炕、灶火，烧柴做饭取暖。木楼梯一般由一棵笔直的树木做成而置于屋内墙角处，厚重而坚固。二层楼的地面铺有平整木板，屋顶为三角形木架结构，室内空间因高度较低而一般用来存储粮食等物品。

村落中合院民居和独立民居均以嶂石岩石块砌筑，建筑的坡屋顶和平屋顶也以嶂石岩石板覆盖，其上再以小块石板压缝防止雨水侵入室内（图6-2-25）。院落的墙体和门外的照壁以石块垒砌，有粗制垒砌和精制叠砌之分，处处可见粗犷的建造样式，也可见建造者的精细匠心，但也处处可见传统民居建筑的衰败与凋敝。

三、西道沟村

（一）地区生境

地处太行山、燕山和恒山三条山脉交汇处的涞源县，县域范围内群峰耸立、山岭绵延，因连接太行八陉中的飞狐陉，隋代曾定名飞狐县又属上谷郡。县域中部为周边山体围绕所形成的山间盆地，盆地面积有百余平方公里且黄土层深厚，边缘山体向中部俯冲，构成了整个盆地西北高、东南低的地形走势。

涞源县内山体环绕高耸、黄土台塬深厚、沟壑纵横切割，加之山泉成群使得地下水汇聚成地表水，进而发育成为拒马河、涞水和易水三条河流的源头。华北石质山体和黄土的瘠薄导致植物生长缓慢，山体之上生长的多为低矮灌木，而沟壑之中因溪流和蒸发量相对较小的缘故，形成了周边相对适宜耕作聚居的环境（图6-2-26）。

定居于此的人们将沟壑旁的黄土台塬开垦出的层层叠叠旱作梯田，开展玉米、粟子等粮食作物的种植，利

图6-2-17　浙水凹村及周边梯田

图6-2-18　渐水凹村"龙池"

图6-2-20　渐水凹村街巷及沟渠

图6-2-19　紫红色街巷空间及界面色彩

图6-2-21　渐水凹村村内戏楼"旧貌新颜"

图6-2-22　渐水凹村民居墙体及肌理

图6-2-23　渐水凹村朱世英旧宅　　　图6-2-24　渐水凹村石拱券院落入口　　　图6-2-25　覆以嶂石岩石板的民居建筑屋顶

图6-2-26　黄土台塬与沟壑的周边环境

用高山草甸和灌木开展牛羊的放牧，形成了半农半牧，以农业为主兼牧的生产方式。西道沟村建于东、西、北三面为沟壑的黄土台塬之上，为边长120米的近似正方形土石堡寨（图6-2-27），其西侧和南侧的村庄则为后续增建。

（二）村落建造

北石佛乡的西道沟村基于防御保卫的功能而建，处在高台之上且夯筑有堡墙加以围绕，与防御方向相对应将堡门设在堡寨的南面，北面则不设堡门而建有高踞的真武庙。南向的堡门设在高起的土台上，且堡门外的场地狭窄，石砌的券洞门上建有寨楼，堡内开

图6-2-27 建于黄土台塬之上的西道沟村

图6-2-28 西道沟村南堡门

凿有供生活之用的水井，现存堡门为新近修缮的状态（图6-2-28）。

西道沟村中的骨架街巷为南北走向，自南部堡门直线联通北部的真武庙，堡门内建有台阶登临寨楼便于防守，真武庙既是祈福护佑的场所，也是瞭望的高台。整个村落的街巷空间在形态上呈"王"字形，由南北向的骨架街巷和东西向三条巷道垂直交汇而成，骨架街巷中部留有一处稍宽的场地，临近水井空间（图6-2-29）。

堡寨自南堡门到真武庙长约110米，街巷宽度约4米，空间形态笔直，街巷两侧的界面为建筑的山墙以

北

真武庙

水井

水井空间

堡门

图6-2-29 西道沟村街巷结构

图6-2-30 西道沟村南北向主街

及石块与黄土垒砌的院墙,底界面为大块石头糙砌而成(图6-2-30)。南部堡门东西两侧高出台地的堡墙尚有少许残存,堡墙外部则因临近溪流而植物生长茂密,形成高大的核桃树等乔木掩映遮蔽堡寨的形态。

(三)民居建造

西道沟堡寨内的建筑均为单层院落民居,正房坐北朝南,因规模不同而有厢房、牲畜棚、卫生间和储藏间的建造,建造材料则就地取材,以黄土填缝粘结鹅卵石块砌筑院墙。民居建筑的墙体则以鹅卵石砌筑下部墙基,墙基之上以土坯砖砌筑墙身,外部用草泥灰抹面以封闭墙体的缝隙和抵御雨水的侵蚀。

村内的民居有一进院落,也有两进院落的建造,正房有三开间，也有五开间的建造，但由于堡内空间有限使得民居院落的规模普遍较小且建筑排列规整（图6-2-31）。稍大的院落中树下有生活设施的搭建，周边有停放畜力车、厩舍和储藏草料的建筑（图6-2-32、图6-2-33），相较之下正房建造最为规整，木梁柱加仰瓦屋面，下坎墙为夯土砌筑外抹白灰。

西道沟村中的院落民居均设有两坡硬山屋面的院门，以青砖砌筑两侧墙腿，有"外砖内木"的形态。因粗大木材相对缺乏，民居房屋的建造随形搭建，多有曲梁扭柱的支撑构架。经济条件稍好的民居，在院落地面上尚有鹅卵石铺砌图案装饰，以及正房门窗上棱花和木雕吉祥图案的装饰。

图6-2-31　西道沟村内民居院落

图6-2-32　民居院落中前院羊圈

图6-2-33　院落中附属厩舍

第三节　手工业村落

传统的手工业生产在农业社会占较大的比重，除了利用土地资源从事农作物栽种以获取生活基本保障的粮食外，为满足农业生产的需求以及人群多样化的生活需求，利用各地丰富的矿产资源生产工具和器具，是手工艺匠人们的职业和谋生手段。河北各地拥有多种多样的自然资源，有陶土资源、矿藏资源和盐业资源等，资源的分布吸引了匠人们的聚居和生产，从而使得手工业村落临近和围绕着资源而分布建设，生产加工出种类丰富的产品，如陶器、青砂器、砚台、酿酒和铁制农具等。手工业村落在聚落功能上有其独特性，但在街巷空间结构和村落形态上，与其他功能形态的村落没有太大的区别，多是在村落内部的设施和建筑上体现出手工业生产的特征。如手工业村落边建有反映传统手工业生产工艺的制陶窑址，村落中民居建筑在建造上反映出手工业制品的种类等。

一、郑家窑村

（一）地区生境

郑家窑为张家口市蔚县阳眷镇辖区内的村落，处在蔚县西北部的黄土高山之上，西南面临接山西省的广灵县。这片区域属黄土高原的东部边缘地带，也为蔚县盆地的西北部边缘，整体的自然环境为黄土地貌发育，地势西北高东南低，河流自西北向东南贯流，河谷两侧地带地势相对平坦。受区域气候、降雨和光热等自然条件的影响，植物资源以灌丛草甸为多，台塬和丘陵缓坡之上的土地资源丰沛，使得旱作农业、放牧牛羊以及兼农兼牧，成为该区域内人们普遍的生产生活方式

---

① （春秋）老子. 道德经. 第十一章.

（图6-3-1）。

在这个区域中人群聚居生活所形成的聚落，自南向北有白塔、西沟，郑家窑、泉子沟，小黑圪塔和后沟多个村落，其中郑家窑村因其拥有特殊的资源条件，而成为规模较大的手工业村落（图6-3-2）。相较于黄土瘠薄、干旱少雨资源条件下农作物生产的产出效率低下的状况，郑家窑村则拥有丰富的陶土资源，当地特有的"坩子泥"是适宜烧制陶器的优质材料，成为人们聚居开展手工业生产的资源。如同河北的定州、井陉等地利用太行山区出露的资源烧制陶器，郑家窑利用黑土和黄土釉料资源，加之利用当地较为富有的煤炭资源，成为烧制日常生活用陶器皿的著名"陶乡"。郑家窑的陶器烧制有着悠久的历史，可追溯到唐代，并在辽代达到兴盛，其烧窑的手工艺由后世郑姓陶匠延续至今。代代相传的和水揉土、拉制泥坯的"埏埴以为器"①，遂使得郑家窑村成为这一区域闻名的手工业村落，其手工业生产的陶窑等构成了村落中的重要场所，也成为村落形态的重要影响因素。

郑家窑村所在的张家口地区，因处在燕山、恒山和太行山的交汇处，其北通塞外的蒙古高原、西南连山西广灵、东接北京地区、南下通过飞狐陉直达涞源，多条交通孔道交汇于此，使得该区域有着独特的区位资源。贯通东西方向的跨地区物资运输、贯通南北方向的边贸之路万里茶道，在这片区域交汇并形成货物输入和输出的便捷交通网络。现张家口区域在明代为长城防御体系中宣府镇所辖，由于处在农牧交错地带并又处在北部游牧部落南下的通道上，战争劫掠发生时则重边关防御，和平时期则重贸易互市。郑家窑的手工业制陶产

图6-3-1 郑家窑村聚落形态

图6-3-2 郑家窑村聚落风貌

品，通过便捷和通达的交通线路，获得了跨区域的商品销售腹地，从而也使得郑家窑村陶土器皿的产业得以持续发展下来。

（二）村落建造

郑家窑村所在的丘陵山冈，为南北方向延伸的狭长形态，村址的自然地形塑造了村落的形态，使得郑家窑村也由南北两部分山冈上的民居建筑组成，村落的整体形态顺应地形呈现带状。村落基址的南北两片丘陵，南侧山冈的形态相较北侧更显狭长，两座山冈南高北低、中部相连，形成绵延约2公里的"C"形状态，地形环境特征直接影响到村落的整体形态（图6-3-3）。院落民居依据所处地点用地的浅狭和方向不同，呈现出相对松散的分布状态，形成从南向北绵延1.5公里的村落，由此将自然山岭的"形"转化为村落整体形态起伏的"势"。

由于村址坐落于丘陵之上，受山脊两侧东西方向上的用地所限，民居院落建设的规模不大，使得南北方向的山冈脊线自然承担着将民居关联成整体的交通功能，丘陵最高处的脊线则由此构成了村落街巷的骨架道路。顺应村址的自然地形，村落南部以两条并行的骨架道路贯通至村落中部，东侧一条道路顺应脊线高低起伏，西侧一条道路顺应等高线曲折蜿蜒，其上延伸而出衔接民居院落的次级道路，为窄且短的尽端小路。村落北部的丘陵山体略高且面积略大，其为村落肇基建设的地点，山体上建设的玉皇阁为整个村落的制高点，北部村落的骨架道路沿山坡向东北攀升后北去，其上生长出的次级道路围绕玉皇阁呈环状，形成了村落空间的结构形态中心。村落南北两部分交汇的中部，为丘陵山体脊线的低凹处，该处正对北侧高处的玉皇阁，用地相对开阔平整，为村中人们集中活动贸易的场地，西侧存有曾经的供销社。自然地形的形态构成，投射在村落的结构上，使得村落的空间组织和民居院落的建设，显现出强

烈的区域特征和地点特征。

村落下方的丘陵缓坡和谷地被开垦为旱作梯田，丘陵山冈下低处的土地相对开阔，便于汇集该区域不多的降水，用以农业生产的灌溉。而陶窑则分布在村中民居院落与梯田之间的地带，临近民居建筑及陶土作坊，环绕着村落进行建设，一来便于村中陶工们的就近生产，二来便于利用植物稀少的丘陵高处堆放烧造材料。对应着村落基址自然地形的状况、村址周边资源分布的状况、聚居人群生产方式的状况，郑家窑村的村落形态呈现明显的层状特征，即上部为民居院落，边缘为陶窑标定，周边为梯田环绕（图6-3-4）。

（三）陶窑作坊

郑家窑作为历史悠久的制陶村落，与河北井陉、邢台乃至其他省区的传统手工业聚落相似，将对所处地点各种资源的利用形成匠作生产传统，并将匠作制造投射在村落的物质空间建造上，在村落中的物质空间建设上留下手工生产的加工作坊和设施。郑家窑村拥有丰富的陶土资源和煤炭资源，前者用以拉制各种器皿，后者用以烧造成形，而陶器手工业制作流程则建设有相应的晾晒场地、作坊建筑和砖窑设施等（图6-3-5），在村中形成既有分置的建设，也有组合的建设存留。

郑家窑村的黑陶与其他陶器烧造相似，从原材料的选择到烧造出成品，中间要经历十几道工序和数十个技术关键点，有"坩子泥"的粉碎过筛、拌水闷泥、踩揉泥料、拉坯捏制、晾晒上釉、装窑烧窑、成品出窑等。十多道制作工序对空间与设施有着不同的要求，如揉泥和拉坯等需要在作坊建筑内进行，并且需要相应的容器和设备；晾晒与上釉则是在室外场地上进行（图6-3-6）；装窑烧窑和出窑则是在砖石砌筑的馒头窑中进行。由于用地规模和地形环境的不同，郑家窑村的陶器作坊，既有场地与建筑相邻而与陶窑相分离的建造样式，也有场地、作坊建筑和陶窑相组合建设的样

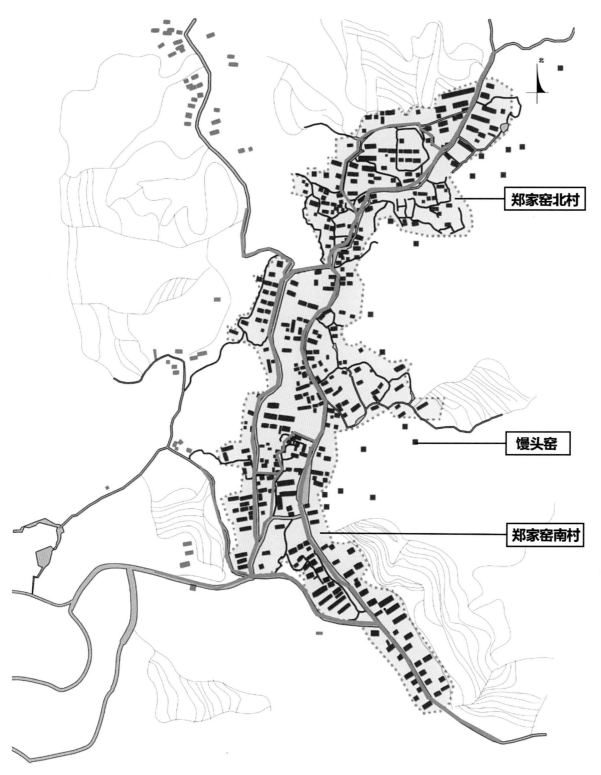

北

郑家窑北村

馒头窑

郑家窑南村

图6-3-3 郑家窑村街巷结构

图6-3-4　位于村落边缘陶窑

图6-3-5　郑家窑村陶窑作坊

式，从而在村落周边形成了多样的陶窑。

　　村边烧制各种日常生活器皿的陶窑普遍为馒头窑，这种类型的窑炉有着悠久的历史，在春秋战国时期就在北方地区较为流行，到了宋代以后则因燃煤烧窑而完善。郑家窑村独立的馒头窑均由窑门、火膛和窑室三部分组成，分为单一空间窑炉和上下空间窑炉两种类型，一类为窑门、火膛和窑室处在同层空间内（图6-3-7）；另一类为村落中多数窑炉的形态，即利用山坡地形将窑炉空间分为上下两层，下层为火膛与进炉料窑门，上层为窑室和进陶坯窑门（图6-3-8）。这两种类型的馒头窑均为圆形，下部为石块砌筑的窑身，上部为砖块层层叠涩砌筑的穹隆顶，顶部开口作为排放烟气的出口。郑家窑村中的组合式陶窑，由作坊建筑、晾晒场地和窑炉构成，作坊和场地处在窑炉的西侧，作坊建筑在北便于制坯和存储阴干，场地在南便于陶坯晾晒和上釉，东侧的窑炉由窑门、火膛、窑室和烟囱构成，窑炉的烟囱竖立在作坊建筑之上，将窑炉的热量导入作坊建筑的同时也塑造出较为独特的形态（图6-3-9）。

图6-3-6　郑家窑村窑址及外部空间

图6-3-7　村边独立"馒头窑"

图6-3-8　村边双层"馒头窑"

图6-3-9　村中组合式陶窑

（四）民居院落

村落中的民居建筑为较为典型的山地院落式，受村址丘陵地形的影响，位于山脊附近的民居院落规模略大且平整，位于坡坎处的民居院落则小而有高差变化；在形制上三合院和二合院居多，而规整的四合院较少。在建设的分布上，村落北部的民居建筑规模较小，呈相对集中的簇状，结合地形的变化各民居院落则面向不一，与建筑基址的对应关联紧密。村落南部的民居建筑形制相对规整，沿骨架道路呈较为规则的带状排列，且多为更新改造过的民居院落。

除了规模较大和规制较高的玉皇阁建筑群，郑家窑村中民居院落的建设均朴素，直观地体现在建筑的规模、选用的建材和材料的规格上。相较于更新改造过的民居建筑，村中传统的民居普遍建筑层高较低，建筑的围护墙体普遍为土坯砖加草泥抹面，建筑的支撑结构木梁柱用料较细小。村落中砖砌围护墙体和红色机平瓦覆顶的民居，均为后期更新改造过的院落，石块墙基的土坯砖围护墙体和灰瓦或黄泥覆顶的民居，为建造时间较早的传统院落。在传统民居院落的建造上，南北向的正房为青砖或核桃砖砌墙体，灰瓦覆盖过垄脊屋顶；东西厢房低矮，为土坯砖砌筑墙体，黄泥覆盖单坡屋面。村落中传统制陶作坊与民居建筑在建造规则上相似，在空间上则有所区别，为满足制陶揉泥、拉坯和捏制等工艺对空间的需求，作坊建筑进深大立柱多，其内部还作为贮藏阴干陶坯的空间。

郑家窑村在民居建造材料的运用上有其独特之处，即利用制陶的残次品作为砌筑墙体的材料，将陶罐与石块和土坯混合、窑炉的砖和土坯混合，使得所砌筑出的民居建筑墙体具有特殊的表面肌理和色彩（图6-3-10）。村落所拥有的资源属性和特征、人们所从事的生产方式属性和特征，均投射在村落的物质空间建造上，赋予了民居建筑以特殊的样貌。

图6-3-10　郑家窑村中民居建筑

二、冶陶村

（一）地区生境

冶陶村位于太行山东麓、凤凰山（药王山）脚下，属太行山余脉，小摩天岭山脉的延伸，凤凰山东西走向，因形如展翅腾飞的凤凰而得名。村落依靠的山体雄姿挺拔，山势呈东西走向，海拔约580米，构成了冶陶村北的屏障；村北偏东约1公里处是张落山，海拔高度为520米。村南隔河3公里处有黄蒿垴，山势呈东西走向，海拔约620米。山峦起伏、群峰叠嶂，绵延东去直至长房子村。村西约2公里处有一座"孤独山"，因不与其他山峦相连而得名，海拔约540米，山脚下是古代"西通秦晋"必经之路。村东南河北岸有高约20米的黄土崖，河南有高约20米的青峰崖。两崖遥遥相对，形成冶陶村东两扇屏障之势，冶陶村坐落在这些东西走向的山脉环抱之中（图6-3-11）。

冶陶村的历史悠久、源远流长，有村西四里的"古城前、后庄"遗址，从遗址中发掘出古陶片、三足钵、罐片、类人猿古斧、古城墙坑土、木炭层，经鉴定为属于"磁山文化"黄河流域早期新石器时期的遗存。冶陶村距磁山文化遗址仅17公里，并同在南洺河水系流域，属同一文化体系。冶陶村是河北古冶炼技术的发祥

图6-3-11 冶陶村区位图

地之一，聚居于此的人群利用当地的矿产资源进行手工业生产，原井沟的东西土崖上都残留有明显的冶炼炉窑，并遗留有矿石炉渣。唐代中期，冶陶村聚居的人群为利于生息繁衍，逐渐东迁于凤凰山前，因山前地势平坦、耕地宽阔、土地肥沃，更有利于开采铁矿石并进行冶炼加工。元末明初的战争，加之连年自然灾害导致人口的锐减，曾经繁荣的冶陶村当时仅存几十户，后期在明代永乐年间随着山西洪洞的移民，黄、张、杨、陈和吴姓等家族相继进入。伴随着聚居人口规模的增长，冶陶村手工业生产和贸易逐渐繁荣发展，建设也由上街延伸到拐子街和大街。由于冶陶村地处晋冀豫三省的交界处，其地理区位条件的得天独厚，使得清代后期将跨区域交通孔道由固镇改至冶陶，遂使冶陶村成为东连齐鲁、西通秦晋的古商道必经之地。东西向的通衢大道加上农商产业的繁荣，使得冶陶村的规模逐渐扩大，往来的商队车马络绎不绝，涉县和山西盛产的粮油、山货在此集散、交易和运输。天津、山东、河南和山西等地的商贾汇聚冶陶，使得村落内大街两旁店铺林立、商号繁多，加之当地发达的冶炼矿石技术，使得制造金属农

具、兵器和烧制陶器的手工业作坊繁盛，冶陶随之成为冀南著名集镇之一。

（二）村落建造

冶陶村顺应村址地形，西北高东南低，村落西北部有两处沟壑，中部和南部有坑塘便于雨季地表径流的汇入。冶陶村建设规模较大，有黄家巷、拐子街、陈家巷、上庄巷和里仁巷等遍布其间，骨架街巷顺应地形呈现出变形的"十"字加"环状"的空间结构，主体街巷之间以次级的巷弄加以连接，形成了完备的街巷空间系统（图6-3-12）。冶陶村中南北向的主街拐子街约形成于明代，街道长约200米，宽4~6米，街巷的南端路上有于明代天启年建的关帝阁（南阁），西端有建于唐代（西通秦晋）的玄帝阁（图6-3-13），街道两侧保留有清代及民国时期的各种功能的传统建筑和民居。处在冶陶村东部的黄家巷形成于明清时期，街道由南北两条主干和东西向数条小巷组成，大小黄家巷总长约300余米、宽3~5米，街道为古老的青石路面，街巷两侧保留有清代传统民居建筑群和庄

200

图6-3-12 冶陶村街巷空间

图6-3-13 冶陶村玄帝阁

园。陈家巷和上庄巷均处在冶陶村东部，长度均约260米、宽约5米，街巷均为青石板铺砌路面，街巷（图6-3-14）两侧均保留有明清及民国时期的传统民居院落。东西走向的商业街连接拐子街，形成鱼骨状的结构并延伸出数条南北走向的巷弄，如里仁巷这样的居住类巷弄。

冶陶村因其处在平原和太行山的交接地带，商道西通秦晋的便捷以及发达的手工业生产和贸易，使其成为历代的兵家必争之地，使得村落中聚居的人群高度重视防御设施的建设。冶陶村内建有多个阁，每一个阁都修建在村口、巷口等街巷空间的重要位置，其防御作用等同于寨门，可登高瞭望和居高临下扼守。阁在建设时与周边的民居建筑相连，形成对外封闭的防御堡垒，村落

图6-3-14　冶陶村街巷界面

外层的民居建筑采用高房基、高门楼和高围墙的建造方式，使得阁成为进出村落的唯一通道。冶陶村的阁不仅是防御和瞭望的设施，还兼具庙宇的精神作用，村落内主要的阁有：关帝阁（南阁）、玄帝阁（西阁）、里仁阁、丁字阁、观音阁、拱凤阁、防护阁等。如关帝阁建于拐子街南口，与外河的戏楼相对，镇守村口和锁住风水是建造关帝阁的两重目的，南圈门上嵌有"洺滨一隅"石匾标明了地理区位（图6-3-15），北圈门上嵌有"具瞻效灵"石匾敬奉关帝神君（图6-3-16）。再如由拱凤阁和防护阁两个阁组成的冶陶双阁，拱凤阁（北阁）建于清代末年，防护阁（南阁）建于咸丰三年，拱

图6-3-15　冶陶村南圈门

图6-3-16 冶陶村北圈门

凤阁北面供奉菩萨神像，南面供奉关帝，是冶陶村唯一的一阁两庙建筑。

（三）民居建造

冶陶村除了拥有多个历史悠久的楼阁建筑外，还较为完整地保存着清代及民国时期建造的民居建筑群。民居院落主要为独立的合院，独立三合院和独立四合院居多，并由此形成冶陶村传统民居合院的两种布局类型。冶陶传统民居合院的正北为正房，是整个院落地位和规模最大的建筑，以正房为中心，在正房两侧前房为东、西厢房，正房对面为倒座，由正房，东、西厢房和倒座房围合出规整的院落空间，院落的大门设在倒座房处，有开设在倒座房中央或开设在倒座东南角的差别。对应着传统的礼制宗法和家庭结构，院落的形制为中轴对称、东西均衡、院落围合的内向格局。居中的正房为家庭长辈居住和使用的空间，处于主轴两侧的厢房为子女居住的空间，将内外有别、亲疏远近的家庭组织投射在民居建筑的建造上（图6-3-17）。

冶陶村的民居建筑在建造上，以木梁柱为支撑结构，青砖为围护结构，以石材建设台明和墙基。村落中保存的张家大院、齐家大院、乔家大院等民居院落和庄园，空间形制规整；黄家祠堂、吴家祠堂和刘家祠堂

图6-3-17　冶陶村民居院落

图6-3-18　冶陶村民居建筑内院

等家族宗祠，规格及装饰等级相对较高（图6-3-18）。等级重要的正房建筑为前出檐后收檐的坡屋顶，楼居建筑通常建有一层的檐廊，东西厢房和倒座房普遍为平顶建筑并以漏花砖砌筑女儿墙。凭借着商业贸易和手工业的繁荣发达，各个大院和民居院落在建筑装饰上有较多的追求，石雕、砖雕的门楣佛龛精美，装饰题材丰富。

第四节　商贸村落

地理区位优势，尤其是太行八陉以及古道的交通优势，是商贸村落赖以建设和兴盛的基础。由于各个地区利用资源禀赋生产出的产品各不相同，生产生活物资的交流促进了跨地区的贸易运输，使得商贸村落也随之建造并繁荣起来。商贸村落在多地均有分布，均依托交通商道而建，有坐落在两条古道交会处的，有位于交通孔道中转处的；有跨古道建村的，有贴临古道建村的；有因先期聚居而发展商贸的，也有因手工业生产而发展商贸的。

跨古道以及处在古道旁沟峪中的商贸村落，分布和建设于太行山中，受村址处自然地形的影响，跨古道而建的商贸村落以古道为骨架结构，成为村落繁荣发展的空间脉络。沟峪环境中的商贸聚落以村址地形为边界，沟峪地形塑造了各从商家族人群的聚居格局。商贸村落由于经济的繁荣，村落中聚居的人口规模较大，村落的建设规模相较于同地区的农耕村落要大，处在丘陵与平原交接的地带、太行山山中盆地的商贸村落，村落的建设规模尤其如此。商贸村落由于经济条件好，用于聚居的民居建筑建造的规格较高，深宅高院和占地较大的民居建筑群在村落中多有建设。除了这些用于聚居人群生活的民居建筑外，商贸村落中多建有商号、饭馆、客栈建筑密集的商业街，如蔚县西古堡北瓮城内的大车店和客栈。

一、鱼林沟村

（一）地区生境

鱼林沟村所在的信都区路罗镇，位于邢台以西的太行山东麓，区域内有山区、丘陵、平原三种地形自西向东分布，鱼林沟村处在丘陵山地向峰高谷深山地转换的地带，且临近邢台大峡谷。邢台大峡谷为太行山中的地堑，黄巢峡和多条峡谷构成了峡谷群，呈现出山体绝壁高耸、层峦叠嶂，冲沟则谷底狭深、峡岸壁立的地貌环境。大峡谷地形变化剧烈的成因，造就了临近的区域山体隆起绵延、沟峪曲折延伸的状况，鱼林沟村就处在这样的环境中，使得村落的村址地形有着独特的沟峪形态。

信都区西面与山西省左权县相接、南面濒临沙河与武安、东面接壤襄都、北面与内丘和临城县相连。由于其拥有便捷的区域交通条件，使得该地区在春秋时期就有邢国在此立国，后世在秦汉、隋唐等朝代均为管辖区域的治所。作为河北四大名窑的邢窑创烧于北朝，在隋唐时期达到鼎盛，为当时制瓷业七大名窑之一，其烧制的白瓷精美。邢窑开创的独特制瓷工艺和先进的烧造技术，使得邢窑与越窑的烧造瓷器呈现"南青北白"的状况。烧制瓷器的特殊促进了南北方的商贸流通，中原等地帝王大臣墓葬中的白瓷器具，反映出当时南北方货品的流通和商业贸易的繁荣。唐代的李肇在《国史补》中就记载："内丘白瓷瓯、端溪紫石砚，天下无贵贱，通用之。"[①]鱼林沟村所在的信都区因其在区域环境中的特殊位置，北面与邢窑窑址所在的内丘和临城县相连，加

---

① （唐）李肇. 国史补.

之自古就是联通东西南北的交通要冲，而成为物资生产和交流的重要地区。鱼林沟村中有一条冀晋古道，古道北抵幽州、南至安阳、东连山东半岛、西上山西高原，四个方向的道路交会于此，使得鱼林沟村成为经商贸易的重要枢纽。

太行山区土地资源普遍贫瘠且规模有限，而鱼林沟所在的地区为丘陵和沟峪，因降雨所形成的水流冲刷与堆积，土地资源和水汽资源相对较好，高大乔木等植物生长较为茂盛。村落周边的丘陵山坡与河沟阶地上，可供旱作农业耕种的土地规模较大，也较为平整，加之临近沟谷溪流和出露的泉水利于农作物的灌溉，使得鱼林沟到了明清两代，逐渐发展成人口集聚规模较大的商贸村落。

（二）沟峪形态

在太行山的丘陵山地环境中，山体的隆起与褶皱使得沟峪地形密布，并且由于华北地区大区域的季风气候条件，东麓地区的年度降雨集中在6、7、8三个月，由此形成汇洪的冲沟和季节性的河流。不同于太行山腹地深处的沟壑，丘陵山地中的沟峪分布密集，但沟峪的长度较短且分枝较多。沟峪处在丘陵的坡脚，汇洪带来的泥土堆积以及水气条件的相对充足，使得土地较为肥沃、植物生长茂盛，加上两侧的山体高度和坡度均不大，沟峪两侧的丘陵农田为人们的集聚提供了基本的生活保障资源。鱼林沟就是这样的一条丘陵山地环境的典型沟峪。

鱼林沟的主沟走向由西北向东南，为一条丘陵山地的汇洪冲沟，长度约800多米。整个沟峪由多条支沟的交汇聚拢而成，地形北高南低汇聚多个方向的山体地表径流的来水，构成了蜿蜒曲折的沟峪形态。由于汇入的各条支沟宽窄不同，丘陵山坡或缓或陡，使得沟峪内

地形复杂多变，贯穿村落的冀晋古道由西北而来，与由东北向顺地形而来的冲沟交汇于村落的中部，转向西南汇入东西向的峡谷地堑。鱼林沟自与冲沟交汇的中部以北地段，两侧丘陵之间的空间较为逼仄，谷地的坡降也随地形而变得较陡，两侧用地浅狭和破碎是这一段的地

形特征；自与冲沟交汇后的中部以南地段，两侧丘陵之间的空间较为宽敞，谷地的坡降随着地形而趋于平缓，由于冲沟为季节性河流，非雨季时期则为绿萝和青草茂密生长的干涸河道，这段冲沟的两侧阶地相对宽敞和平缓，也是用于旱作农地相对集中的地带。沟峪用地的浅狭，使得聚居的人们只能利用冲沟两侧阶地、丘陵缓坡上的小片用地开展耕作生产（图6-4-1），鱼林沟村落的农地约有500余亩，相较于人口的规模则较为匮乏，土地资源的匮乏是丘陵山地沟峪环境的普遍状况。

丘陵山地的沟峪地形构造出了古道的走向和冲沟的形态，深刻地影响着鱼林沟村落的空间结构、人们的生产方式和聚居状态，沟峪环境中地块的形态影响着民居建筑的选址、空间的形制以及建设的状况。鱼林沟村从村落定址、街巷结构、空间形态直至民居院落的建设以及建造材料的获取，均与所处的沟峪形态之间有着密不可分的对应关联（图6-4-2）。

图6-4-1　沟峪环境中的生产与生活空间

图6-4-2　顺应沟峪环境形态的村落建设

（三）村落建造

作为跨地区商业贸易孔道的冀晋古道，以往来商旅或行人、挑担或独轮运货的行为为商道开凿的尺度，蜿蜒于丘陵山地之间，临溪流泉水而贯通南北。鱼林沟村夹商道和冲沟溪流而建，选址建设于宽堑与窄沟的交接处，且为丘陵山地环境中用地相对开阔处，以商道的尺度和形态为村落主街的空间尺度和形态，村落结构为地形环境+商贸古道尺度，为丘陵山地中典型的传统商贸聚落。

商贸古道所构成的村落骨架结构，顺应地形北高南低的起伏变化，北段街道位于短小冲沟的西侧，南段街道位于汇入冲沟的东侧，构成了"一沟一道"的骨架街道空间结构（图6-4-3）。因处在交通要道之上，加之商业贸易繁荣和可供耕作的农地，到了明末清初，陆续有李、赵、郭、朱、杨、安和胡七个家族的人们迁居于此，对应于主沟和支沟交汇的用地状况，形成了聚族分区而居的状况。李氏家族主要聚居于南长沟、赵氏家族主要聚居于半沟与西沟、郭氏家族主要聚居于北街和前庄、朱氏家族主要聚居于朱家垴、杨氏家族主要聚居于西沟等。与各家族人群聚居的状况相对应，从沟道并行的村落骨架街道之上，生长出次级街巷以联通各支沟内和山坡上的民居建筑群。处在支沟内的次级街巷，受沟谷地形逼仄的制约，路径曲折、坡度较陡、尺度较小且有尽端空间的状况；处在丘陵缓坡上的次级街巷，沿山坡曲折攀援而上，坡度较陡、宽度较窄并联通高处林地。

西北向东南蜿蜒800米的古道，在与东北方向汇入冲沟的以北部分，主体街巷结构为古道与次级街巷夹短冲沟平行的形式，这段古道与四条次级街巷"T"相通，其西侧支沟内所建设的建筑群形态呈簇团状。古道中段以南的部分，街巷结构为古道在冲沟东侧的平行形式，向南延续至沟口共有六座小桥跨越冲沟，连接冲沟两侧的民居建筑以及西侧的耕作农田，这部分民居建筑群的建设呈现出夹沟而立的带状分布（图6-4-4）。

鱼林沟村因商业贸易而兴盛繁荣，人们聚居的各项建设也反映出商贸聚落的特征，村中存留有贴临主街而建的商业店铺建筑，街巷的路面也以大块山石铺砌，主街上以斜坡衔接地形高差，便于装载货物往来运输的车马通行。聚居于此的多个家族人群因经商而富裕，较强的经济实力使得村中民居院落的形制完整，建筑的用料和装饰等，要优于周边其他村落中的民居建造，如村中李氏家族聚居的建筑群，规模大、院落多、建筑和门楼高大（图6-4-5）。

（四）民居建造

鱼林沟村所在的路罗镇地区土质相对瘠薄，地堑峡谷的地形使得太行山体的石材出露，拥有丰富的青石、嶂石岩和沉积岩等多种石材，随处可取的石头自然成为当地民居建造就地取材的便捷资源。丰沛的石质建材不仅成为鱼林沟村民居建筑的材料，也成为各种设施的建造材料，铺路的石块石板、跨沟的石桥石栏、房前屋后的石墙石阶、生产生活用的石碾石磨等均为石构，就连村落的定名也对应于当地出露的石材。鱼林沟村定名为鱼鳞沟的谐音简化，源于村口沟谷中有巨石状若鱼形且表面纹理状若鱼鳞而得名，而村落的位置为泥裂岩石板密集出露的地区，红色的泥裂岩为片状沉积岩，表面状若鱼鳞或龟背的纹理是其石板的特征。

就地取材和因材施技是民居建筑建造的基本规则，鱼林沟村周边因拥有充沛且多样的石材资源，使得村落中的民居均为石材建造（图6-4-6）。在建造材料的使用上，既有红色的嶂石岩料石砌筑的民居墙体，也有青色料石砌筑的民居墙体，并普遍以厚20～30毫米的泥裂岩板覆盖屋顶。整条沟峪为青色和红色相参的石构民居，既不同于其北面井陉地区的青色石构民居，也不同于其西南面山区的红色嶂石岩的石构民居，而在石材色

图6-4-3　蜿蜒于民居建筑之间的次级街巷

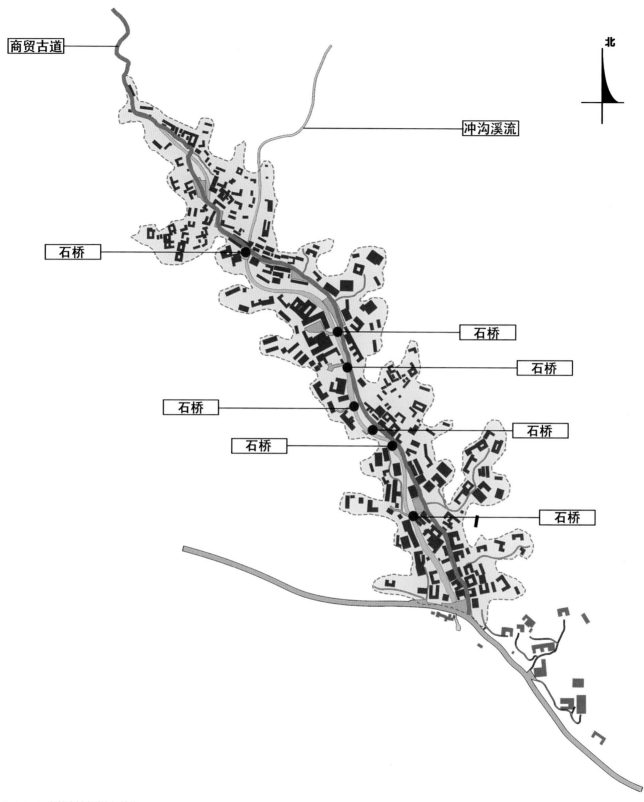

商贸古道

冲沟溪流

北

石桥

石桥

石桥

石桥

石桥

石桥

石桥

图6-4-4 鱼林沟村街巷空间结构

图6-4-5 鱼林沟村民居建筑大门

图6-4-6 鱼林沟村石砌民居

彩及组成上形成了鱼林沟村民居建筑的特征，并体现出很强的地域属性。凭借商业贸易和货物运输积攒起来的经济基础，鱼林沟村的石构民居多数为两层的楼居，石材用料打制较为规整、木材用料规格较为粗壮，区别于周边农耕聚落中多为单层的民居建筑，反映出商贸聚落的特征（图6-4-7）。

　　鱼林沟村保存有数百座明清时代建造的传统石构民居建筑，依山就势组合成或大或小，或四合或三合，或楼居或单层的山地院落（图6-4-8）。村落中七大姓氏家族的分区聚居，在村落中形成了厅堂统领的42处院落，各姓氏家族在建筑群的建造上，因规模的不同、地点的不同，而呈现出不同的建设密度和特征。由于沟峪内空间逼仄、用地浅狭，鱼林沟建于山坡地上民居建筑为高差较大的山地院落，普遍采取两层的楼居下开设入口大门，穿过门楼和甬道陡峭台阶进入高处合院，再通过院落进入楼居房间的建设方式（图6-4-9）。鱼林村

图6-4-7 青色、红色崞石岩与石板的民居建造

图6-4-8 鱼林沟村山地院落

图6-4-9 鱼林沟村山地院落空间

的民居院落建设，通过在山坡的不同高度上平整出用地，得以扩大建设的规模，也由此形成民居建筑层层叠叠沿山坡攀升的形态，同时也利用山坡地形的高差解决、满足不同层高空间的出入交通组织（图6-4-10）。

村中建设用地的匮乏和地块的浅狭，使得石构民居的单体建筑进深和规模都不大，加之石质墙体的厚度较大，民居建筑在高度和边角地上寻求空间上的拓展，不仅建设有3层的楼居建筑，也在规整院落或建筑旁边附建单层的建筑。为获得建筑的保温效果，石砌墙体厚度普遍为300～400毫米，有以规整料石错缝砌筑的墙体，有以黄泥错缝干砌砌筑的墙体，墙体内部草泥抹面以封堵石块之间的缝隙。因作为屋顶覆盖材料的石板厚重，双坡屋顶的每个坡面由三排石板铺就，屋脊上铺一排石板作为压顶，这样的建造与木质

梁柱之间有较好的对应，所围合出的石构民居建筑进深则较浅。

二、固新村

（一）地区生境

固新村隶属于河北省邯郸市西南部的涉县固新古镇。固新镇是第五批中国历史文化古镇，位于涉县城东南12公里左右的太行山深处，正是河北、山西、河南三省的交界之地。固新镇中心有"原曲"和"固新"两个自然村。出邯郸市沿国道309西行62公里，至涉县河南店镇转省道202向东南行15公里，道路西侧的秦汉古槐之下，盛于唐宋的固新村坐落于古商道之上。

固新村所处的地区干湿季节明显，属于亚湿润大

图6-4-10　鱼林沟村山地民居合院

陆性季风气候区。受太行山脉的影响较多，季候风变
化明显。固新村村落周围群山环绕，清障河流经东部
山麓地带，自西北流向东南方向。由于受到河流的滋
润，沿岸土壤肥沃，地势较为平坦，适合农作物的生
长。山岭之上植被茂密，品种繁多，环绕出适宜人群
生活居住的地理环境。固新村在此地沿河生长，背靠
垭豁山、洞沟山、路家垴，东望马鞍山普地崖和毛树
垴，构成了亲和自然且与村址地形融为一体的村落布
局（图6-4-11）。

据县志记载，固新镇历史悠久，因其有山有水，易
守难攻，相传为唐末李克用屯兵筑城之地，扼守西通山
西、南至河南的交通要道，从而成为商贾云集之地，并
在此设立县政府，名为"故县"，记录的人将"故"写
成"固"，也叫"固"县。民国20年，国民党政府将其
改名为"固新"，其中也有希望能稳固政权的意思。

村北生长于秦汉时期至今已有数千载的古槐树，

因树龄久远、树径粗大、树冠宽阔而被称为"天下第
一槐"。嘉庆四年（1799年）《涉县志》有记载："古
槐树，邑有三，皆植自唐宋。一在故县镇，十大树
围，枝叶扶疏，状类蛟龙。"[1]在固新村《古槐碑记》中
提到，对这棵古槐的树龄并不确定，有的人说是在明
朝正德年间，有人说是在战国时期秦兵攻打赵国时路
经此地，曾经在这里休憩整顿，还有人说是唐代邑翁
在此修道，德高好弈，并有"先天古槐，后世小仙"
之语。据此推究，古槐当有两千年以上的历史。古槐
位于村落北券门之内的道旁，繁茂的树荫覆盖半亩有
余，因有着明末大旱之年"槐豆赈民"等传说而成
为福佑当地的仙树，现与古街、石板路、祠堂、古民
居、古水渠一同形成了以千年古槐为主题的小规模的
景区。

固新村有着悠久的历史和深厚的积淀，虽经长期的
社会变迁和增建改造，尚存留有东、南、西、北四道券

---

① （清）戚学标纂修. 涉县志.

图6-4-11　固新村聚落及环境

门，为北齐天保年间筑城守卫的堡门，其中北券门现与古槐同处在村落中心地带，石砌券洞高出现状地面1.7米，券上有神殿称为"三教堂"，原有的十八级石台阶在券门西侧，虽为后期重建但尚基本保有原先的尺度，其上石碑等反映出当地和清漳流域的文化历史脉络。现北券门与立于券门之上的三教殿，共同构成了固新村的标志（图6-4-12）。

（二）村落建造

固新村地处于山谷之间，根据自然环境，村民择其地势平坦之地，将村落布置于山坡之上。固新村所处的山坡虽然略有坡度，整体呈西高东低的形式，但是从体感而言更接近于平地，因此固新村虽然可说是一个山村，但实际的规划原理则更倾向于遵从平原地区村落的规划方式。固新村传统聚落的范围是由东西南北四道券门所确立的，这四道券门也是固新村现存有史可考最古老的建筑。这其中南券门正对北券门，东券门正对西券门，并且街道相通。四道券门为固新村的整体布局定下了基调。整个村落以南北券门为起点、东西券门为边界点，形成在南北向的主要街道骨架上生长出东西向巷弄的鱼骨状结构（图6-4-13）。这种横平竖直的"棋盘式"布局，街道与建筑布置大

图6-4-12　固新村北券门及三教殿

北券门
太庙
东券门
老爷庙
西券门
洞阳观
南券门

图6-4-13　固新村鱼骨状结构

多较为规整，且大部分建筑采用了坐北朝南的方位建造（图6-4-14）。

固新村的街道与胡同大多都较为规则，只有少数几条胡同是依地形而呈弯曲形延伸。现存的固新村南北长约500米、东西宽约350米，主街文明中街宽约4米左右，能满足当时的运输及商贸的需求。现在主街两侧尚保存有传统的商业店铺，店铺建筑的墙面之上尚保留有

拴马石环，均是李唐时期留下的文化印记。在主街两侧每隔一段距离便有一处岔路口，连接东西向的巷弄，其中东西古券门便分别位于固新二巷和万和巷中。此外，还有育英巷和年薪胡同等重要的横向交通。主街与巷弄的连接处有相对宽大的场地，形成或大或小的空间节点。通向各居住院落的巷弄宽约2米，较为狭窄，有的巷弄建有坊门或二层过街楼，有利于标识与防御。位于

图6-4-14 固新村"棋盘式"街巷布局

东侧的巷弄一般均连接主街与省道，采用了水泥硬化的铺地，公共性与可达性更佳。西侧的巷弄大多数为断头土路，宽度最窄，多在1.5米左右，通向村民居所。村内交通干支分明，具有封闭性和开放性双重属性，内部空间呈现断而不死的路网结构。对外交通具有强烈的开放性。由于村落东侧省道202的修建通行，村落的空间聚集中心由内部转向东侧边缘，原有的文明中街的商业行为移至省道两侧，村落传统的空间形态结构特点正在逐渐消失（图6-4-15）。

在村中主街和横向巷道的交接地带具有较大的场地，通常会出现小广场、石碾、井台、大树等公共空间，这种节点空间作为村落的交通枢纽连接着村落的各个部分，同时也是村民的公共活动中心。此外，除了这种街道转角空间所构成的节点之外，村内的一些文化建筑如洞阳观（元代）、大庙等与东南西北四道古券门也是构成村落结构的重要空间节点。重修于清代的南券门规模最大、等级最高，高大石砌台基上建歇山楼屋，从内部可登临防御。村落的西券门向西衔接山坡、向东连接堡内，既有山体汇水通向清漳河的建设要求，也有向高处防御的建设要求，故在西券门拱门石东西两面分别刻有"乡西屏翰"和"万壑通津"，点明了券门的功用。券门之上建有供奉真武大帝的庙宇，为三开间硬山建

图6-4-15 固新村沿街商业建筑

图6-4-16 固新村中戏台

筑，其上正脊饰有琉璃宝瓶，其下石砌券门雕刻古朴。东券门曾是四券门中最华丽的一座，在"文革"时期遭到破坏，现只存遗址。

固新镇庙宇文化深厚，镇内的庙宇建筑多达数十处。庙宇类型，既有供奉传统宗教的土地庙、观音阁等，又有供奉地方守护神的龙王庙。而且有庙宇的地方必有戏台，所以庙宇建筑在供奉神祇的同时，又承担了大量的民间事务和活动（图6-4-16）。这些都反映出古镇当时较高的经济发展水平、独特的社会信仰与民间组织管理体系。位于村西南处有一所洞阳观，因其二里处西山上有一洞曰：朝阳洞，相传为吕洞宾休息之所，为彰显洞、观一脉相承，得名"洞阳观"。该观始建于元代，为一进三院式的建筑群体，坐北朝南，布局有序。现遗存有前后二殿，有院墙相连，元末太行山区建筑风格。二殿均为三开间，前殿体量稍大，木柱有明显收分，斗拱构件体量大，洞阳观殿内地面明显低于周围，内杂物较多，破败不堪。位于古槐西侧约80米处还有一所龙王庙，现存基本完整。

（三）民居建造

村中的民居有单层的建筑，也有两层的楼居，既有

形态规整的居住院落、庙宇和商业店铺，也有随形附建的仓储等设施建筑，村中商业店铺为整开间的木板门相对开放，居住建筑则或砖墙或土墙相对封闭。由于居住人口以老年人居多，作为老年活动中心的清代楼居鲜有使用，村中民居建筑因缺乏维修使用而衰败。

固新村内的民居建筑普遍为院落式，主要有独院式、两组庭院式和多进多跨院落等几种形式。居住类建筑坐北朝南，商业店铺则沿南北向大街而开门朝向东西。固新村的这种院落模式大小介于地广人稀的东北地区的大型院落和南方人员密集的小型院落之间，庭院分布均匀整齐，固新村内独院式的民居院落占地一般来说南北长15～24米，东西宽12～18米，具体大小按照固新村街道规划的情况来看。四合院的形式多为"两甩袖"形式，即从上往下看的平面机构呈现出明显的"凹"形，左右边对称为"袖"，两侧的"袖"分别向正房顶出一进或者半进空间，但其结构上仍旧保持一个整体性，就好像是正房向前伸出了两口袖子（图6-4-17）。由于院落面积不大，为避免受气味干扰，固新村的民居院落中没有厕所，厕所均建在院外，却仍有使用不便的弊端，并在一定程度上影响了街道环境。

由于所处气候原因，多为硬山顶的固新村民居屋面

图6-4-17　固新村民居建筑群

荷载较大，通常采用的是能承受较大荷载的以木质梁柱抬梁式为承重结构，在墙体和屋顶的围护结构建造上则因经济状况和材料而多样，有的经济条件较好的人家全部用青砖砌筑墙体，有的墙体外部采用砖砌，内部填充黄泥河麦秸等混合物，这种墙体外观美观，且保温性能良好，造价也相对较低。还有的墙体下部采用砖砌，勒脚以上部位用黄泥加麦秸夯实。多数贫穷人家基本上还是全部采用夯土墙，固新村内留存的该类型的民居基本已经无人居住（图6-4-18）。民居屋顶形式有扁平拱和人字形坡屋面，其上覆盖材料也有压土、石板、青瓦和筒瓦等，屋面的覆瓦方式也有多种。商业店铺建筑较

为高大、用材和装饰较好，随着时代的变迁多有变化，有分隔改造、加层翻建、材料置换等方式。

门楼设计体现着一个建筑的"身份地位"，固新村传统民居的门楼遗留下来的大多数为蛮子门，基本都由门框、门扇、门头板、门簪、门槛、余塞板、腰枋等部件构成，门槛和门头板都有加固槛框的作用。门槛高约为200毫米，门头板上通常有精美的雕刻。许多村内人家也有采用等级较低的如意门，几乎没有雕刻的图案，做工简洁。此外，固新村内还有少许拱形券门，门脸上方用砖起拱，这种做法与古券门的石砌做法相似。某些院内建筑窗户也有些采用这种拱券的形式（图6-4-19）。

图6-4-18　固新村民居建筑夯土墙体

图6-4-19　固新村民居建筑大门

固新村居民所居住的楼房中使用了多种多样的传统木雕刻艺术，木雕的精致与细腻的雕刻设计符合当时人们的审美需求。屋内梁头斗拱、门窗隔扇均使用木头制作。额枋、雀替、花罩、垂柱、屏风、梁枋与垂花门等结构构件做工精细讲究，题材丰富，技巧多变，质朴随

和，寓意深刻，一般以梅、菊、牡丹、兰、竹、松等植物和喜鹊、鹿等吉祥物为题材，具有一定的观赏价值和研究价值，反映出该地区的民俗民风。此外，固新村内也有少数石雕出现在建筑基石和大门的抱鼓石上，纹样内容丰富。

第五节　堡寨村落

堡寨村落为保护聚居人群与财产安全的民堡。聚居人群处在社会动荡的环境之中，为求自保而非为保护地区而营造。在具体的建造上，则表现为高度重视村落的防御功能和防御设施。这类堡寨村落在河北的多个地区均有建设，其最重要的防御设施——护村堡墙，既有石材建造，也有生土建造，并呈现出不同的村落结构形态和建造方式。

石材建构的堡寨村落在冀西太行山中有建设和保存，太行山腹地由于地处偏僻，历史上就是躲避战乱的族群聚居的场所，其营造目的多是为了隔绝外部的家族自保，

有落难富户家族所建的堡寨、有啸聚山林人群所建的堡寨等。太行山区的石材堡寨村落，多选址于有泉水出露的半封闭沟峪地形中，在围绕村址的山岭之上以石材建造寨墙，设寨门和门口以便于瞭望与守卫。这类堡寨村落顺应沟峪地形进行建设，建设规模由村址用地界定，村落为不规则的空间结构与形态，石材建构的寨门雄浑厚重，成为村落的标识。生土建构的堡寨村落在冀西北有较多的建设和保存，由于蔚县地处农牧交错地带，不稳定的社会环境以及劫掠事件的发生，使得沿交通商道的民堡均建有封闭和高大的夯土堡墙，以保护聚居人群和往来行商的安

全。这类堡寨村落普遍建设规模不大，多为街巷空间和村落形态规整的方形或矩形民堡，在商业繁荣和集聚人群规模大的地方，则建设由多个堡寨组成的村落簇群。

一、英谈村

（一）地区生境

英谈村就坐落于太行山东麓的深山腹地，距今已有600多年的历史。由于太行山邢台区段自古为兵家必争之地，战略地位极其重要，而英谈古寨原是唐朝黄巢义军留下的营盘，到明永乐年间山西一路姓大户举家来此落户，现存建筑多为清代咸丰时所建，最终形成了这一处经典的明清建筑群（图6-5-1）。古寨随岁月流逝，原来的营盘在乡民口中传承至今取用了其谐音便成了今天的英谈。英谈采集女娲山中石，凿石柱栋、揭板覆宇，筑村寨、筑民居。在英谈村，最具有特色的则是村寨的建筑材料——红色石英砂岩，完全采用当地石材的村寨、民居更是其精华所在。

在地区自然环境方面，28亿年前太行山地区淹没在海水之下，沉积了大量的碎屑岩、含铁硅质岩以及盐酸盐底层。而在距今18亿年的吕梁运动以后，地壳进入差异升降阶段，区内古老的地层普遍遭受褶皱、变质，并伴随有断裂和石英岩脉的侵入，太行山才逐渐开始从海底抬升。在新生代时期，喜马拉雅运动使太行山强烈隆起，华北平原地区则产生相对下沉，经过数百万年的锤炼，终于形成了南北向绵延四百多公里的太行山脉。造山运动使得太行山与大平原之间发生断裂，形成东陡西缓的地貌特征，我国地势分为三个阶梯，而太行山东部陡峭连接第三阶梯中的华北平原，西部平缓连接第二阶梯中的山西高原，直接构成了我国整体地形三级台地中第二阶梯与第三阶梯东缘的地理分界线。

山体地层由下至上分别为：古老变质岩、红色嶂石岩、白色石灰岩、黑色含煤层、中生代岩层和新生代黄土（图6-5-2）。其中第二层"红色嶂石岩"形成于元古界长城系，为沉积的变质红色石英砂岩，与白色石灰岩相比，石质更坚硬，其色彩及纹理也更加漂亮。由于其石质坚硬且层薄，常被用作为建筑材料和铺砌的板材。红色嶂石岩出露地表的部分，主要集中在河北平山县以南的太行山区段。以其特有的岩石色彩以及岩层较薄的特点，形成了太行山"百里赤壁，万丈红绫"的独特景观，并命名为"嶂石岩地貌"（图6-5-3）。嶂石岩地貌属于砂岩沉积地貌类型，以深海相的石英砂沉积岩为主，质地非常坚硬，不易风化、腐蚀。嶂石岩的这些特点为其成为良好的建筑材料打下了坚实基础，也由此造就了"红色英谈"的奇景。

河北太行山区位于华北平原的西部，既属于华北平原和黄土高原的交叉地带，又是中西部地区的过渡地带。由于太行山体上部的土层相对瘠薄，低矮的灌木茂密丛生而高大的乔木则相对较少，使得在建造材料中木材资源相对匮乏，而石质资源极其丰沛。英谈村所在地区拥有丰富的石料资源，其中以红色嶂石岩为主。沉积的嶂石岩具有石质坚硬及层薄的特点，便于揭劈成平整

图6-5-1 英谈村村落环境

图6-5-2 太行山石质山体形态及资源

图6-5-3 太行山嶂石岩地貌

的岩板，因其易于开采和加工而普遍用于村寨、民居的建造。另外岩石层面上具有独特的雪浪和泥裂等表面纹理，更显示石材的精致美观，在自然界中这种沉积构造景观并不易于见到，但在英谈村所处的太行山这一段嶂石岩地貌发育地区却几乎随处可见，其形成过程可以说并不比化石的形成更容易，正如同历经重重磨难才得以流传的古老艺术珍品，并成为当地居民争相用于村寨、民居建造中的珍贵材料（图6-5-4）。

（二）堡寨建造

英谈村位于太行山东麓深山区山崖下的坡地中段，地势相对较为平缓，比较适合于民居建造，其选址主体坐落于朝南的阳坡，周边三侧山体围绕，南面有太行山

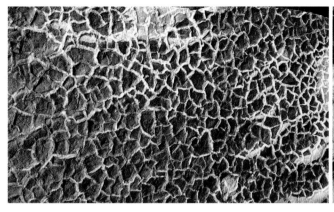

图6-5-4　泥裂岩表面纹理形态

奇峰雾子垴、和尚垴紧紧包围，东侧有溪流流经。整个山场万余亩，古树参天，枝繁叶茂，环境秀美宜人。

英谈村于2007年被列为中国第三批历史文化名村，并有"江北第一古石寨"之称。目前传统的古建筑规模有4500平方米，院落67座，均保存完好。整个村寨由3个自然村组成，分为东庄、前庄和后庄，整个村寨沿山麓和山间冲沟两侧展开，依山而建、随形而造、层叠错落，因地形而造就的民居建筑千姿百态，具有典型的古太行建筑风格（图6-5-5）。寨旁有稍许梯田可供耕作，375亩土地是全寨175户、643口人主要进行耕作的耕地面积，寨内则因水土条件相对优越而有高大落叶乔木耸立，使得村寨掩映在绿树之中，也被很多人赞美为"世外桃源"。英谈村所处地理位置地势险要，在选择建筑用地时已尽量选择较为平坦的地理位置，但作为山地建筑仍然受地形影响较大，也借由山势形成了村寨层层错落的独特景观以及石材建筑堆叠的厚重感（图6-5-6）。

太行山所在地区自古用兵占险频繁，邢台地区战略地位则更加重要，可称其为"兵家必争之地"，英谈村基址便是唐朝时期黄巢军起义留下的营盘。因此，出于护族和防御的需要，英谈村以石块砌筑起高大寨门和寨墙以护卫全寨67座院落。现存的石筑寨门、寨墙和民居建筑最早可以追溯到600年前的明永乐年间，

相传这一时期山西一路姓家族来此地安家落户，就地取材，以石筑寨。在这一时期，此地村寨仍然十分注重防御功能，而石材可以很好地发挥其作为防御性建筑材料的优势（图6-5-7）。英谈村的寨墙，可称得上中国保存最为完整的寨墙，后英谈的寨墙宽3米，高低错落，最高处可达10余米，寨墙也随地势起伏，巧于因借，与山势、民居相生而建，蜿蜒变化。整个寨墙设有四门，其中以石块砌筑的东寨门最为高大且门板厚实，寨门之上建有寨楼，寨楼旁建有护卫院落，以充分发挥其防御功能。因此，英谈村的诞生及其结构空间、防御体系的形成均与其复杂的历史背景有着直接的对应关联。

英谈村的空间格局由山势影响而形成，为适应地形而形成了东西长、南北窄的带状形态，地势平坦的中间地区建筑建造密集，地形起伏变化的地区建筑则成散点状布置，且各区域建筑均随山地等高线走势进行布置（图6-5-8）。由此便也形成了村寨内随山地走势变化的道路格局，根据地势变化、居民的生活习惯以及受到东侧溪流走向的影响，形成了英谈所特有的一种多级街巷制道路体系，整体呈树枝状分布，其骨架道路贯通整个村寨沿东西向展开，顺着地形高低起伏、贯通寨门，跨越冲沟小溪处建有石桥，以斜坡、踏道连接巷道和院门，若干条支路小巷分散进入各建筑群中，小巷之间又

图6-5-5 英谈村民居建筑群

图6-5-6 英谈村街巷及民居建筑

图6-5-7 英谈村石砌寨门

图6-5-8 英谈村村内空间及设施建造

有东西向道路连通，方便了居民的日常活动，构成完整的道路网（图6-5-9）。

道路以石板、石块铺砌。骨架道路作为人行的主要通道，宽度为2~3米；小巷最窄处只有0.8米，宽处也不足2米，均以红色石英砂岩板铺路。沿路侧及石桥两侧砌筑有石质坐凳，可供居民活动与休憩；与道路相连的大高差踏道处砌筑石质栏板挡墙，以利于通行的方便与安全；在溪流冲沟两侧以青色和红色石块砌筑挡土墙，来保证使用的安全性。建筑在布局时因受地势条件的限制多做退让、扭转，形成不规则的街巷景观及空间院落，并依据不同的高差以石板铺砌出公共交往空间（图6-5-10）。

（三）民居建造

传统民居建筑作为外界自然环境与人文生活需求相互作用的产物，具有其独特的地域性特征。英谈村的建筑作为太行山脉典型的传统民居聚落，拥有着自身独特的魅力，整个村寨内的建筑依基地的起伏而层叠建造，远观村寨，错落有致，形成了山地石筑民居的独特形态，其民居建筑有单层也有楼居，有独立民居也有合院民居，不同的建筑类型正是受到当地复杂地势与居民不同生活习惯的影响而成（图6-5-11），如路姓家族后期分为三支四堂，分别为贵和堂、汝霖堂、德和堂及中和堂，且每座院落都有其独特的作用及意义。

在整个太行山区段的大环境下，民居建造就地取材，围护部分均为石材砌筑，有石砌窑洞、木柱石筑等多种类型。墙体为嶂石岩石块砌筑，石材颜色大多为红色，直接采自于村寨周边山体，通过切割加工成为建筑材料以供筑墙使用，石材砌筑墙体以毛石为基础，厚度一般为500~600毫米。屋顶大多为坡度平缓的双坡面板，以表面带有"雪浪"纹理的嶂石岩板覆盖，由此建筑呈现通体红色的独特样貌。

传统民居的建造手法由于受到外界环境因素与主观人为因素的影响，会产生很大的不同，与现代建筑固定的几种建造手法相比，传统民居在建造手法上则显现出了更具魅力的多样性，而所谓"没有建筑师的建筑"其迷人的地方也许就在于，每家每户抑或每位工匠在进行营造活动的当时都具备相当的独特性，或在整体建造手法上的区别，或在细节处理上的不同。而英谈村内的民居虽同为石材砌筑，但细分下来也有多种建造方式，形成了形式多样的建筑景观，如粗犷的石块墙体可以有粗制垒砌和精致叠砌之分（图6-5-12），有通体石块的砌筑，也有与山体巨石相衔接的石块砌筑之分（图6-5-13）；窗洞和门洞的发券有半圆与弧形之分，有单层石块与双层石块之分，窗过平梁依据洞口的大小，则有木梁和石梁之分，营造手法丰富多样。

村寨和民居整体以石材为主要建筑材料，且通体为红色，风貌雄浑壮阔，但处处可见建造者的精细匠心。街巷旁水井嵌入石壁并发券形成遮蔽空间，其中之一便是村内奇观"一滴泉"，所谓"一滴"是指水是一滴滴流出，但却绵绵不绝，贯穿四季，相传此井已流了600年之久；屋顶以红石岩板铺砌，大块石板铺在下部，沿屋面坡度方向错缝搭接，在另一方向上，为阻隔雨水渗漏，以尺寸较小石板覆盖大块石板间的缝隙（图6-5-14）；

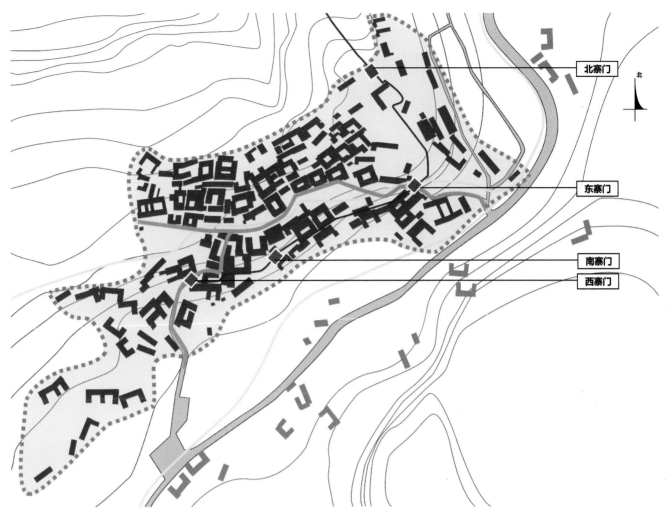

北寨门

东寨门

南寨门
西寨门

北

图6-5-9　英谈村空间结构

图6-5-10　英谈村街巷空间

图6-5-11　英谈村主街空间

图6-5-12　英谈村石块叠砌墙体

图6-5-13　英谈村与山石相接的石块砌筑

图6-5-14　英谈村民居屋顶构造

村内一处具有祈福意义的石影壁别具特色，由一块天然龟背石打造而成，龟背石高2米、宽1.4米、厚0.5米，龟背石正反面均为波浪形纹理，极为罕见，而村民则利用这种泥裂石独特的纹理，构建院内影壁墙。英谈民居古朴自然，饱含山地自然建筑特色，村寨内随处可见石碾、石磨、石臼和石灶台等生活设施，一派以地骨打造的人间聚落。

二、水涧子堡

（一）地区生境

水涧双堡位于河北省蔚县的南留庄镇，村落周边疏林开阔的农田，黄土台地之上、树林掩隐之中，涧水双堡比肩而立（图6-5-15）。水涧子堡由清乾隆年间刘姓家族定居于此而建，西南临一条泉水沟涧而得名，后随着家族人口规模的增长而增建寨堡，逐渐于沟涧的东西岸形成相互眺望的水东堡和水西堡。

作为"燕云十六州"之一的蔚州，地处冀西北山间盆地南部，张家口地区的最南端。北与阳原县相接，东邻涿鹿县，西接山西的广灵县辖太行山西北麓的黄土地区，农耕与游牧生产方式并存，该地区控恒山余脉与燕山山脉的交汇处，地形复杂，地势由西南向东北倾斜，扼守中原地区的北部边界。蔚县所在地区属东亚大陆性季风气候中的温带亚干旱区气候类型。温度较低，寒暑变化较为剧烈；降水较少，雨量分布不均；垂直的气候特征明显，气候差异相对较大。

南留庄镇处于蔚县西北部，四周因远山绵延及丘陵环绕而形成开阔的盆地，区内自古贸易商道发达，贯通南北并连接东西。地势平坦、黄土地貌发育，加之土地肥沃、水源充足，黄土沟谷间和溪流旁绿树成荫，从而形成了优美宜人自然环境（图6-5-16）。大片的黄土台塬之上农田开阔，适宜粟子和玉米等作物的种植；田间林带藏风纳气，适宜人群生产生活聚居。为保护商道、

（a）

（b）

图6-5-15　水涧子堡形态

图6-5-16 南留庄镇自然环境

聚居和驿站的安全，村民修建堡寨，这些堡寨聚落大多为规则形平面，具有很强的防御功能。

（二）堡寨建造

水涧子堡坐落于裂隙地形的台地之上，由于受地形限制较小，边界清晰、轮廓方正、轴线明显、民居整齐。两个方正的寨堡均由高大的夯土堡墙加以护卫，高耸的堡门周边寺院、戏楼等环峙，堡墙之内民居、商铺、客店和货栈等建筑林立（图6-5-17）。水涧子堡是我国北方典型的堡寨型村落。庙宇、宗祠、戏台与民居是村中不同性质的建筑，其中民居是村庄公共建筑依存

图6-5-17 水西堡聚落形态

的主体，反映了聚落的基本布局和建筑特点，而戏台、寺庙和宗祠等公共建筑联系在一起，体现堡寨聚落的文化精神。它们是自然和社会因素共同影响的产物，反映了居民的社会文化生活。

1. 水涧子堡之水东堡

东北角紧临干涸溪沟的水东堡建设较早，规模也较小，平面形态规整，为生土夯筑残高4米左右的堡墙所围绕。水东堡东西宽120米、南北长110米，堡墙之内的街巷除贯穿南北的主街外，东面有三条街巷，西面有两条街巷，堡内主街两侧房舍院落和小街对称排列建造。水东堡为蔚县地区典型的寨堡形制，即因防御的需要只开设南门，而不建北堡门，正对南堡门建设有一条南北向主街，直至北端的真武庙高台之下。因真武大帝主镇北方，北建真武庙，希望可以借助神力防御来自北边的侵扰。

在水东寨堡的南墙正中建有砖拱券结构的南城门，上题"水涧子堡"四字，其墙上建有门楼，采用硬山顶，面阔三间，其南向为文昌阁、北向为魁星阁，门楼两侧建悬山顶的钟、鼓二楼（图6-5-18）。堡门外正对建有观音庙与龙王庙共同组成的院落；东部有财神、老爷和马王三神庙；西部建戏台建筑，坐西朝东，与三神庙相向而视。这些庙宇虽十分陈旧，但雕梁画栋间，仍可看出当年的富丽堂皇、气势不凡。堡寨四面建筑围合出堡门外的公共空间，加强了堡门处的防卫功能。

在寨堡北墙正中建有雕刻精美的真武庙，真武庙的台基与堡墙等高，是蔚县城堡所遵守的通例（图6-5-19）。其正殿面阔一间，平面呈"凸"字形，凌驾于城堡内所有的住宅建筑之上，具有统治地位。真武庙分前、后两个台地，正门前有七步台阶，台阶之上为一道院门，进入院门后陡然升起31级台阶，高台加直跑的阶梯烘托出其雄伟的气势。建筑的规格与装饰细节都较为讲究，屋顶木构件、木雕砖刻都是具有代表性的古建筑精品。站在真武庙内，可纵览堡内的古民居院落，凝聚了历史的印记。

作为具有防御功能的堡门与堡墙是保证村民安全的防线和必备构筑物。堡墙为夯土筑成，墙体有数米厚，但经过多年的风雨侵蚀，水东堡原有的夯土堡墙已部分坍塌，北部区域除重修过的真武庙之外，多数民居建筑已破败、院落荒芜、杂草丛生。除南堡门处重修过的几个寺庙外，戏台建筑已荒废、壁画装饰等已剥落，堡内主街西北角处的民居院落也已墙倒屋塌。整个寨堡内为

图6-5-18 水东堡南堡门

图6-5-19 水东堡真武庙

图6-5-20 水东堡民居建筑

数不多存留下来的民居建筑均大门紧锁，难见村民的活动（图6-5-20）。

2. 水涧子堡之水西堡

水东堡以西180米的水西堡建设年代稍晚，为清嘉庆年间两堡合并所建，规模较水东堡稍大，占地40多亩，东西宽140米、南北长180米，堡墙呈规则的矩形且已残破。街巷布局为三横一竖，南北堡门间建设一条大街，主街之上建设有东西走向的三条小巷，城堡内的住宅被这些街巷划分成规整的六片，形成布局整齐的街巷（图6-5-21）。在蔚县的村落古堡中，大都南门建有一组庙宇群，北面不设门而建真武庙，其原因有两个：一是当地风俗是供奉玄武大帝，北面要建玉皇阁或真武庙；二是兵匪多来自于北面，建在城墙之上的真武庙可观敌、防御、指挥，与堡门楼的作用一致。水西堡由于风水好，而不遵循此例，形成不同于蔚县其他寨堡的"穿心堡"形制。

水西堡堡门墙体自下至上略有收分，整体比例匀称，气势宏伟，厚重又不失精巧（图6-5-22）。堡门外侧砖壁上雕有门簪现已毁坏，在门楣之下，中部的砖壁向内收进，呈纵向长方形，增加了立面层次，削弱了建筑的重量感，且与下部的券洞门形成方与圆

的对比，使堡门在整体上形成了很好的造型效果。堡门装饰的复杂程度主要取决于堡内居民的经济实力，装饰的风格则反映了当地居民的文化程度和艺术审美观念。各种各样的砖雕建筑构件以及多样化的装饰纹样，大大增加了堡门的艺术性和观赏性，成为当地村落的象征性构筑物，是当地地域历史文化遗产中不可或缺的一部分。

同样题有"水涧子堡"的南堡门之上建有一座合用城楼，南向为文昌阁、北向为观音殿，城楼的形式为砖墙构建的一正两耳硬山形式的建筑类型。堡门楼及其附属的单体建筑构架均采用木结构，屋面为灰色砖砌的清水脊，在屋面的正脊两端设正吻，垂脊上还有兽状形式的装饰构件。在建筑的柱和额枋上绘制了油漆彩画，殿内也装饰了壁画，在门楼的墀头处有细致的木头雕刻，墩台的上段采用砖砌的十字透花女儿墙，其细部设计精美。堡门之外正对着三开间的戏台建筑，坐南朝北，形成砖砌券门处的入口空间，作为通道供人通行（图6-5-23）。而北面的堡墙，开辟了一座北城门，在高大的券门之上建有赐福、赦罪和解厄的三官庙，又称天官、地官、水官，供奉尧舜禹，是一座带有前廊的三开间硬山顶建筑。正对着北堡门外建有关帝庙，为一座三合院。这些建筑在一条南北轴线上，相对而建，遥相呼应，不仅在空间上加强了防御功能，也在精神上表达出护佑家族的愿望，意为如此建堡，寨堡才能躲避灾难，兴旺发达。

（三）堡内建筑

水西堡南北堡门及其门外的戏台与关帝庙已经过重修，寨堡内尚保存有几处形制较为完整的民居院落和入口门楼，其中董家大院、吴俊大院、吴家连环院、赵万大院为村中特色民居建筑。董家大院保存得稍好，为当年的武举人董国安建造。院落整体布局完整，除了气派的门楼、宽敞的院落之外，董家大院的门口装饰彰显着

图6-5-21 水西堡街巷

图6-5-22 水西堡南堡门

图6-5-23 水西堡南堡门外戏台

图6-5-24 水西堡民居建筑

这个百年老宅的无限荣光。

现存民居院落大多以两进院落或小型套院为主，格局通常为院落南侧或东南侧设院落大门，门楼一般为硬山。正房屋顶形式多为卷棚。由于冀西北地区气候干燥，降雨量较少，当地居民就地取材，以黄土和秸秆为原料，砌筑有当地特色的土坯房。虽装饰较少，但仍具有自身特色，注重对建筑重要部件：屋脊、门窗、挑檐、照壁等的重点设计，并利用当地建筑材料的特点，民居形式多样。使用原材料建造民居，给人朴素自然的感觉，充分体现了劳动人民的农耕智慧与几千年来的历史文化传统。但因土坯房耐久性较差，大都经不起常年的风吹雨蚀。随着时间的推移，民居院落部分已自行改造翻建，以砖砌墙体替代夯土围护结构（6-5-24）；部分民居建筑因年久失修而破败，民居建筑构件破损严重，墙体不完整，屋顶瓦片不全，屋脊破碎，有些门窗已被换掉，失去了原有的面貌；堡内西北区域的民居院落已因荒废而大部分垮塌。

三、前上营村

（一）地区生境

前上营村位于河北省蔚县吉家庄镇（图6-5-25），此地东靠太行山西侧，地势由东侧高高隆起的山峰，急剧向西北方向倾斜。作为京西古道西出太行山，并连接山间河谷平原的农耕地带，有着扼守商贸孔道和守护农耕聚落的区位需求。该地区因山间汇水溪流的冲积而沟壑纵横、黄土层深厚，特殊的区位环境和地貌类型为黄土堡寨的建造提供了条件。

在地球历史上的更新世（洪积世），桑干河上游阳泉盆地的泥河湾地区为一片湖泊，由于环境条件优越、周边森林资源丰富，因此很早就有了人类在此生产生活。蔚县的吉家庄镇北临泥河湾，吉家庄镇的前上营村其周边也有着石器时期人类活动的痕迹，其堡寨的北面与后上营村之间存有旧石器时代远古人类打制石器、捕猎就餐的遗址，说明此地在人们聚居劳作上有着悠久的历史。据《蔚县地名资料汇编》[1]记载，明代洪武年间，为抵御北元的侵扰，朝廷在村址的台地北坡上建立军营驻守当地并扼制西面进京的交通道路，明代所立的军营起名为"前营"，现该地点建村即以此命名为"前上营村"，夯土所筑军堡的结构和堡墙、马面等保存的状况基本完整。

前上营村所在的蔚县吉家庄镇位于山前洪积平原上，周边的环境因雨水的切割而形成纵横沟壑的黄土台塬，台塬上的土地相对平整，为可供耕作的农田（图6-5-26）。前上营村选址的河川与丘陵交汇地区，夏季炎热，降雨量集中且较为充沛。壶流河的支流定安河自东部山区汇水而成，自东向西北蜿蜒流入壶流河，再转向东北汇入桑干河，河流切割台塬造就了两岸可供耕作的平整农田。该地区的水资源相对充沛加之地

---

① 河北省蔚县地名办公室. 蔚县地名资料汇编[M]. 张家口：张家口地区印刷厂，1984.

图6-5-25　前上营村区位图

图6-5-26　前上营村外部环境

接东西方向的交通孔道，人们在结合土地资源开展农业耕作的基础上，聚居繁衍并筑堡寨加以护卫，由此形成了夯土堡寨聚落的建造形态。

由于所在的地区黄土层深厚，且土质的黏性较好，加之数万年的风霜雨水切割，形成了台、塬、墚、峁、沟地貌类型发育的状况，为堡寨的建造提供了良好的选址条件和充足的生土材料。前上营村选址于台塬平面之上，以当地随处可取的生土为原材料夯筑堡墙，使得堡寨与凸起的峁包及沟壁浑然一体，近可扼守沟壑底部的通行道路，远可俯瞰台塬之上的原野农田。在台、塬、墚、峁、沟几种地貌类型中，由于塬顶的面积相对较大，顶部也相对平坦，所以塬上通常成为当地人们从事农耕生产的主要地带。前上营村所在地区种植的农作物多为玉米，现有村落的经济条件不算优越，但台塬上和河谷平地上尚有较大面积的种植。

（二）堡寨建造

堡寨是抵御外来侵扰劫掠、确保聚居地安全的一种聚落建造形式，即利用高大厚实的夯土墙体围合出对外封闭的聚落空间。夯土堡墙在建造上从下而上有明显的收分，以形成稳定的梯形土台，在堡墙上设置凸出的马面和堡门出入口。相较于社会环境比较稳定的乡村聚落，堡寨聚落的建造侧重体现出明显的防御目的性，以及对敌方心理产生较大的震慑作用。明代中叶及后期，蔚县由于地处农牧的交错带，是蒙古与明朝军队交战的前线地带，为了避免战事的侵扰而修建了大量的堡寨。蔚县境内既有军堡，也有民堡，为了保护商贸交通堡寨的建设，形成了蔚县"村村皆堡"的村落建设状况。前上营村也是出于此种原因而建造了堡寨。

前上营村平面呈东西向略长的矩形，堡寨外围为生土夯筑的堡墙，堡墙上现存高低不同的凸出夯土敌台七座，堡寨的入口设在东部的堡墙中部，如今已坍塌成为缺口。堡墙的建造与地势结合甚好，堡墙夯筑于凸起的

峁包之上，北侧堡墙与自然地形连成整体，与北侧沟底形成高达十多米的落差。堡寨的南侧堡墙夯筑在凸起的台地之上，使得堡墙呈现出上下两级的形态，在历经长期的风雨侵蚀后显现出当时建造的痕迹（图6-5-27）。

出于建造稳固堡墙和防御的需要，前上营村堡寨的敌台基本都由黄土夯筑而成，有作为堡墙转折处加固的角台，也有凸出堡墙的马面，其上均无建筑遗存的痕迹。高耸的夯土高台环堡寨一周，也因风雨侵蚀作用而残破、坍塌，其上长满荒草，或高或矮的土台兀立于朔风之中，与沟壑对面的后上营堡寨夹峙着沟谷，扼守着其下的通行道路（图6-5-28）。

图6-5-27 前上营村夯土敌台

图6-5-28 前上营村夯土高台

前上营村堡寨内部街巷空间结构清晰，主体街道呈"十"字形结构，东西走向的街道连接起坐北朝南的民居院落（图6-5-29）。堡寨中的民居院落自北向南建有四排，民居院落之间的次级街巷连接在骨架结构上，形成棋盘状的街巷网络，形成"一街几巷"的布局形态。村内的民居建筑有夯土与乱石混合、土坯砖与乱石混合，也有局部包砖与土坯混合砌筑的多种房屋建造方式，加之夯土矮墙围合出院落，院墙上开设有重点装饰的独立大门，构成了堡寨内民居建造的基本样式。

（三）民居建造

前上营村的民居建筑普遍为院落式，其典型布局为门、院、屋三部分串联组成，这种传统布局方式沿南北方向延续、沿东西方向并立，形成了整个村落的民居模式。堡寨内的院落式民居对应于以家庭为单位的生产生活模式，对应于地块的规模建宅立院以适应堡寨的形态，体现出与建造基地环境之间的对应调适。

民居院落内主要的居所（正房）坐北朝南以解决朝阳问题，根据建设用地的规模大小采取两侧或一侧建厢房的方式，正房的高度高于厢房，南向坎墙之上开窗以解决室内采光和通风的需求。民居建筑的正房多为三开间的双坡顶，两侧厢房为朝向院内的单坡屋顶，院墙之上单独设门屋作为出入口（图6-5-30），紧靠院墙搭建的小屋用来储存器物。经济条件相对富裕的家庭由于用地面积较大，会建造东西厢房以及南房（倒座）齐全

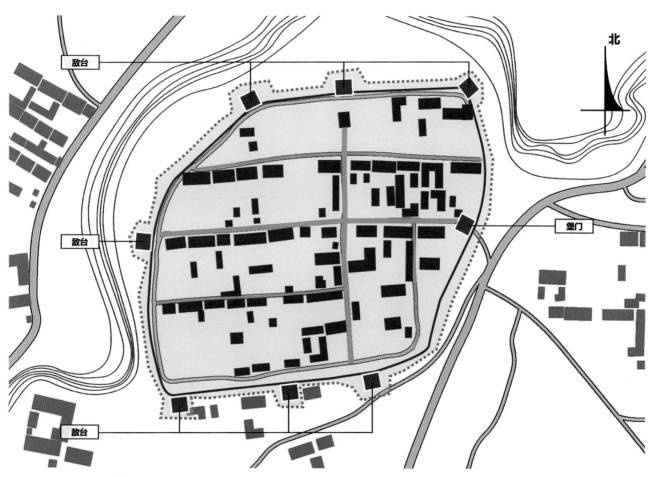

图6-5-29 前上营村街巷系统

图6-5-30 前上营村民居建筑

图6-5-31 前上营村民居院落

的完整四合院，堡寨中有建筑三边围合和两边围合的院落民居建筑（图6-5-31）。

前上营村民居的建造体现了我国传统民居在建造过程中遵循的"因地制宜，就地取材"的原则，由于地处土层深厚的黄土资源富积地区，其民居建筑的建造均采用生土作为围护结构的材料，主体支撑结构为木质梁柱。以木质梁柱搭建起空间骨架，也有墙体替代木柱的作用支撑梁架的构造方式，即在木柱上或生土山墙上搁置檩条，檩条之上铺椽子，椽上钉木望板或垫草席，其上将黄泥苫背覆盖拍实，最后根据降水量和财力状况选择是否挂瓦，瓦的选择多为仰合瓦。就墙体砌筑而言，有多种建造方式，既有土坯或夯土墙体，又有乱石填充、砖包土坯的砌筑。受限于经济实力和建造能力，民居墙体普遍用土坯砌筑，具体砌筑方式上有水平叠砌和水平搁置加立砌的方式，形成土坯砖在砌筑上的立砌和顺砌之别。由于土坯墙的做法简单且墙体的稳定性偏弱，为抵御雨水对墙体的侵蚀，现存民居建筑及院墙使用青砖或毛石作为基础，其上再用土坯砌筑而成（图6-5-32）。

前上营村内的民居建筑，在墙体和院墙的砌筑上，下层普遍采用砖石砌筑以增加墙体的耐久

图6-5-32 前上营村民居建筑墙体

性，上层采用土坯砖砌筑后外层抹10毫米厚的灰泥（图6-5-33）。灰泥是用农作物的秸秆（一般多选取小麦秸秆）作为拌料与黄泥搅拌而成，以增加灰泥在墙体上的附着力。经济条件稍好的家庭，在民居建筑的建造上有砖包土坯墙的做法，俗称"里生外熟"或"里软外硬"。因为建筑墙体的外表皮采用了比土坯砖更为坚固的烧结青砖，不用担心墙体稳定性和耐久性的问题，所以在砌筑的过程中更能发挥出人的主观能动性，各种立砌顺砌的砌筑方式也增加了民居外立面肌理的丰富

图6-5-33　前上营村民居建筑院墙及大门

图6-5-34　前上营村民居建筑内院

性（图6-5-34）。民居在立面建造上多选用木门、木窗，现存民居建筑中支撑外檐的木柱，多为抵御出檐的下垂而后期增加的支撑。民居建筑的木窗分为上下两部分，上部木窗蒙纸，下部装玻璃。开启扇设置在上部，一般外装纱窗以遮挡蚊蝇进入。窗下坎墙的做法同山墙做法，内置土坯砖，外抹灰泥。室内的设施建造沿袭中国北方地区的土炕，有烧炕的烟道埋入墙体，达到充分利用烧柴温度，保持室内居住舒适度的目的。

第六节　戍堡村落

因军事防御以及地区管理的目的而建造的村落，除了省域北部长城沿线的军事防御聚落外，在蔚县还有沿壶流河和跨区域交通商道而建设的聚落，这类纯粹为军事防御而建的戍堡，多为明代初年所造并有着独特的形态。间隔而建的军事防御戍堡的选址，均位于临近河道的黄土台塬上，多在戍堡外配建屯田生活的堡子，而戍堡为满足战时之需内部少有房屋建设，相较于生活居住的堡寨而言，戍堡的夯土堡墙要高大厚实得多。为承担地区管理功能而建的戍堡，则在戍堡内有较多的建设，如管理机构的建筑、居住生活院落、宗教信仰的场所等，正是由于处在社会环境不稳定的冀西北地区，聚落的建设尤其注重防卫功能以及防御设施的配置，如可以追溯到战国时期的开阳堡，就是这种管理一地、镇守一方的戍堡。

一、开阳堡

（一）地区生境

开阳堡所在的阳原县地处河北省域西北部，位于恒山余脉和燕山山脉缺口处的阳原盆地，是华北平原与北部蒙古高原的过渡地带。阳原盆地北靠熊耳山，南临六棱山，是典型的盆岭构造地貌。发源于山西宁武的恢河与发源于山西左云的源子河在朔州汇聚成桑干河，自西向东流入河北省并横贯阳原地区全境，也由此形成了阳原地区"两山夹一川"的地形地貌特征（图6-6-1）。开阳堡位于阳原县城东南方向约25公里处，处在阳原盆地南部边缘隆起的台地之上，台地四周丘陵地形蜿蜒起伏、高低错落。桑干河位于整个古堡北侧，同时也构成了开阳堡北侧的天然屏障，古堡南面紧临现已干涸的

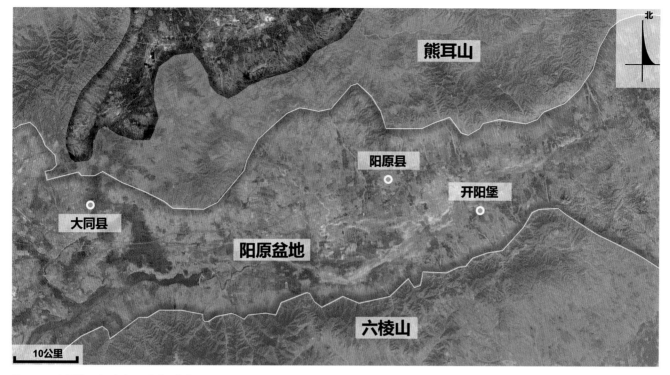

图6-6-1 阳原地区"两山夹一川"地形地貌

桑干河支流——海洼沟。古堡周围环境形成了河水南北
夹流和丘陵四周环绕的局势，也构成了开阳堡扼守于农
耕与游牧区域交汇地带的态势（图6-6-2）。开阳堡处
在中国旧石器时代遗址分布较为集中的泥河湾。泥河湾
地区具有丰富的旧石器时期人类活动遗址群和动植物化
石群，且至今已发现了200多处，有我国北方最早的古
人类遗址——小长梁东谷坨，也是东方人类文化的起源
和演变之地。在这些遗址中也出土了大量的石制品和动
物骨骼化石，对研究该地区地质地貌、自然环境、石制
品和动物骨骼石等方面有着重要价值。

　　开阳堡所在的地点有着悠久的建城历史，早在春
秋时期中山国灭亡之后，古堡的所在地便成为战国时期
赵国代郡的安阳邑，并在随后的发展中逐渐兴起，赵武
灵王封已废太子赵章为代郡安阳君，后赵章因不满被废
而发动沙丘宫变，随着赵章的败北被杀，安阳邑逐渐衰
落。此后的汉朝东安阳县、北魏高柳郡安阳县也均治于

图6-6-2 开阳堡周边环境

此。作为阳原地区有明确记载最古老的地方，当地流传
着"先有开阳堡，后有阳原城"一说。开阳堡再次兴盛
于唐代，因商业贸易而繁荣，城内一派店铺林立、商贾
云集之景，现存开阳堡的规模形制也是以唐代修建为基
础发展而来。北宋和明朝时的阳原县成为中原农耕民族

与北方游牧民族冲突和战争的前沿，连绵的战事对当地经济产生较大破坏，导致森林大量被砍伐、水源枯竭，生态系统也由此发生了较大的改变，开阳堡因此由盛转衰，商业低迷，集市废弃，逐渐成了荒寂、败落的村庄。

（二）戍堡建造

开阳堡的选址遵循负阴抱阳、背山面水的村落建设原则，整个古堡定址于向阳的山坡高台之上，周边丘陵环抱、河水绕流，造就了良好的自然生态微观地理环境。古堡周边环绕有数个隆起的土丘，北侧高台状如龟背，南侧圆形土包如龟首，并伸向前边的溪流呈喝水状，北侧高台与南侧土包之间有一条平缓台地形如龟脖，高台左右各有一向前伸出的半岛形台地如一对前爪，在龟背的后侧建造砖塔，石塔充当龟后爪，形成了"龟灵探水"的风水格局，这种风水格局寓意将堡寨庇护于神灵保佑之下。整个开阳堡东西宽约350米，南北长约200米，堡墙依地形坡势而筑，紧贴台塬的边界，堡墙墙体就地取材，用当地的白垩土与黄疆土搅拌夯筑而成（图6-6-3），或由石块垒砌而成（图6-6-4），或块石包土砌筑而成（图6-6-5）。堡墙经过近千年的风沙侵蚀，已如同天然的土山塬壁，与周围的山丘相互融合，使得整个堡寨呈现出苍凉雄浑的形态气质。

开阳堡的街巷结构与传统的以南北主干道为中轴线的结构格局不同，没有直接连通城门的"十"字形大街。整个堡寨遵循了易经八卦的思想，并依据"九宫八卦"的阵势，使主要道路呈现"井"字形结构。开阳堡以两条较为对称的南北主街巷和两条东西街巷构成堡寨内的主要道路骨架，并与沿堡墙内一圈的顺城街巷相衔接，将堡内街块划分成九个组团，称为"九宫街"。这分割出的九个街区按照"后天八卦"的卦形，按顺时针布局设置次要街巷。街区按照八卦卦形"乾三连""坤六断""离中虚"等模式，将街巷设置成相互连通或断开的形式。开阳堡的居住区域主要分布在堡寨的中部和

图6-6-3 开阳堡外部龙王庙遗存

图6-6-4 开阳堡石块垒砌堡墙

图6-6-5 开阳堡堡墙下窑洞民居

南部，堡寨内的公共活动区域主要分布在堡门处和堡内的宗教寺庙等公共建筑附近，堡门前玉皇阁、弥勒佛殿、戏台和关帝庙围合成供人们听戏和生活交流空间，也是开展礼乐文化教育和活动的场所，堡内的寺庙建筑也较为集中地形成了若干公共区域，并分布在街区之外（图6-6-6）。

开阳堡处在内蒙古草原和华北腹地的交接区域，同时也是游牧文明和农耕文明的交错地带，既是两者之间的连接通道又是争夺的地区，因此开阳堡具有十分重要的战略价值，使得堡寨的建设也更多地着眼于安全防御问题。堡寨所处的地势特点决定了其"北向防御"和"南向联系"的战略需要，所以整个开阳堡东、西、北三侧的堡墙不设城门，仅在南侧堡墙的正中部位开设一出入的堡门，使得堡寨具有很强的对外封闭特征和军事防御功能。开阳堡门洞为石条砌筑成拱券形，堡门之上以条石和青砖垒筑，券洞外门框由长短不同的弧形石块间隔砌成，券洞内门框由小块石料砌成，券门下道路铺装已被行人车马踏得光滑如镜（图6-6-7），入口道路通过顺城路与堡内骨架街巷相连。开阳堡门楼之上建有供奉

图6-6-6　开阳堡街巷空间结构

图6-6-7 开阳堡堡门券洞

图6-6-8 开阳堡堡门外弥勒佛殿

图6-6-9 开阳堡堡门外的"瓮城意象"

玉皇大帝神像的玉皇阁，既具有宗教信仰的功能又具有军事防御功能；此外，堡寨的堡门外虽无瓮城的建设，但堡门左右两侧对称分布关公庙和戏台与堡门之外正对的弥勒佛殿（图6-6-8）共同压缩了堡门外空间，三者与堡门处的围合空间构成了瓮城的实际功效（图6-6-9）。由此可见，堡寨内的居民将军事防御与宗教信仰结合在一起，将物质上的安全措施与精神上的安全寄托在堡门处的建造上。

由于开阳堡具有十分重要的战略地位，所以堡寨堡墙的建设侧重其防御功能。堡墙墙高8~10米，墙基宽5~8米，堡墙的建设充分依靠地形环境，利用选址处的高台侧壁作为堡墙的基础，并经过人工修整，同时堡寨的南、西、东三面堡墙均紧邻天然沟壑，使得堡墙与沟壑融为一体。堡墙的建设充分发挥了有利地形

并高出地面数米，以便可以居高临下获得良好视角和防御位置，依靠着台塬地形的天然屏障强化了聚落空间内外领域的分隔（图6-6-10）。另外，堡墙上建有外凸的角墩和马面共16个，堡墙上聚集的角墩和马面既扩大了用于防御的打击面，同时也加固了夯土堡墙（图6-6-11）。如今开阳堡东堡墙部分坍塌，南堡墙更是大部分损坏，只有西堡墙高大完整，气势巍峨。

道教思想对开阳堡的建设有较大影响，整个堡寨虽然规模不大，最初却修建有17座宗教庙宇建筑，这些庙宇不但寄托了堡内居民的宗教情感，同时也成为堡寨内重要的活动场所和空间节点。开阳堡堡门区域的公共建筑群体是整个堡寨精神与文化的代表，共同构成了堡寨的精神空间节点，其中最具标志性和影响力的是堡门之上的玉皇阁。玉皇阁是堡内保存较为完整的唐代建

图6-6-10　开阳堡堡墙所处地势

图6-6-11　开阳堡堡墙马面

筑，同时也是堡寨的制高点，虽然玉皇阁的建筑构件与雕饰壁画等均已破败，但从其建筑的形制和规模依旧可以感觉到其恢宏的气势。此外沿堡寨堡墙也分布有重要的宗教庙宇建筑，东堡大街南端尽头与南堡墙交汇处建有泰山庙，其北端尽头与北堡墙交汇处建有玄帝庙，两座建筑南北遥相呼应。堡寨的东堡墙正中设有突出且类似瓮城形制的围合空间，内设三官庙并寓以"紫气东来"的美好寄托。三官庙正对堡内东西向街道，并与街市中心的乐楼形成对景，乐楼居于堡寨中心偏东，也使堡寨的居住中心移向东部。泰山庙院、阎罗殿、潮汐寺和僧侣居住区等建筑集中分布在靠近北堡墙的寺庙建筑群。

除了古堡内的主要公共建筑外，古堡外的四周也有卫星式环绕的建筑物或构筑物。在距离堡墙不远处的西北角和东北角建有充当"灵龟探水后爪"的黑塔和白塔，东南处和西南处的水口建有龙王庙。庙宇和塔具有象征性，加强了村落的领域感，同时四者形成的虚空间构成了堡寨的软性界定，也构成了堡寨人工环境与所处自然环境之间的过渡。

（三）堡内建筑

开阳堡中的民居普遍为明清时期建造的合院建筑，

图6-6-12　开阳堡堡寨民居建筑

合院形态构成了整个寨堡内的建成环境肌理。堡内民居基本由一进、两进的四合院或三合院组成，合院民居的宅基地多为长方形，且东西窄、南北长。四合院院落中轴线明显，正房坐中，倒座相对，两侧厢房对称分布。正房一般坐北朝南，房屋低矮，开间多为三间，且为"一堂两屋"的布局形式。三合院民居建筑大多将四合院一侧的厢房由院墙代替，其余与四合院的建设无异（图6-6-12）。

民居单体建筑形态多为平缓的双坡卷棚顶或单坡顶，少部分民居为平顶的窑洞（图6-6-13）。对于合院民居来说，正房一般为级别较低的缓坡屋顶，等级较高

图6-6-13 开阳堡窑洞民居

（a）乱石砌筑　　　　（b）夯土砌筑

（c）土石混合砌筑　　　（d）砖包土坯砌筑

图6-6-14 开阳堡民居建筑砌筑方式

图6-6-15 开阳堡玉皇阁

的房屋采用卷棚式硬山屋顶。倒座房与厢房一般采用单坡屋顶，且坡屋顶从檐口开始起坡直至院墙顶部，倒座与厢房采用单坡屋顶的做法不仅出于等级上的考虑，它还使得院墙高度等于倒座房和厢房的屋脊高度，而不是后檐檩的高度，对于该地区所处的重要军事位置来说有很好的防御性。

除堡寨内少量的生土窑洞外，堡内民居建筑的承重结构均为木质梁柱，级别较高的建筑采用可承受较大荷载的抬梁式结构，同时作为围护结构的墙体与木梁柱共同承担屋顶荷载。围护结构的建造方式多种多样，而建造方式大多取决于对建造材料的选择，开阳堡所在地区广泛分布栗褐土、草甸土等生土材料，并可加工成土坯和夯土等建筑材料，此外青砖和小型石材也是当地常用的建筑材料。这些材料使得当地民居建筑有乱石砌筑、夯土砌筑、土石混合砌筑和砖包土坯砌筑等多种建造方式（图6-6-14）。

开阳堡中在建造规格上等级较高的是宗教寺庙等文化精神功能建筑，其支撑结构的梁柱用料粗大、屋顶高耸、墙面规整。现存较为完整的寺庙建筑为堡门处建筑群和玄帝庙。高居堡门之上的玉皇阁尤为特殊，始建唐代的玉皇阁于清代同治年间重修，但保留了原有的唐代建筑风格。玉皇阁面阔三开间，南立面设置落地的门窗，其余三面皆为实墙，整个墙体由青砖砌成并砌筑在异形石质柱础之上。玉皇阁整个建筑高7米左右，为单檐歇山式屋顶，屋面上覆盖绿色琉璃瓦片（图6-6-15）。屋顶用四层斗栱悬挑出檐，加上四角硕大的翘角飞檐，使建筑整体保持雄浑气势。檐下斗栱造型精美，尤其是四角斗栱外伸昂被雕刻成象头和象鼻（图6-6-16），每一朵斗栱、昂、枋都自成图案，形态生动精美，这种装饰在中国古代建筑中少有。堡门外的其余三座建筑也规格较高，墙体以青砖包砌土坯砖而成：弥勒佛殿面阔三间，硬山式屋顶，为砖木混合式结构；关帝庙面阔一间，硬山式屋顶，

图6-6-16 开阳堡玉皇阁斗栱雕刻

图6-6-17 开阳堡玄帝庙

建筑以石砌筑台基；戏台面阔三间，为卷棚式硬山屋顶。玄帝庙坐落在高台之上，抬梁式木构架，面阔三间，为硬山式屋顶，其围护结构由青砖砌成，但屋脊与部分墙体受风雨侵蚀，已残缺不全，殿内部分木结构朱漆和部分壁画也已残败（图6-6-17）。玄帝庙外西侧，立有大明嘉靖三年"大明国万全都司开阳庄创立玄帝宫碑"，但碑身下侧根部残损严重，呈现如单脚独立的状态。

堡寨内建筑虽都已破败，但仍能从保存稍好的建筑中看出装饰风格和审美趣味。开阳堡中民居建筑常见的建筑装饰为砖雕，且主要集中在规格较高的民居建筑山墙和屋脊处。山墙之上的装饰一般集中在山墙顶部，雕饰带有象征意义的图案（图6-6-18）。屋顶之上的屋脊和屋檐处的瓦当是屋顶的主要装饰部件，运用人物、走兽、花鸟、神话传说等事物为装饰题材，创造出图形与吉祥寓意相结合的艺术形式。开阳堡寺庙建筑的壁画彩绘是其一大装饰特色，虽然经过长期岁月的侵蚀，依然能从墙壁上残存的壁画看出其精美之处。玉皇阁额枋、雀替、斗栱用鎏金彩绘装饰，室内墙壁用工笔线描的手法绘以神仙故事题材的彩色壁画尚可见（图6-6-19）。堡寨外关帝庙和堡寨内阎王殿的墙壁上饰有云纹钟乳泥塑，模拟仙境洞窟

图6-6-18 开阳堡民居建筑装饰

的模样，殿内墙上彩绘以木雕、砖雕形成浓墨重彩、金碧辉煌的立体图案，可以看出建造时当地的富庶和建造者对建筑和空间形式美的追求。

二、西大坪

壶流河自西向东北贯通蔚县县域，汇集高原丘陵山岭与黄土台塬上的众多河流，使得河流两侧平原相对肥沃，易于耕作和放牧并顺河流形成商道。西大坪堡位于蔚县西合营镇西临壶流河的黄土台塬之上，是明代驻扎军队把守要塞和商道的重要军堡，为戍守和生产生活

寨堡的组合建设，反映出明代戍堡屯垦守卫的状态。为加强戍守堡寨的防御功能，西大坪选址坐落在壶流河东岸高高隆起的台塬上，是蔚县规模最大且保存状态较为完好的戍堡，扼守着沿河水陆通道已有600余年（图6-6-20）。西大坪军堡的西堡平面呈不规则的三角形，其东侧与西北侧的堡墙平直，南侧堡墙为弧形，与壁立凸出的黄土台塬（四十里平台）自然地形浑然一体（图6-6-21）。

西大坪堡由西和东两部分组成，堡墙均为黄土夯筑（图6-6-22）。西堡内没有建筑房屋，为战时防御使用。西堡西侧的堡墙形态完整，为便于观察瞭望，于台塬崖壁之上的西侧堡墙留出豁口，南侧堡墙上留有券形门门洞便于与东堡的人员往来。东堡的方形堡墙已较多坍塌，其北侧和西侧残存的堡墙兀立，西南角尚存几段房屋残墙，下有已经坍塌的地道孔洞，东侧有龙王庙和戏台。戍堡出于军事防御的目的，故黄土夯筑的堡墙厚且高大，相较凸出于崖壁上的三角形西堡而言，东部的堡墙较薄和较矮，故状态较为残破（图6-6-23）。西堡虽面积不大但夯筑的堡墙高大厚实、筑版宽大，留出供通行的券门洞仅宽1米、厚达5米，门外一块不大的台地连接土墩踏步的小道，现券门洞下门道已被风雨侵蚀而坍塌（图6-6-24）。

图6-6-19　开阳堡玉皇阁殿内彩绘装饰

图6-6-20　西大坪军堡及周边环境

图6-6-21　西大坪军堡形态

图6-6-22　西大坪军堡外营房夯土墙遗存

图6-6-23　西大坪军堡外夯土墙遗存

图6-6-24　西大坪军堡入口门洞

三、小枣堡

小枣堡位于蔚县西合营镇西临壶流河的黄土台塬（四十里平台）之上，是明代驻扎军队把守要塞和商道的军堡，坐落于沿壶流河东侧台地的最北端，现为残存堡墙的遗址，是蔚县众多明代军事戍堡的典型保存状态（图6-6-25）。小枣堡东邻任家庄村，南与北大坪、西大坪接壤，其西是南北走向壶流河水路和沿河商道，商道北连张家口、宣化、大同，南通蔚县县城、保定、石家庄，小枣堡是扼守交通方便的要冲（图6-6-26）。

小枣军堡建在凸出黄土台塬的崖壁上，戍堡南侧和西侧分别临冲沟和壶流河谷，北侧和东侧为开阔的台塬平面。小枣军堡平面为规则的方形寨堡，堡墙现已坍塌成残垣断壁，四向的堡墙均存有遗迹，其中南部的残墙与冲沟崖壁浑然一体，军堡东北角的堡墙残高约6米。小枣堡的墙体均为黄土夯打版筑而成，其中南侧堡墙顺着南边的冲沟形态蜿蜒曲折，岁月的打磨加上风雨的侵蚀使得堡墙残破坍塌成数个独立的墩台形态（图6-6-27）。北侧堡墙和堡中部的夯土墙体较为平直，其中堡墙已坍塌成数段但残墙尚高，中部的分隔堡墙残高较低但较为连贯（图6-6-28），墙间的空地较为平坦，尚存种植玉米的痕迹。小枣堡北侧堡墙下除了存有一处房屋的夯土残墙外，尚存有两孔残破的窑洞，拱形窑洞内部有三层的草泥抹灰层，窑洞之间开设有门洞从而将独立的空间串联起来。窑洞顶部的黄土层厚约50厘米，顶部已大部坍塌，其上荒草遍布；窑洞内部与外部在北侧堡墙下，存留有挖掘作为储物之用的地窖（图6-6-29、图6-6-30）。

图6-6-25　小枣堡及周边环境

图6-6-26　小枣堡堡墙遗存

图6-6-27　小枣堡堡墙墩台

图6-6-28　小枣堡堡内夯土墙

图6-6-29　小枣堡堡墙下窑洞

图6-6-30　小枣堡堡墙窑洞内部

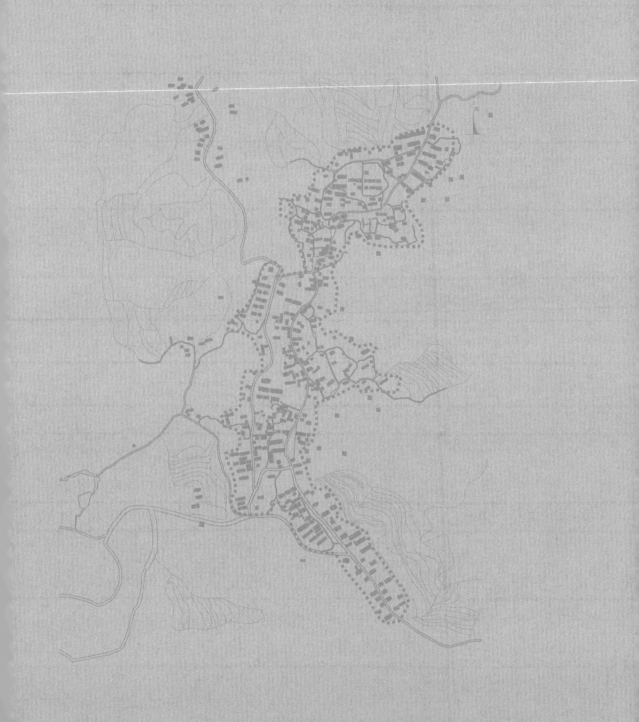

传统聚落的营造因人群生产生活的聚居而产生，顺自然地形而肇基和生长，其物质空间是人群聚居方式在地表上的投影，反映出自然要素的构造状态以及人群组织的构造状态。传统聚落在物质空间上，不仅仅是传统民居建筑或院落的集合建造，更是有着特定规则的集聚建造，其规则源于地区及村址的自然环境构造、聚居人群的社会组织构造。自然资源所构成的"人地关系"生境和社会组织所构成的"人群关系"生境，构建起了聚落建造的群体规则，并在群体规则下形成了民居的单体建造；而另一方面，民居单体的持续建造也形成了聚落的群体生长。

乡村聚落相较于城镇聚落，其空间建造与村址自然环境、聚居人群组织的对应联系最为明显直接，故更能反映出自然和人文两种生境对传统聚落空间建造规则的影响作用，如人地关系和人群关系的生境共同作用于聚落的空间结构规则，聚落所在的自然环境更多地作用于聚落建造的形态，聚落内人群的数量更多地作用于聚落建造的规模。聚居家庭汇集成聚落人群、民居建筑集合成乡村聚落的物质空间建造，体现出自然要素构造和社会组织构造的作用，聚落在物质空间方面的结构与规模

生长，是自然要素构造和社会组织构造转化为聚落建造规则的结果。建造规则成为聚居人群秉持的共识，聚落内民居建筑与院落等均遵循规则而建，从而形成了由众多单体建造凝结出的群体建构。由此，聚落的物质空间就有了其独特的构成内涵，即聚落形态超越了民居建筑形态的集合，使得建造规则落实在营造上而成为聚落层面的群体特征。

就对传统聚落空间的认知而言，从群体到单体是由外部环境进入聚落的感知秩序，由远及近、由表及里的感知过程，将聚落群体到民居单体连接成一个连贯的整体，一个物质空间感知尺度的连贯整体。由远及近是从感知聚落群体的势到感知聚落群体的形的过程，由表及里是感知聚落内部街巷空间尺度、街巷空间界面、民居院落形制、单体建筑形态、建造材料和装饰纹理等一系列的空间感知渐进过程。对传统聚落的空间感知过程，即是从聚落群体到民居单体的空间建构过程，涉及聚落群体层面的形与势；涉及聚落群体层面直至民居单体层面的地区原型及其形变；涉及聚落群体层面直至民居单体层面的空间和实体尺度；涉及单体建造所使用的材料以及由材料生成的形态。

第一节　随势出形

早在先秦诸子百家中，就有对事物"形"与"势"的论述，"形""势"二者既相辅相成又有所区别，"形"偏重于指向单体的形状，"势"则偏重于指向群体的态势。就聚落形态的构成尺度而言，可分为"形"与"势"两个层面，即"近为形"和"远为势"，"千尺为势，百尺为形"是传统聚落在物质空间上的建构呈现和感知状态，体现出从聚落整体到建筑组群之间的连贯形象。传统聚落在物质空间形态上由一系列不同尺度的实

体形象构成，构成了尺度层级连贯的组合状态，聚落外部第一层次的形象来源于远观，即聚落形态所呈现出来的"势"。聚落远观的整体"势"由其内部民居建筑集聚建设所构成，即通过单体建筑小尺度形象的组合，构成聚落外部的大尺度整体形象。这种聚落层面独有的整体"势"，反映出聚居人群的组织状态和所处微地形的环境构造状态。

聚落建造起始于对选址的远观近察，通过对聚落

基址地形环境的走向态势、用地朝向等的选择，构想出聚落整体格局的"势"，并通过民居建筑"形"的集合营建逐步实现。"势"作为传统聚落整体的态势，在山地环境中的乡村聚落上体现得尤为明显，这类基址原本就有独特的山势地形，加之乡村聚落"自下而上"生长建造的方式，使得物质空间与山地态势之间相互融合。民居建筑的"形"作为聚落物质空间的基本单元，其依据基底的地形地势所进行的集合和组合，构成了聚落的整体态势，也就由此形成了超越民居建筑单体尺度之上的聚落之"势"。

聚落群体的"势"与民居单体的"形"，在建造上存在紧密且不可分割的关联，表现为相生相寓的关系。如班固在《汉书·艺文志》中所言，"形法者，大举九州之势，以立城郭室舍形"①。单纯从群体"势"和单体"形"在建造上论，均离不开聚落基址的自然地形，即聚落群体与基址整体的"面状"地形关联紧密，而民居单体与基址内部的"点状"地形关联紧密，从而构成了群体与单体之间的建设规则。

群体与单体不仅在聚落基址范围内有着密不可分的关系，在物质空间形态上更有着密不可分的相互成就关系，即"随势出形"构成了从群体到单体的建造；"积形成势"构成了从单体到群体的建造。由于聚落基址对物质空间营造有着明显且至关重要的作用，地形起伏变化的基址因其有形有势，使得建造的"随势出形"和"积形成势"，在山地聚落中显得尤为明显。

另一方面，群体与单体在建设上的关联，映射出了聚居人群和家庭单元的社会组织状态，人群的聚居规模、聚居模式等投射成为聚落群体的"势"；家庭的人口规模、生活方式等转化成为民居单体的"形"。因为聚落的整体反映出聚居人群之间的社会组织关系，从而使得人群聚居的规则和样式，呈现为聚落的群体与民居的单体在尺度和建构上的差异。聚居人群的社会结构与

聚落基址的地形结构叠加作用，使得聚落群体呈现出来的"势"大不同于民居单体形态，不仅包含着单体建筑的四向立面和第五立面的屋顶，更营造出聚落的"第六立面"，即远观而获得的聚落群体之"势"。

一、聚落对应选址形态

无论是乡村聚落还是城镇聚落的建设，皆成因于人群的集聚与定居，这两种类型的聚落反映出来的人地关系以及人群之间的社会关系有着很大的区别。相较而言，传统的乡村聚落所反映出来的人地关系和社会关系更为单纯且直接，即乡村聚落的格局在实体与空间的建造形态上，更为直接地反映出蕴含在其中的人地关系和社会关系。

各地的传统乡村聚落，其建造目的都是在自然环境中寻求安全的人群庇护场所，因而均将自然环境条件的制约与影响转换成为聚落选址的建造基础，从而构成了传统乡村聚落与所处微地形环境相对应且紧密结合的状态（图7-1-1）。乡村聚落在建造之始，就将基址的自然环境作为聚落安全格局的依托，即所处地点的自然环境形态塑造了聚落的"远势近形"。有山水要素围合且相对封闭的微地形环境，如开口小而中腹宽的"壶状"山麓台地，通常是乡村聚落理想的选址地点，聚落亦因选址地点的微地形而建立其规模、构成其形势（图7-1-2）。

建立在农耕经济基础之上的乡村聚落，其集聚定居的选址无论是依据原始巫术，还是依据堪舆术，均以不占用农业生产资源——农田，作为聚落建造所遵循的基本原则。由此，传统乡村聚落选址在临近耕作农田的山坡台地上，是各个地区乡村聚落普遍采取的建造方式。正因为农耕经济是尽可能利用自然禀赋而非改造环境，不论是农业生产还是商业手工业的乡村聚落，其建设与

① （东汉）班固. 汉书. 卷三十. 艺文志.

图7-1-1 路罗镇桃树坪村形态

图7-1-2　渐凹村台地村落（图片来源：丁玉琦 拍摄）

选址所处的自然环境条件有着紧密的对应匹配，并将建设地点微地形的自然环境构造体现在聚落态势之上。

　　传统乡村聚落与选址微地形之间存在着密切的对应关联，大致可分为四个方面：规模关联、结构关联、边界关联和场地关联。规模关联表现为耕作农田的规模确定了聚落的人口规模、选址的基底用地规模确定了聚落的建造规模；结构关联表现为聚落选址中河流走向和地形起伏形态确定了聚落物质空间的态势；边界关联表现为聚落选址范围内，自然要素的转换地带确定了聚落物质空间的边界；场地关联表现为聚落选址范围内，规模稍大和相对平坦的用地是聚落的中心，以公共活动场地或是重要建筑的建设地点，统领聚落群体物质空间的形势。基于以上诸多方面的紧密对应关联，基址微地形的自然地形特征，投射在聚落的建造形态之上，造就了聚落建造与自然环境形态对应融合的形势。而聚落选址所处地点的微地形，与其周边的自然环境均为连贯的整体，选址地点的微地形特征来源于地段自然地表的态势特征，如山坡的隆起、山体的绵延、沟壑的走向和河流的弯曲等。聚落坐落于选址微地形中，地点形态处在地段环境之中，聚落群体的"势"必然随着自然环境的态势而产生，选址地点的形态被转化成为聚落的态势特征，形成带有明显地点特征的聚落，如山麓聚落、山顶聚落、沟峪聚落和滨水聚落等（图7-1-3）。

　　聚落群体的物质空间态势特征，顺应选址地点微地形和地形的态势，在山地乡村聚落的建设上显现得尤为突出。聚落的物质形态直接体现出建设基地的自然环境构造状况，即微地形的形势被转换为聚落建造的"第六立面"，成为聚落的四向立面和屋顶"第五立面"外的

（a）山麓聚落——镇边城村

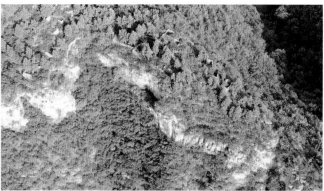

（b）山顶聚落——关防乡岭底村大寨

（c）沟峪聚落——鱼林沟村

（d）滨水聚落——圈头村

图7-1-3　聚落选址特征

基本构成要素。山地聚落选址微地形的高低起伏、基底规模、朝向风向、空间旷奥等，在乡土聚落的建造过程中都经过了审慎的选择、安排和对应建造，从而将微地形的自然形态特征通过人群的建造行为，转化为聚落的外部形态而表现出来。聚落外部形势即物质空间的"第六立面"，并不仅仅表现为二维的天际轮廓线，其更是将选址处的场地规模和体量组合空间关系，一并转换成聚落群体的形势，从而使得聚落呈现出人工营造与自然环境之间的叠加之势（图7-1-4），如河北省沙河市刘石岗乡渐水凹村，坐落在向阳的山坡之上，民居建筑依山就势、层层叠叠的分布建造，与山体地形融为一体，山势构成了村落的整体之势，因而有了"冀南小布达拉"的称谓（图7-1-5）。

在农耕经济社会环境中，河北的传统村落与其他地区的乡土村落一样，均是以适应所在地区的环境条件为立足建设的目标。顺应选址建设地点环境而非大规模地改变地点地形，就成为从聚落群体到民居单体的建造共识，使得人地关系中自然环境的要素，尤其是地形地势就成为聚落空间形态塑造的主导因素。在聚落从无到有的建造过程中，其作为聚居人们主动营造而产生的空间和实体形态，在聚落形态的塑造过程中人文因素也起到了重要的作用，即建设地点微地形的自然环境特征，都会通过建造者的选择而体现在聚落形态之上，也会将人群的组织结构体现在聚落形态之上。传统聚落尤其是处在山地环境中的村落，村落中民居建筑的规模体量、形制格局以及选点分布，建造在村址地势地形的基础之上，使得聚落从整体的"势"与"形"，都体现出地点性自然要素与地区性人文因素的综合作用。

图7-1-4　王硇村聚落形态与环境

图7-1-5　渐水凹村聚落形态与环境

二、民居对应选点形态

传统聚落作为物质空间的群体建造，不仅仅是民居单体建筑所形成的集合建造，而是依据一定集聚规则的集合建造，而这个集聚规则紧密对应于聚居人群的社会组织结构。以家庭为单元的民居建筑，其在聚落村址微地形环境中的建设，不仅体现为民居建筑面积规模的大小、用料规格的高低等方面，还体现在地点位置的选择和用地条件的选择上，而这类的选择则关联着民居建筑的建造家庭，在聚居人群社会组织中的角色和地位。

各地传统聚落中的民居建筑，尤其是在自然经济条件下、在山地环境中，其营造的基本规则均是顺应村址所在的微地形环境，充分利用现有条件，以达到节材的目的；尽量少扰动地形，以达到节劳的目的；选择与家庭规模相匹配的用地进行建设，以达到节用的目的。依据营建的基本规则，与建设地点之间的对应，不仅使得民居建筑能融入村址的自然空间，使得其形态凸显村址环境的起伏和走向的特征，也使得民居单体建筑顺应地点态势而生长出造型，即"随势出形"的建造。

承载着人群公共活动的建筑与承载着家庭生活的民居建筑，在聚落选址中的建设，与传统聚落的类型有着密切关联。在乡村聚落中，宗祠、庙宇和戏台等建筑，普遍建在聚落所在基地的中心位置或门户位置，或坐落在有较大规模空间和较为平整的用地上。而在河北的传统乡村聚落中，庙宇和戏台相较于宗祠，则在建造和形态方面显得重要与突出得多，如井陉县南障城镇大梁江村中的戏台和关帝庙，作为重要的公共建筑，建设在村址用地中的两处形势要点上。尽管这几座公共建筑仍是当地民居的基本空间形式，并且在体量高度、用料规格和细部装饰等方面有其特殊之处，但最为特殊的则体现在其建设选址地点上，即戏台和宗祠处在下街和中街连接处的隆起地块上，为村落用地的中心位置；关帝庙则是在村口券门之上，为村落用地的门户位置。除了公共

建筑之外，民居建筑在村址中的建造位置和用地规模亦有其规则，如邢台市信都区路罗镇的英谈村，路姓家族建设了德和堂、中和堂、汝霖堂与贵和堂，三个家族分支的四个堂号位于村落中的不同位置，但均为规模相对较大且贴临骨架道路的用地，并分别处于分支家族聚居地带的中心。这四座家族堂号的空间规整，其院落和建筑相较于周边民居，具有稍大的建设规模与较高的规格等级，在整体的村落内聚态势上，构成了局部向心的地段建造状态图（图7-1-6、图7-1-7）。

就众多的民居建筑单体而言，作为构成聚落物质空间的基本单元，是聚落形与势的"基调"。在农耕社会的自然经济条件下，由于单个家庭的建造能力有限，在用地的规模、材料的使用以及劳力的付出等方面的节省，成为民居建造的基本诉求。依据节俭和适用的建造方式、家庭的基本生活需要、建设地点的地形起伏走势，成就了民居单体建筑的空间和形态。在传统城镇聚落中，选址地形地势普遍相对平坦，民居单体顺应城镇路网空间的方向建造，随大街小巷的走势建构民居院落的规模形态，也强化了城镇聚落的骨架结构之势，如蔚县的城镇和堡寨及内部的民居院落和建筑单体建造（图7-1-8）。在传统乡村聚落中，民居单体依据家庭定居的先后顺序而择地点建造，村址内各地点的用地规模、方向等均是充分利用的基础。尤其在山地环境中，民居院落普遍顺应地点背靠的坡地走向而建，进行向阳背风地建造调适，使得民居单体将山地起伏变化的态势转化为建造的群体形态，通过众多的单体建筑形成层层叠叠的聚落肌理形态，如太行山里的安子岭村和王金庄村，沿村落地点山坡而建的民居院落和建筑单体建造（图7-1-9、图7-1-10）。

气候条件和地形环境的多样，使得河北省内的民居单体形态也多种多样，既有建于地表之上的坡屋面或平屋面建筑，也有嵌入地形之中的窑洞或窑房混合建筑。但不论民居建筑呈现出何种形态特征，均与聚

图7-1-6　英谈村人群聚居结构示意

图7-1-7　英谈村内聚形态

图7-1-8　西古堡内民居院落规模与形态

图7-1-9　安子岭村民居建筑与聚落肌理

图7-1-10　王金庄村民居建筑与聚落肌理

落选址地形的起伏走向紧密贴合。相较建于地表之上的民居建筑与嵌入地形之中的民居建筑，前者顺应地形条件围合出空间形态，后者融合地形状况获取生活空间，前者通过建筑形态而凸显选点的自然地形，后者通过融入建造而凸显地点的原有形态。在自然经济条件中，无论传统聚落的民居建筑采取何种方式建造，依据聚落的空间结构走向、依据选点地形的起伏走向，是民居建筑单体建造的基本规则，所产生的物质空间必然呈现出"随势出形"的形态。

第二节　原型同构

　　聚落作为因人类活动而建造的物质空间，不仅受到所在区域自然环境条件的影响，更因其作为承载着聚居人群生产生活的场所，而在建造上必然反映出人群的社会组织和状态。不论是城镇聚落还是乡村聚落，聚落的结构与形态都是人群社会的空间投影，是聚居人群在规模、组织、生活等方面的物质空间具象呈现。各地区的自然资源禀赋，构成了人群生产生活的基础，同时也塑造出人们社会组织的理想形态，使得传统聚落的结构和形态，在反映地区自然构造状态外，更凸显出地区的文化构造状态。自然经济条件下，在地区资源上的同构造就了人们对资源的基本利用方式，形成生产生活的地区原型，进而影响人群社会的组织原型，并投射在聚落物质空间形态的建构上。

《墨子》载"舜耕历山，历山之人皆让畔；渔雷泽，雷泽上人皆让居；陶河滨，河滨器皆不苦窳。一年而所居成聚，二年成邑，三年成都。尧乃赐舜衣，与琴，为筑仓廪，予牛羊。"[①]即人群追随舜从事农耕生产而栖居，并获得和养殖牛羊等牲畜，因为生产和生活而建造有用于生活的住屋、粮食的仓房等空间。农耕的生产生活方式构成了人群集居的基础，也因此促成了农耕人群的社会组织方式，同时随着社会和经济的历史进程，而逐渐丰富和细化发展形成了人群的组织原型，如因地缘、血缘、业缘和族缘等所形成的多样化社会组织。即便是同为因农业耕作而聚居的人群，也有着社会组织上不同的特征，如因所处地区耕作条件的不同，南方稻作农业因其生产协作的需要，其人群的社会组织相较北方的旱作农业地区则更加紧密。聚居人群社会组织原型的成型，不仅涉及物质生活还涉及精神生活，就传统村落而言，北方地区人群多以宗教信仰为纽带形成集聚，南方地区人群多以宗族血缘为纽带形成集聚。

聚居人群的社会组织原型，投射在物质空间建造上，亦相应地呈现出聚落上的形态规则，并由此形成了从人群原型到聚落原型的连贯。人群原型反映出社会组织的状况，聚落原型反映出栖居环境建造的理想状态，两者之间在形态上的对应程度，直观地体现出地点的自然构造，也体现出隐匿其中的文化构造力。如城镇聚落和乡村聚落有着很大不同的人群组织形态，在聚落物质空间的原型上亦呈现出很大的不同。即使是同为城镇聚落或同为乡村聚落，其间在形态上的差别，也或显著或精微地反映出人群组织上的特征。

作为构成聚落整体物质空间的基本单元，民居建筑承载着聚居人群中单个家庭的生产和生活，有着所在聚落中普遍的功能构成和典型的空间形态，并由此凝结出对应着典型生活方式和家庭规模的民居建筑原型。民居建筑作为聚落中最为具体的建造，在空间和形式上的原型，既体现出文化层面的影响特征，如功能格局、建造共识和审美装饰等，又显现出物质层面的建造特征，如建筑形式、建造方式和建造材料等。在这其中，民居建筑的原型尤其凸显出物质层面的特征，即所在地区可资利用的建造资源状况，以及由地区建造资源所发展出的营造技术。由地区自然材料和加工技术所建构的民居建筑，其形态则自然带有所在地区的特征，并且必然发展出相应的地区民居原型，从而形成区别于其他地区的民居建筑形态。

无论是城镇聚落还是乡村聚落，在所处地区文化资源和自然资源的双重作用下，形成在人群社会、生产生活、空间建构等诸多方面的类型，并进而凝结成具有明显地区特征的原型。从聚居人们的群体组成到家庭的单体构成、从聚落群体建设到民居单体建造的原型，构成了从聚居到群体再到单体之间三个层面连贯对应，将组织、承载和建设连接成为一个具有地区性的整体。通过结合地区内不同聚居地点及周边的状况，人群原型与聚落建造、聚落原型与结构生长、民居原型与建造调适的三者对应变化，构成了建立在地区原型基础之上丰富多样的聚落特征。这也就是河北省域内传统聚落，既有区别于其他地区的空间形态特征，又拥有地区内部多样化空间形态特征的原因所在。

① （东周）墨子. 墨子 尚贤中.

一、人群原型与建造

自然经济条件下，人群的聚居与地点资源之间存在着直接的对应，即资源的利用方式和利用效率构成了人群聚居的基础，也促成了人群社会组织的建立。人群聚居所依赖的生存基础，既有土地、矿物、山林、溪流和牧草等自然资源，也有商道、区位、地缘和迁移等人文资源，资源的差异成就了人群集聚的类型和规模，并由此形成人群的社会组织。河北省域范围内的人群聚居，既有依托自然资源的，也有依托人文资源的，从而形成了人群区域聚居的自然地理结构特征和人文地理结构特征。在自然资源利用上，以农田生产为基础的人群聚居、以烧窑等手工业制造为基础的人群集聚；在人文资源上，以行政管理为基础的人群聚居、以商业贸易为基础的人群集聚、以军事防御为基础的人群集聚。以自然资源为集聚基础的人群，多聚居分布在冀西太行山地区和冀东冀南的平原地区；以人文资源为集聚基础的人群，多分布在冀北高原地区且多聚居在城镇或城堡内。

明代从地缘政治的角度出发，在冀北高原和太行山修筑长城防御体系，并调集部队军士驻防，所形成的聚居普遍为非血缘和族缘的杂姓人们，而在人群的组织与规模上呈现出军事管理与功能的状态。与因地缘及区位集聚起来的人群相似，因管理和市场职能集聚起来的人群，其构成也普遍为非血缘和族缘的杂姓人们，且为从事多种行业制造和服务的人群，在人群的社会组织上呈现出管理与分工协作的状态。由驻防、管理和服务而集聚起来的人群，在组织上普遍呈现出以个体家庭为单元的状况，即有明确的中心而无明显的层级，均质化是其主要特征。在冀西等地的山区中，借古道的交通便利从事商贸的人们，多为有血缘关系的小家族集聚，人群组织呈现出几个家族共同体的构成状态。因在地理环境和交通上的阻隔，冀西太行山区成为避难人们的迁居之地，如因丢失押运货物而逃避追责的王得才家族、为保存家族血脉而逃入山中的于谦后裔，以这类基础集聚起来的人们，其人群组织依据的是血缘层级，有组织中心和圈层化的特征，但这样的特征也随着家族多代的繁衍而逐渐弱化了（图7-2-1）。

自然经济条件下，依托地区自然资源为最普遍的人们集聚基础，也是个体家庭的生存、生产和栖居最为直接的诉求。以旱作农业耕作为基础集聚起来的人们，以个体家庭为基本生产生活单元，其人群的社会组织普遍呈现出均质分散状态。与依托农田资源的集聚基础相类似，依托矿物等资源进行手工业制造，也是自然经济条件下常见的人们集聚基础，多为以个体手工艺家庭为基本单元，人群的组织呈现出均质分散状态。

从汉代的"编户齐民"至宋代的"保甲制度"，再延续到近代民国的"保甲条例"，均对人们的集聚和定居产生了重要的影响。作为封建王朝长期延续的社会统治手段，保甲制度即以个体家庭（户）为社会组织的基本单元，无论是汉代五户为"伍"、十户为"什"、百户为"里"制度，还是唐宋及后续朝代的调适，在此家庭单元基础上形成了王朝大共同体架构下的垂直组织。由此，使得传统城镇和乡村中集聚的人群，在社会组织持续呈现出细碎分散的状态。尤其是包括河北在内的北方地区，长期临近王朝中心或为京畿地区，集聚于此的人们在血缘或族缘宗法方面的活动不如南方地区繁荣，导致以血缘家族和族缘群体的人群组织并不普遍。如在河北传统村落中集聚的人群，以杂姓居多，村名即使是貌似与姓氏用词相近，也并非依据聚居人群的姓氏而得名，并不意味着与聚居其间多数人群的姓氏之间存在着紧密的关联。

在人群组织上呈分散状态的个体家庭，落到具体地点上的人群集聚，其聚合力主要体现为地点处资

于氏宗祠

全神庙
真武庙
古戏楼

清凉阁

图7-2-1　于家石头村聚居及建造结构

源利用方式的相同或相似、体现为共同宗教信仰的精神生活等。据此，河北省域范围内的传统聚落尤其是乡村聚落，更为明显地体现出集聚人群的社会组织，投射在物质空间形态的建造上，即以个体家庭院落为均质基础单元的多种类型建造。人群组织中个体家庭（户）的基础单元，对应形成了共性的物质空间建造基底；而集聚人群社会组织虽大同小异，但相互之间仍然存在着细微的差异，并形成了物质空间的建造特征。在集聚人群的社会组织投射到物质空间建造上，遵循的基本准则是组织的特征往往是肇始部分，在建造上常常被置于中心或重要的位置。如于家石头村中的宗族祠堂作为血缘家族的起始，建设在村址内向阳

的中心位置，尽管其建设的等级和规模相对不高，但作为人群社会组织的中心，被对应地建设在宽阔的基地上。对应于将人群凝结在一起的宗教信仰，其精神生活的特殊作用，使得承担祭祀作用的寺院建筑及场地，被建设在中心位置或高处，如蔚县堡寨上的三义庙或堡寨内的关帝庙等，在构成聚落物质空间中心的同时，也构成了聚落物质空间中统领民居院落单元的标志形态（图7-2-2）。

二、聚落原型与生长

作为承载人群生产生活的物质空间建造，聚落所呈

图7-2-2 蔚县饮马泉堡真武庙

图7-2-3 广府古城规整的空间结构

现出来的类型特征和结构性特征，源自于集聚人群的社会组织，即人群的组织类型构成了聚落原型的基础，人群组织的多样构成了聚落原型的多样。由于在城镇聚落和乡村聚落中，聚居人群的组织、从业和规模等有较大的不同，从而使得聚落的肇基、结构和形态等均有较大的差异，在大类层面存在着人文结构主导和自然结构主导的差异，在地点层面存在着人群组织和地形结构的组合差异。从而导致城镇聚落与乡村聚落，在物质空间形态上各有其聚落原型、各有其形态特征，也各有其聚落发展生长的方式与呈现状态。

对于传统城镇而言，由于普遍为承载着地区和地段管理、驻防职能的聚落，聚落建设的形制、结构和形态等，有其根据职能和规模等级的相应建设规制，形成民事或军事管理职能居于聚落中部的基本格局。河北省域内的府州城镇，以及冀北地区的堡寨和长城沿线的戍边聚落，均呈现出这样的格局，即城墙或堡墙围合出规整或相对规整的城镇形态，聚落内部的"十"字或"T"字等形道路，营造出有着明显中心结构的聚落空间类型，如永年县的广府古城（图7-2-3），承担行政管理职能的衙署及其广场，构成了被民居院落所围绕的中心空间，构成了中心结构+均质肌理的城镇聚落原型。冀

图7-2-4 作为聚落中心的开阳堡玉皇阁

北高原上的堡寨虽然规模较小，但其空间形制与城镇聚落相似，同为中心结构+均质肌理的聚落原型，如阳原县的开阳堡（图7-2-4、图7-2-5），构成聚落中心结构的是高踞堡门之上的玉皇阁，其下为规整的道路和规模大体相同的民居院落。堡寨和长城戍边聚落与城镇聚落的区别在于，普遍以承载防御功能和精神功能的建筑为中心，而非聚落内部的衙署建筑群。城镇聚落、堡寨和戍边等有中心结构+均质肌理的聚落原型，为有预先谋划的人文结构类型，所形成的物质空间格局及形态的

图7-2-5　开阳堡舒缓的均质肌理

图7-2-6　万全右卫北门外建造

特征，则必然反映出这样的构造状态。

　　随着集聚人口规模的增加，聚落的物质空间相应地生长，所呈现出来的状态也反映出聚落原型的特征。如城镇聚落的空间依据道路结构向外生长，在城门处的外部建设城厢（关厢），在延伸出聚落的道路两侧，建设商业店铺、客栈和居住等功能院落。如张家口市的万全右卫，在其北门外集聚有后续多种功能的建设，原有聚落道路结构的延伸形态，反映出商贸联系的增长方向（图7-2-6）。与城镇聚落有着相似聚落原型的堡寨，在

对应人口规模增加的物质空间生长上，存在同类空间形制建设的方式，即独立的堡寨外再筑独立的堡寨，形成堡寨簇群，随着人口的持续增长，独立堡寨之间的用地被后续建设填充，如蔚县的暖泉镇，因商业的发展兴盛而导致人口的大量增长，在西古堡的东侧建有中小堡，北部建有北官堡，三个堡寨构成了"品"字形的簇群，簇群之间有王敏书院等一系列建设（图7-2-7），构成了大规模的商业集镇（图7-2-8～图7-2-10）。

　　对于传统村落而言，承载人群集聚功能的物质空间

图7-2-7 暖泉镇"品"字形堡寨簇群

建设，受所在地点自然资源和自然地形的影响最为直接，各地区和各地点的资源与地形的多种状态，加之与集聚人群社会组织状态之间的相互叠加，共同构成了乡村聚落在类型上的多样结构形态。受地区历史演进和人口管理制度的影响，河北省域范围内的乡村聚落，多数为多姓人群聚居的村落，虽然其间也有因血缘和族缘而聚居的人群。相较于南方等其他地区而言，河北村落中的血缘宗祠并非物质空间构成的凸显要素，即宗祠的建设规模与周边的民居院落相差不大，在院落形制和建造规格上相较于周边民居略有提升。正因为如此，河北的乡村聚落尤其是太行山中的血缘乡村聚落，在聚落物质空间形态上呈现出弱中心结构+均质肌理的状态。不仅以血缘和族缘人群集聚的村落如此，以多姓人群集聚的村落也呈现出相似的弱中心化均质状态，而这类村落的弱中心空间普遍为寺庙院等承载精神信仰活动的建筑与场所。从生产生活方面看，以农业耕作、手工业制造、商业贸易为人群集聚基础建立起来的村落，构成河北传

图7-2-8 蔚县暖泉镇北宫堡

图7-2-9 蔚县暖泉镇西古堡

图7-2-10 蔚县暖泉镇生境

统乡村聚落的主体部分，在物质空间上普遍以体现村址处地形的自然构造为类型特征。

以农业耕作生产为集聚基础的村落，其聚落原型依托村址处的地形多呈团状，这类坐落在台地或山麓山坡之上的村落，建设在临近周边旱作农地的地块上，如邢台市沙河县的王硇村和大坪村（图7-2-11、图7-2-12）。这类村落多在村中顺应地形，从高到低开掘出多个集水池塘，营造出聚居人群生活和生产灌溉依托的同时，也就构成了村落物质空间形态的核心要素。随着集聚人口的规模增长，农业耕作类村落的物质空间生长，体现为承载家庭生活的民居院落单元的增多，民居院落的建设依村址地形向外呈圈层状展开。以手工业生产为集聚基础的村落，其聚落原型依托村址处的资源分布状况，如烧制陶器的村落多坐落在沿河阶地上，窑址成为聚落物质空间形态的发生点，也是集聚人群的增长点，且普遍分布在聚落的边缘地带（图7-2-13）。以商业贸易为集聚基础的村落，其聚落原型依托区域间的交通孔道或溪流而分布，这类村落多贴临或跨交通道路而建。随着人口规模的增长，村落中的民居院落沿道路呈带状延伸，如邯郸市涉县的固新村（图7-2-14）。

图7-2-11　坐落于台地之上的王硇村

图7-2-12　坐落于台地之上的大坪村

图7-2-13 聚落边缘的古窑遗址

在自然经济条件下，传统聚落的空间建设与人群社会组织、生产方式的关联紧密，在人群的集聚和聚落的持续发展中逐渐凝结定形，并随着聚落地点的变化而呈现出多种的形态和特征。在城镇聚落与乡村聚落中，集聚的人们从来就没有单一的从业方式，普遍有着多种的生产生活方式，既有农业耕作又有商贸贸易就是很典型的聚落职能。由此，在聚落物质空间上也呈现出多种空间类型的组合，如邯郸市涉县的王金庄村中，既集聚有在周边山坡梯田上从事耕作的人群，也有从事于商业运输贸易的人群，村落的形态也随之呈现河谷集聚和商道延伸的组合形态。农业社会中建立起来的传统聚落，由于自然经济推动力的作用，在集聚人群规模增长的时间

图7-2-14 坐落于河谷地带的固新村

进程中，即使聚落空间规模变化较大，但其聚落原型和所呈现出来的特征则相对稳定。这也就是传统聚落，尤其是乡村聚落的实体与空间格局，更能明显地展现出集聚人群之间的社会组织关系、展现出集聚人群的生产生活方式。换句话说，成就聚落原型的是人群原型，即人群的社会组织对独立的单体民居进行组合，建构出聚落的整体空间形态，由此形成了由聚落群体到民居单体之间的连贯建造规则，并在聚落发展进程中持续地显现出其人文结构特征。

三、民居原型与形变

民居建筑或民居院落作为承载集聚人群家庭生活的基本单元，也是构成聚落整体物质空间形态的基本单元。从大的影响因素方面看，民居原型承载着诸如家庭结构、经济状况、生活方式、宗法伦理、信仰审美等众多的内容；而从具体物质形态层面上看，民居建筑即由小家庭或核心家庭的典型生活功能空间构成。当在某一地区集聚的人群，因生产生活方式的相同或相似，而营造有着共同形态构成和特征的民居建筑，就形成了带有地区特征的民居建筑原型。就民居建筑的空间形态而言，从大的地理区域和气候区域来分，有合院民居、天井民居、独栋民居等。河北省所在的北方区域，合院民居为承载家庭生活的典型建筑样式，也由此构成了河北民居的基本原型，而随着省域范围内各地区资源条件的差异，民居院落和建筑的原型亦呈现出地区性的特征。

由于河北省域南北方向上的地理跨度达750公里，使得各地区民居在营建时，需要应对的气候、降雨和日照等诸多条件有较大的不同，加之不同地区的人们在生产生活方式上的差异，从而使得民居呈现出多样化的形态，凝结出各地区的民居原型。冀北高原地区由于地理纬度和海拔较高，基于获取冬季日照和养殖的需要，坝上地区的囫囵院、坝下地区的窑院等民居在建造时，都建有相对宽阔且形态方正的合院。冀西太行山地区由于受到地点环境空间逼仄的影响，山地与丘陵地带的单进院落和窑院、多进院落和连宅院落等民居在建造时，普遍合院规模较小且周边多以二层楼房围合。冀东冀南平原地区由于地理纬度较低，加之平原地区商贸和手工业的发达，前店后宅的布袋院、九门相照院等多进和单进的民居院落在建造时，合院空间普遍在进深方向狭长且多以二层楼房围合。各地区的民居原型及其特征，作为传统聚落中单体民居的建造基础，通过集聚人群的社会组织（软结构）和村址地点的地形环境（硬结构）的共同作用，组合出多种形态的传统聚落，从聚落群体到民居单体呈现出连贯的地区建造特征。

民居的建设本无所谓理念层面的原型，适宜是其营建的最核心原则。民居原型无外乎是从众多民居实态中，归纳出的具有地区特征的抽象形态。而在实际建造中，无论是民居院落还是民居建筑，均是以与使用者家庭相适宜、与所在地点相适宜为目的，亦可视作为在地区民居原型基础上的适应性形变。

民居建筑以"间架"为基本构成单元，其构成的单体形态方正规整；以民居建筑围合出的院落，不论是坊屋四合、三合还是二合，所构成的基本形态同样规整。规整的民居院落依据所处地点的规模、地形、宽窄、朝向等，在具体营造中进行形变调适是必然的选择，由此构建起民居单体建造与地点微地形之间的对应，并进而汇集成聚落群体建造与村址用地环境之间的对应，对应微观环境的建造造就了从民居单体到聚落群体的丰富形态。民居院落和建筑在规模和形制上，除了受到家庭或家族人口规模与经济条件的影响而变化外，受到的最为突出的影响因素是地点的自然条件，地形状况是在建造中需要直接予以应对的因素，这一点在冀西太行山山地环境中的建造上显得尤为突出。山地聚落中，基于自然经济条件下节地、节劳、节材和适宜的营造原则，民居建筑顺应地形并利用地形进行建造，如利用楼层的抬升和降低变化来适应地形、利用上下坡地的组织出入口及道路、利用不规则合院空间组织规整房屋来适应不规则地形等。沙河市刘石岗乡的渐凹村就是这样典型的山地聚落，大大小小且朝向不同的民居院落，贴合着建设地点的地形并形成变化多样的形态，构成了山地聚落的基底，凸显出了寺庙、戏台等规整公共建筑的形态（图7-2-15）。

带有地区特征的民居原型，作为聚落物质空间层面的基本单元，具有地区和地点同构的双重属性。民居原型对应具体地点地形的适应性形变建造，不仅塑造出多样的民居建筑形态，也塑造出丰富的聚落空间形态，构成了从民居单体到聚落群体的形与势。

图7-2-15　渐凹村街巷尺度与界面

第三节　聚貌成风

对城镇和乡村的建成环境而言，"风貌"常被用来描述物质空间呈现的状态和特征，如某一地区的风貌、某一聚落的风貌或传统风貌等。民居院落与建筑的空间形制、形态、色彩、符号装饰和材料肌理等，为构成民居院落单元和民居建筑单体"面貌"的组成因素，"貌"在于表达建成环境中单体物质空间的特征。而与"风"相关的"风格"和"风俗"等词，常被用来描述类型和群体对象的状态，如"风格"被用以描述某类型空间或某地区建造形态的共性特征；"风俗"在物质空间上，被用来表述建造的共识规则或建造的材料技术。在传统聚落这样的建成环境上，风貌原本就是反映从群体到单体之间的连贯构成状态与构成关系，即群体"风"由众多单体"貌"汇聚而成，各地区建成环境的整体形态特征、城镇和乡村的群体形态特征由民居的单体形态特征聚合而来。

当然，聚落的群体并非仅仅是民居建筑单体在数量上的集合，而是有其组合和营造共识与规则的聚合，这种营造的共识与规则建立起了从单体到群体的"桥梁"。地区的自然环境尤其是地形以及建造资源，对聚落和民居的营造共识、营造规则以及空间形态的特征形成，均有着至关重要的基础作用，所以营造的共识与规则带有明显的地区属性。对地形环境的应对有其地区的建造共识，对人群结构的呼应构成建造规则，据此将民居建筑单体的形象之"貌"，聚合成聚落群体的形态之"风"，并进一步拓展成地区建成环境的形态之"风"。

就物质空间而言，具有地区特征的民居单体形态，对所在地区的聚落群体形态起到了基础支撑作用。各地区民居建筑单体的普遍形态，承载着个体家庭的典型生活功能，蕴含着应对当地气候、降雨、地形等诸多要素影响的单元空间，以地区性建成环境的基底形态，成就了建成环境的群体形态和风格。就地取材作为民居建造的基本规则，各地区独特的建造材料自然塑造出相应的材料加工技术、空间营造技术，也就必然构成地区建成环境的风与貌。

一、地区建造

在传统自然经济条件下，民居建造的目标为对应于所在地区的环境条件，营造出承载家庭栖居功能的庇护场所，由此形成的物质空间形态，则必然带有明显的地区特征，即民居建造的地区之"貌"。由于地区建造特征的形成受到自然环境和人文环境的双重影响，而两者在各地区的影响作用上存有差异，或以自然环境的影响作用为显性，或以人文环境的影响作用为显性，进一步形成了建成环境和建构规则的地区之"风"。民居建筑和传统聚落以建成环境形态的方式，展现出地区建造的共识、规则及技术等，物资空间的建造作为所在地区文化系统中的组成部分，反映出文化体系的共同内容和特征，并以地区环境为依托而发展和传承，构成了地区建成环境的共性特征和氛围。

就民居建筑单体的空间构成而言，除了窑洞类民居挖掘空间的"负形"建构外，绝大多数民居为墙体和屋顶围合出空间的"正形"建构，其单体外形为四个垂直界面和一个屋顶界面构成，即通常所称的五个立面。在这"正形"建构空间的五个界面中，屋顶界面对地区建造的表达较为明显，其形态与地区的降雨状态和建造材料等自然条件紧密对应。从民居院落的规模形制直至民居建筑的大门装饰等，既能反映出地区自然条件对建造的影响作用，也能反映出地区人文环境对建造的影响作用，两方面影响的相互交织作用，使得地区建造具有了持续传承的稳定风格。

依据前述的地理环境，河北省划分为冀北高原、冀东冀南平原地区和冀西山岳地区，并其各自在民居建筑和传统聚落上，具有较为明显的形态风格特征。在冀北高原地区，为应对纬度较高、冬季日照时间短的自然气候条件，民居中心院落的进深较大且形态方正，如蔚县西古堡内的苍竹轩（图7-3-1）；对应于降雨量较少的自然条件，民居建筑尤其是客栈等的功能建筑屋顶为较为平缓的单坡形态，如西古堡北门口的客栈建筑（图7-3-2～图7-3-4）。在冀东冀南平原地区，由于地形平坦加之经济与交通条件的相对优越，民居院落的形态规整且规模较大，如邯郸市大社镇大社村的何家大院（图7-3-5）；为应对太行山东麓季节性降雨量较大的气候状况，民居建筑普遍为瓦面覆盖的双坡屋顶形态，如邯郸市武安伯延镇内的民居建筑（图7-3-6）。在冀

图7-3-1 西古堡苍竹轩民居院落

图7-3-2 西古堡北门口的客栈建筑

图7-3-3 西古堡北门口的客栈院落

图7-3-4 西古堡北门口客栈建筑大门

图7-3-5 大社村何家大院

图7-3-6 伯延镇民居建筑

西太行山地区，为应对自然地形的起伏和用地规模的逼仄，民居院落的形态不规则且规模偏小，如邯郸市涉县固新村中的民居院落（图7-3-7）；为应对八百里太行山脉中不同地点的微地形和微气候环境，民居建筑有平顶窑洞、扁平拱和坡顶等多种屋顶形式，如石家庄市井陉县南障城镇大梁江村的民居建筑（图7-3-8）、石家庄市平山县西柏坡的民居建筑（图7-3-9）和邯郸市涉县偏城镇偏城村中的民居建筑（图7-3-10）。

就河北省域内各地区建造而言，自然环境与人文环境因素对民居单体建筑和民居院落形制的影响，始终呈现出紧密相关的交织状态，仅是在不同地区和不同空间的建造上显现的作用不同。在自然经济社会中，相较于农业耕作和手工业制作较为低效的商品化能力，民间的商业经营和货物贸易是获取财富积累高效的方式，如邯郸一带的武安商帮以及一些地方性商帮，通过跨区域经商获得了大量的财富。聚居人群在

图7-3-7　固新村民居建筑

图7-3-8　大梁江村民居建筑

图7-3-9 西柏坡民居建筑（资料来源：河北省文化和旅游厅）

图7-3-10 偏城村民居建筑

经济实力上的地区差异，对栖居地点处的建造乃至地区的建造产生了明显的影响，空间形制完整的深宅大院、高大的入口门楼和雕刻装饰繁复的建筑，均为商贾家族建设的宅邸。在人文环境中商业经济要素的影响下，冀南冀东平原地区的建造，呈现出民居院落规整、建筑空间高大、屋顶形态高峻、雕刻装饰丰富等地区建造风格。冀南冀东平原地区的城与镇，因商贾人群的聚居形成了特定的人文环境，形成了规制较高的地区建造。而相较于平原地区，冀西山岳地区的建造不仅受制于自然环境，也受制于经济实力的单薄，在民居院落的规模、大门的形态、屋顶的形态、用材的规格甚至瓦片的铺设密度上，都呈现出朴实节俭的建造状态。

有着各地区建造特征的民居院落和民居建筑，在物质形态上凝结出地区独特的"氛围"，如冀北高原地区和冀西山岳地区，其民居建筑的形态雄浑粗犷；冀东冀南平原地区的民居形态，则高大规整和雕饰精美。具有地区建造特征的民居院落和民居建筑，通过"积形成势"营造出聚落整体形态，尤其是民居建筑的屋顶形态与聚落地点地形等的组合，构成了聚落建成环境起伏变化的"第六立面"，使得聚落的群体之势呈现出所在地点建造的特征。民居院落和民居建筑汇集成传统聚落，

其在有着自然环境和人文环境共性的地区内的分布与建造，将民居"点状"单体特征延伸到"团状"聚落群体，再拓展成"面状"的地区建造风格。

二、地区材料

民居建筑的实体形态特征，与建造材料之间有着最为直接的对应关联。民居建造的基本原则始终是"就地取材"，所在地区最大量拥有、最便捷获取的材料，就必然成为物质空间建造的材料，由此使得民居建筑的形态自然体现出地区的特征。在自然经济条件下，无论是民居建筑单体还是传统聚落群体，均是将当地的自然资源转化为建造材料，常见的材料为"砖、瓦、土、石、木、竹、草"等。细分下来，其中的"木、竹、土、石、草"等为可直接从自然环境中获取的材料，而"砖、瓦"则是需要通过加工烧制方能获取的材料。尽管砖瓦材料的获取需要通过人为加工，需要经济条件的支撑和燃料的消耗，但由于就近取土、烧制较为便捷，被视为从自然资源转化来的建造材料。

无论是以围合空间方式建造的民居建筑，还是以挖掘空间方式建造的民居窑洞，各地区自然建造材料的形态、色彩和材质肌理等，均直接转化为民居建筑的形态

特征。对应于物质空间建造时地区材料的使用，必然产生相应的材料加工和建造技术、材料的加工方式和加工精度等，也就因此有了明显的地区性特征。地区材料和对应营造技术的使用，使得从民居单体到聚落群体的物质空间形态上，附着了所在地区建造资源禀赋的特征。从大区域范围上看，生土是黄土高原地区民居和窑洞民居的建造材料，塑造出浑厚、粗犷的建成环境特征；木材和竹材是南方多个地区民居的建造材料，塑造出通透、轻灵的建成环境特征；石材多为北方石质山岭地区民居的建造材料，塑造出厚重、壮实的建成环境特征；砖瓦普遍是自然经济较为发达地区民居的建造材料，塑造出规整、精致的建成环境特征。

　　就地方自然材料与自然环境的对应而言，河北省域范围内的冀北高原地区、冀东冀南平原地区和冀西山岳地区，因资源的不同而在使用的建造材料上有所区别。冀北高原地区的民居建筑多采用生土材料营造，既有生土砌筑的建筑墙体，也有生土窑洞；冀东冀南平原地区的民居建筑多采用砖瓦材料营造，以木梁柱构建支撑结构、砖瓦构建围护结构；冀西山岳地区的民居建筑多采用石材营造，既有用石块建造墙体、石板覆盖屋顶的做法，也有用石块砌筑窑洞。在这省域范围的三大块地理分区内，由于各次级地区可用于建造的材料之间存在着差异，导致在民居建造时，不仅有同种材质、不同色彩和不同方式的使用，也有多种材料的混合使用，进而使得民居建筑呈现出多样的形态。

　　冀北高原的张家口地区，既有利用丰富的生土资源夯筑民居墙体的做法，还有制作土坯砖砌筑民居墙体的做法，也有石块与土坯砖、青砖与土坯砖混合砌筑墙体的做法，如蔚县上苏庄村（图7-3-11）和前上营村中的民居建筑。生土材料在这一地区的普遍使用，造就了民居单体与聚落群体粗犷的风貌，也将生土材料所具有的色彩和肌理，转化为地区建成环境的

图7-3-11　上苏庄村民居建筑墙体

图7-3-12　前上营村生土民居

风貌特征（图7-3-12）。冀南冀东平原地区，多为木梁柱支撑结构和青砖青瓦围护结构的建造，因地区经济条件的差异，而形成材料使用上的差异，如商帮集中的邯郸市武安地区的伯延镇，相较于保定市清苑区的冉庄村，其民居建筑青砖砌筑的门楼高大、雕刻装饰精密（图7-3-13）。冀西的太行山区以及冀北的燕山山区，因其石质山体而拥有丰富的石材资源，也因不同的石材在次级地区上的区别，而使得同为太行山中的石砌民居建筑，却有着相异的地区特征，如井陉县天长镇小龙窝村（图7-3-14）和信都区路罗镇英

图7-3-13 冉庄村民居建筑门楼

图7-3-14 小龙窝村民居建筑

图7-3-15 英谈村民居建筑

谈村中的民居建筑（图7-3-15）。由于太行山作为
南北走向的石质山体，在平山县以北的地区，裸露的
山石多为青色；在平山县以南的地区，出露的山体多
为红色嶂石岩，使得冀西太行山北部地区的民居多为
青色石屋，如井陉县南峪镇地都村中的石屋和石碹窑
（图7-3-16）；太行山南部地区的民居多为红色石屋，
如信都区路罗镇桃树坪村中的石屋（图7-3-17）。因石
质材料在色彩和肌理上的不同，使得厚重和壮实的建成
环境特征之中，又有着地区上的差别，如大梁江村平顶
石屋和石碹窑墙体的青色石块较大（图7-3-18）；倒

图7-3-16 地都村民居建筑

图7-3-17 桃树坪村民居建筑

图7-3-18 大梁江村民居建筑

图7-3-19 倒塌村民居建筑

垴村坡顶石屋通体为红色嶂石岩，石材表面为雪浪纹理，构成了其地区风格的表征（图7-3-19）。

地区材料的特性直接对应着加工技术，及其相应的民居建筑空间形态，对地区从民居单体到聚落群体的物质空间风貌特征，有着明显的成就作用。冀西太行山区的嶂石岩，因其石材层状肌理之间厚度较大，开凿出作为屋顶覆面材料的石板较厚，而采取"一坡三块石板"+"一块石板压顶"的方式建造。由这样建造方式

所营建出的石屋，如英谈村的民居建筑（图7-3-20），其形态特征上的厚重感，略弱于大梁江村的青石平顶石屋和石碹窑，但强于冀北燕山地区中兴隆县长河套村中片麻岩屋顶的石屋。据此，从民居单体到聚落群体的建成环境风貌，不仅汇聚了地区自然环境和人文环境，体现出地区材料的色彩、材质和肌理，还成就于对应于材料的形态建构方式，诸多的因素共同构成了地区风貌的特征。

图7-3-20 英谈村民居建筑

传统城镇聚落以及乡村聚落，虽然由众多的民居建筑或民居院落所组成，但其并非规模扩大版的民居建筑，亦非民居建筑在地点上的集合簇群，而是因其与所处环境之间存在着紧密的对应，有着各自相同肇基发展的生长脉络，使之成为具有独特群体结构空间的聚落。传统村落具有悠久的历史文化价值，但不因其具有历史文化价值而等同于静态的历史器物，而由于其承载着当代人们的生活，随时代的发展而演进，就必然是其本质的属性。基于此，聚落保护理论和方法在目标、内容、措施等方面，就必然与对文物建筑、保护院落及民居建筑等的保护有所差异。

当今的各级聚落无一没有其肇基发展的源流，正是因为聚落积淀有深厚的历史文化资源，且有着当代的社会经济价值，国家层面对传统聚落的重视与保护由来已久。自1982年公布第一批24座国家历史文化名城，后续经过三批公布至2018年6月，国家历史文化名城达134座。除了历史文化名城外，在聚落方面还有七批中国历史文化名镇312座、六批中国历史文化名村489座、五批6819个村落列入"中国传统村落名录"，加上省级历史文化名城名镇和名村，反映出国家及各界对传统聚落及其所蕴含的历史文化价值的高度重视。众多历史文化名城名镇名村以及历史文化街区，构成了文化遗产的重要部分，于其中保存有大量的各级文物保护单位，并且由此推动了保护实践工作的持续开展，也产生了相应的保护理论、保护利用模式和保护实施方法的研究。

传统聚落的保护不仅涉及蕴含历史文化的"器物"，更涉及生活在其间的当代人群，正是由于其包含和涉及的内涵复杂多样，所形成的保护理论、保护利用模式与保护实施方法则多种多样。从历史文化名城到历史文化名镇名村，直至历史文化街区，依据不同职能和不同规模传统聚落的历史与现实状况，所凝结出的研究成果非常丰富，相关的书籍和文章等的积累可谓是汗牛充栋。

传统聚落的保护、更新、利用以及实施的研究，包含目标、内容、对象、空间和规则等诸多方面的内容，是一个从价值取向到技术措施既复杂又连贯的系统，并由此构成了保护理论和方法。同时，保护理论和方法也随着传统聚落的规模、职能和空间特征的不同，而发生着相应的改变与调适。

第一节　传统聚落保护的目标与内容

传统聚落保护工作的开展、理论及方法的总结，均需要先建立起具有引领作用的保护目标，即通过目标的确立而选择相应的工作内容和途径。在保护工作契合聚落的类型和生长脉络、凸显各种类型文化价值的基础上，衔接当代经济社会发展和人群生活的总诉求目标之下，建立起针对传统聚落物质空间的保护利用模式及方法措施。

传统村落作为一种特定的建成环境，既有历史文化的价值，又有当代生活的功用，并且既占用了稀缺的土地资源，其自身又拥有独特的空间资源，因此在保护工作开展时，先行对应于上述的价值、功用和资源，建立起支撑保护工作的逻辑系列就成为必然。传统聚落有城镇和乡村之分、有功能类型之分、有结构形态之分，根据不同聚落物质空间的现状、周边环境的状况，建立与保护、更新和利用相应的价值目标、模式和方法。由此形成的传统聚落保护的逻辑系列，包含价值延续层面的目标逻辑、物质空间层面的对象逻辑、措施运用技术性逻辑等。

一、基于历史观的目标认定

无论是传统城镇聚落还是乡村聚落，正是因为其蕴含着丰厚的历史与文化信息和价值，而在当代对其的保护、更新和利用中，不可避免地涉及历史观的问题，即如何看待传统聚落在当代的发展以及当代如何利用的问题。从历史发展的进程上看，物质空间的建造与使用均以服务于其建造同时期人的需求为目标，对其蕴含的历史信息保护是当代人参与的历史保护，也是当代人实施的保护，就具体物质空间对象而言，传统聚落的历史文化价值是当代人判断后的价值，对风貌保护、当代功用和未来利用等诸多方面有所侧重的选择，也是当代人历史观和思想潮流的体现，其保护路径也必然是与当代人的选择相对应。就传统聚落的物质空间和其承载的生活功能而言，物质空间的风貌可以断代，但聚居人群的生活只存在持续，即风貌特征是静态呈现，而生活功能则是动态演变。

当今社会对不可移动文物的保护以及利用高度重视，尤其是对其的活化利用业已成为行业的共识，而传统聚落与独立且规模较小的文物相较，其与人群当代的生活关联得更加紧密。保护是针对传统聚落物质空间的一种发展措施，但其目标远不应是追求恢复聚落的历史形态和样貌，而是在保护传统聚落格局和风貌特征基础上，保存和延续建成环境的历史文化信息与价值、发展物质空间的当代功用、提升聚居其间人们的生活品质。简而言之，保护的目标是将传统聚落发展成更加深厚的当代，而非建设成更加久远的古代。由此形成的传统聚落保护的历史观，是着眼和立足当代指向未来的动态演变发展观。

就传统聚落物质空间的形成而言，不仅受到不同时代社会经济的影响，更为直接地体现出在不同功能诉求下的建设形态，从而形成多种职能和多种类型的聚落，有成就于自然地理构造的聚落，也有成就于人文地理构造的聚落，如依靠农耕生产而栖居的聚落和具有军事功能的堡寨等。不同类型的聚落在物质空间的形态上各有其特征，也因其不同的地理区位和历史文化价值，而在当代和未来的发展中有着不同的路径。鉴于此，在面向可持续发展的历史观引导下，根据不同类型传统聚落的发展目标，选择相适宜的保护、传承和利用方式，通过对不同类型传统聚落蕴含价值的判定，才是采取与目标相对应且各有所侧重的保护与利用措施的基础。

二、基于价值观的内容选取

传统聚落具有历史文化的价值、物质空间的价值、建造智慧的价值等，这些都是整个社会业已达成的共识。但就传统聚落这种具体的对象而言，价值的认定应具体而非泛化，如将其蕴含的各种价值向历史、文化、社会和科技的几大方面进行归类，则必然会导致对价值的认定偏虚而难以把握，也必然导致其核心价值难以凸显和传承。传统聚落在历史进程中的发生、发展和演变途径各不相同，由此形成的聚落类型也丰富多样，其类型有因聚落选址地点的环境所致、有因聚居人群的生产方式所致、有因所承担的区域职能所致，凡此种种的成因要素，造就了传统聚落物质空间的特征，并构成了聚落建成环境的价值所在。

正是由于传统聚落的类型多种多样，在对其进行保护、更新和改造利用前，就需要依据其所在地点的自然环境、历史文化的发展脉络等，先期把握各种类型传统聚落的物质空间特征，确定需要保护与传承的核心价值。确定传统聚落物质空间的核心价值，涉及价值判定的取向，即如何建立起既有物质空间的特征属性，又有与当代功用及未来利用之间的连接。众多传统聚落各有其物质空间上的特征，既有受自然地形的影响，成就于长期生长而逐渐积淀形成的形态；也有因人为规划，成就于短期建造而逐渐密实的形态；既有靠山的层叠攀升形态、临水的蜿蜒曲折形态，也有为扼关护族而建的规整形态。在对传统聚落形态特色进行归类的基础上，以凸显其具体的价值作为保护的核心，以核心价值为主线选取相连贯的保护内容，并进而选择与内容相对应的保护技术措施，达到以落地实操为指向的保护及延续发展的目标，成为传统聚落保护的价值取向和工作内容。

传统聚落物质空间的类型特征，对应着自然环境、历史文化和人群生产生活等众多要素，明确其中成就核心价值最为主导的影响因素，也就意味着选取与价值特质直接相关的内容予以保护和利用，以达到传承和延续传统聚落特定类型的目的。如起到地区管理及商业职能作用的传统城镇聚落，其城墙城门、护城沟壕、衙署官邸、寺院商街和民宅街巷等，是与该类城镇聚落空间特征紧密相关的保护对象。再如受聚落选址地形条件影响的山地村落，其街巷结构、村落形态、河道桥梁、精神场所和村口空间等，是与该类村落中物质空间特征紧密相关的保护对象。而处在农耕经济与游牧经济交错地带的聚落，由于在历史上担负着防御功能，其聚落的边界和防御的设施等，是这类有着人为规划特征聚落中的主体保护对象。再如因交通和商业而建设的聚落，其商业街、民居建筑、坊门和寺院等，是这类聚落保护的主体对象。

第二节　对象保护

《历史文化名城保护规划标准》（GB/T 50357-2018）、《历史文化名城名镇名村保护条例》（2017年修订版）和《中华人民共和国文物保护法》等，从国家层面和省市层面对传统聚落的保护，有较为明确的原则和内容界定。明确了历史文化名城、名镇、名村的基本条件，即保存文物特别丰富、历史建筑集中连片、拥有传统格局和历史风貌、历史上有多方面的重要影响或地区的文化特色。基于此，名城名镇和名村的保护原则，对应侧重于真实载体、历史环境、合理利用和统筹管理等的保护。传统聚落不仅有国家级、省级历史文化名城名镇名村，也有未被公布为名城名镇和名村的聚落，处在传统聚落之中的有各级文物保护单位，也有未登记为不可移动文物的建筑物、构筑物。因此，划定保护范围、明确保护对象和建立保护措施，成为传统聚落保护工作的核心内容。

传统聚落的建成环境由实体对象和空间格局两部分构成，前者由建筑物和构筑物所组成，后者由街巷空间和场所空间所组成。传统聚落保护的对象，既有坐落于其中已经公布的文物保护单位，还有寺庙、宗祠、楼阁、戏台和民居等传统建筑，也有桥、塔、井台和池塘等构筑物，更有传统聚落本体对象以及风貌和环境。河北省域范围内的传统聚落，既有历史文化名城名镇名村，又有数量众多的传统村落。各类传统聚落的规模不同、职能各异，构成聚落的要素对象不同、呈现出来的风貌形态不同、所处的地点环境不同。基于历史演进过程中的不同组成、在当代发展上的不同定位，传统聚落在保护理念模式和方式措施等方面，则相应地呈现出各自在关注点和聚焦点上的差异。

一、聚落本体

与编制文物保护单位的保护规划的方式相类似，传统聚落的保护范围划定，通常也是将聚落本体作为对象划定保护区，并向外依次划定建设控制地带和风貌协调区。对三个层次的地带建立相应的保护措施，即保护区范围内的措施最为严格，采用的普遍为对文物古迹的保护方式——"修缮"；而建设控制地带内的措施相对严格，普遍为不改变建成环境外观的方式——"维修"和"改善"；风貌协调区内的措施最为宽松，只要风貌与保护区的建成环境协调即许可新建。以这种方式划分界定的保护范围，通常覆盖了整个传统聚落，其逻辑基本上等同于将整个聚落视作为一个"类"文保单位予以对待。而传统聚落的建造规模普遍大于单体的文保单位，传统聚落的建造时期普遍长于单体的文保单位，传统聚落的构成组分普遍多于单体的文保单位，因此采取对待文物保护单位的类似方式来保护传统聚落，则存在诸多方面的不适应。由于传统聚落的类型既有城镇又有乡村，加之聚落的规模、职能和构成要素等多种多样，以同一种划定保护范围的方式来加以对待，则弱化了不同类型聚落的价值特征。鉴于此，传统聚落的保护在对象和方法上，存在着进一步细化和深化的研究空间。

如前文中的第四、五章所述，河北省域范围内有国家级和省级的历史文化名城各有6座，有国家级和省级的历史文化名镇共20座，并有217座国家级和省级的传统村落，由此构成了规模、类型、职能、形态和风貌等丰富多样的传统聚落。传统聚落的本体不仅多种多样，而且聚落内包含的文物保护单位级别和规模各不相同，加之构成传统聚落的要素众多，在保护上就必然要求根据现实的状况、根据传承发展的目标，划定相应的保护范围和采取相应的保护措施，如国家级历史文化名城承德，在其建成区内有二道牌楼和滦河老街两片历史文化街区，并有文物保护单位93处和不可移动文物4160处，其他地区已是现当代的建设。依据承德市的建设和文保单位的存留状况，保护范围的划定和保护措施的制定，主要集中于避暑山庄、外八庙、两片历史文化保护区、众多文保单位与历史建筑等对象上，在聚落层面的

保护本体就是"面状"的片区和"点状"的单位，如国家级历史文化名镇的永年县广府城，保存有城墙、瓮城、城门、城楼和角楼等所组成的完整军事防御设施，为河北省的重点文物保护单位，城内保存有府衙、书院、寺庙、文昌阁和名人故居等历史建筑。由于广府古城中大部分街坊内的建筑已历经更新，在规模、体量和尺度等方面已不复旧时，保护范围和相应的措施则落在城墙与城门等上述保存状态完整的对象为宜，城中街坊内部划为建设控制地带，以维修和改善措施进行更新与改造为宜。再如中国历史文化名村的沙河王硇村，坐落在太行山中的台地之上，整个村落规模不大且保存完整，并已转变为旅游景区，对其划定的保护范围宜覆盖整个村落，结合景区的建设和利用实施保护与更新改造措施。

不仅是传统的城、镇、村聚落，在规模职能、构成要素、保存状况和利用途径等诸多方面存在着差异，即使是同级同类的传统聚落，也在上述诸多方面存在着差异。由此，因差异而采取不同的保护模式、划定不同的保护范围、实施不同的保护措施，是结合聚落本体的状况实施保护的必然方式。鉴于此，对于建成环境规模大、历经改变但重点区域和重点要素保存完好的传统聚落，适宜采取划分"点、线、面"范围的保护方式，即将建成环境内的重点保护措施与更新利用方式相结合。类似承德和广府这样已历经更新改变的城镇，采取"非聚落整体对象"的保护方式，有利于形成针对不同价值和功用区域的分类对待措施，为结合聚落现状且具有落地价值的方式。对于建成环境规模适中、形态较好、保存完整且转化为旅游资源加以利用的传统聚落，适宜采取将聚落本体作为一个完整对象的保护方式。类似王硇和西古堡这样的传统村落，采取"聚落整体"的保护方式，有利于历史文化价值和物质空间功用的后续转化利用。

二、聚落风貌

建成环境的物质空间最易被直观感知，其形态上的特色构成了聚落的风貌，也造就了聚落独特的"性格"和环境氛围。在前章第三节中，论述了聚落风貌从群体到单体之间的构成关联，聚落选址的自然地形、聚居人群的社会结构、聚落空间的职能乃至地区建造的材料等，均深刻影响和成就了聚落风貌的特征。这些或直观明显或隐含其中的要素及其组合，塑造了聚落的规模结构、尺度、形态和色彩，将历史价值和地区文化价值凝结投射在建成环境的物质空间上，使得聚落从群体到单体具有了特定类型和特定地区的表征。正是基于此，在各个层级的历史文化名城名镇和名村保护规划中，均将传统聚落的历史文化风貌保护作为工作的重点内容，即明确在保护区中采取"修缮"的保护措施；在划定的建设控制地带范围内，采取"维修"和"改善"，不改变外观风貌的保护措施；在划定的风貌协调区范围内的新建和改建，也是以聚落的风貌特征为参照进行建设。由此，聚落风貌不仅成了保护的对象，也是传承延续的对象，而成为一种可资利用的物质空间资源和地区文化资源。

河北省域内传统聚落的风貌，既有城镇类型的特征、承载职能的特征，也有自然地理环境所构成的特征、地区建造材料的特征和营造技艺所成就的特征。聚落风貌的多姿多彩，使得保护的对象亦随之丰富多样，保护规划在工作内容上亦相应地有所不同，呈现出侧重方向上的差异。同样从国家级历史文化名城承德来看，最能代表其历史文化价值以及风貌特征的是避暑山庄和周围众多的寺庙，尽管各寺庙在选址、规模和形态风格上相异，且不同于避暑山庄，但其寺庙和园林的形态体现出的均是清代皇家建造的特征（图8-2-1、图8-2-2）。基于保护和延续集皇家园林和寺庙于一体的独特聚落风貌的目标，保护工作的重点和相应的保护措施，宜更侧重在空间的形制、建造的尺度和用料的规格等方面。如蔚县地区保存下来的众多堡子，从高大的堡墙到民居建筑和院落，均以生土材料建造而成，当地黄土的色彩、肌理和相应的营造技术，共同成就了具有强烈地方特征的聚落风貌（图8-2-3、图8-2-4）。再如太行山中数量众多的传统村落，以当地丰富的石材资源为民居建筑和聚落的建造材料，村落选址地点自然地形的特征，加之石材的地方性色彩——青灰色（北部）和红色（南部），共同造就了传统村落风貌的地方性特征。井陉地区于家石头村的青灰色石砌民居建筑与窑洞，规整的平顶民居沿山坡层层叠叠而建，构成了粗犷的聚落风貌特征（图8-2-5）；邢台地区英谈村的红色石砌民居建筑与院落，石板坡屋面的民居沿山沟蜿蜒层叠而建，将粗犷和灵动融合成了聚落风貌的特征（图8-2-6）。这类乡村聚落风貌的特征，成就于村址的自然地形特征、建造材料特征和材料加工技术，其聚落保护工作的重点和相应的更新措施，宜侧重顺应地形、采用当地材料和民间建造技艺等方面。

虽然建成环境风貌特征的形成因素多种多样，但就其成就力而言，聚落中数量众多的民居建筑和院落，对传统聚落风貌形成的基础作用尤为明显。如前章第三节"聚貌成风"中的总结，传统民居建筑或院落建造特征与选址地形特征的结合，构成了聚落建成环境形态的"基底"，同样也就构成了聚落风貌特征的基调，而聚落中的楼阁和戏台等标志物，则起到的是形象凸显的作用。鉴于此，在保护规划中对聚落风貌基调的保护与延续，宜根据聚落的规模加以分类对待，即对规模较小的传统乡村聚落，采取当地的材料和建造方式；对规模较大的传统城镇聚落，采取控制更新民居建筑尺度、色彩和形态等的维修方式。延续传统聚落建成环境的基调，不改变其与标志物之间的对应关系，有利于将传统聚落的风貌特征转换为地区历史文化资源和景观资源，并为后续的资源利用创造条件。

图8-2-1　承德外八庙普宁寺

图8-2-2　承德外八庙普陀宗乘庙

图8-2-3　蔚县横涧村堡门

图8-2-4　蔚县横涧村堡墙

图8-2-5　于家石头村青灰色石砌民居

图8-2-6　英谈村红色石砌民居

三、聚落环境

传统聚落蕴含深厚的历史文化价值已是全社会的共识，聚落处在地区的历史和人文环境之中，坐落在地点的自然环境之中，从而使得其外部物质空间环境也成了聚落历史文化价值的组成部分。对聚落外部环境重要性的认识和价值的保护，随着社会经济和文化的发展而逐渐建立起来，即由关注聚落本体的物质空间及其范围，拓展到聚落本体之外的周边环境及相应的范围。保护对象从聚落本体扩大到其外部环境，不仅是在价值认识上走向整体的进步，更是顺应了在自然经济条件下传统聚落与地点之间的对应建造规则，从而使得对传统聚落的保护、延续和利用，呈现出整体且有层次的方式。将传统聚落的周边环境纳入保护范围，有利于历史文化资源与景观资源等的协同保护和统筹利用，现今工科城乡规划和建筑学开展的保护规划实践，仍较为侧重聚落的物质空间本体，其保护范围或可称为依据聚落本体形态"扩大版"的聚落环境。在具体的保护实践中，将周边环境纳入保护规划范围，宜在用地性质调整、土地管理制度等方面，开展跨专业的拓展和衔接研究，以保证传统聚落的整体保护和利用具有落地可操作性。

城镇聚落和乡村聚落均因环境而建而发展，聚落周边的环境无一例外地有着文化建构的价值属性，而呈现出自然地理特征、历史文化特征以及资源特征等。河北省域内的众多传统聚落，因其类型、职能和规模等的不同，与周边环境的关联方式和关联程度有所差异，有的聚落本体与周边环境关联紧密，有的聚落本体与周边环境的关联相对松散，各有特点，不一而足。如中国历史文化名城承德，因良好的气候条件和优越的温泉资源而发展建设起来，成为无城垣环绕而有山水环绕的城市，独特的环境与城市、园林融为一体的大空间格局，将周边层叠山峰、溪流湖面和丹霞地貌等景观共同纳入整体城市空间之中。从聚落整体空间格局出发，除了保护避暑山庄及历史文化

街区外，强化山庄与周边寺庙、山峰，尤其是与"磬锤峰"之间视觉通廊的保护，是延续承德山水城市空间特征的重要措施。再如永年的广府古城，因其坐落于滏阳河畔永年洼的湿地环境之中，高大且完整的城墙四周，有宽阔的护城河环绕，护城河外是大片平坦的洼地、水面和芦苇荡，使得广府古城成为北方地区难得的"泡在"水网环境中的传统城镇。基于广府古城难得的聚落环境，在保护规划中不仅要保护城墙、城门、街道和衙署等物质空间，还要重点保护护城河、湿地环境、水体景观以及水体质量，以凸显广府古城的环境特征并衔接当代的文化旅游发展目标。又如太行山中传统村落王金庄村，村落周边的环境不仅是华北山体山坡，更重要的是满山遍野的旱作梯田，涉县的旱作梯田为中国重要农业文化遗产，代表了华北地区传统农业耕作的方法和智慧。王金庄村的历史文化价值，更多的是来源于其周边的聚落环境，纵然是贯通王金庄村的古道，也是因其周边梯田的粮食生产和便于商贸运输所建，因此保护村落周边的石堰条田（图8-2-7、图8-2-8），即是保护传统聚落蕴含的悠久农业文明。

虽然上述所提三个传统聚落的外部环境，仅仅是河北省域内众多类型聚落环境中的小部分，且聚落环境与聚落本体共同构成了传统聚落的整体，但两者之间的关联，概括起来大体为三种：第一种是聚落环境作为聚落本体特征的延伸，这类保护的目的是将环境作为人群栖居聚落的承载基底进行对待，在保护方法上形同在聚落本体外划定风貌协调区，即对聚落环境保护上与聚落本体之间存在侧重上的差别；第二种是聚落环境与聚落本体共同构成了物质形态的特征，这类聚落环境与本体关联紧密，广府古城周边的湿地环境以及王硇村的台地地形就是这样的典型，这类保护在聚落环境和聚落本体上不作区别对待；第三种是聚落环境的特征决定了聚落本体的物质形态特征和价值特色，这类保护更加侧重于聚落环境的保护并优先于聚落本体的保护，王金庄村周边的旱作梯田和圈头村周边的白洋淀湖面就属这种类型。

图8-2-7　王金庄村石堰条田风貌

图8-2-8　王金庄村周边农田环境

第三节 空间保护

空间承载着人群集聚栖居的功用，是传统聚落营造的主体，即与"埏埴以为器，当其无，有器之用"同理。相对于聚落建成环境的实体对象而言，聚落的空间自成体系，并与人群的日常生活行为紧密对应。传统聚落的空间与实体对象有相互间的区别，有相互间的成就，在相互区别方面，构成聚落实体的各种类型传统建筑，与占地规模、建造材料和建造技术等相对应，而聚落空间则是与各种不同的生活行为相对应；在相互成就方面，空间因实体的建造而产生，聚落内民居建筑的墙体和民居院落的院墙等构成了空间的边界，也构成了空间的尺度、形态和规模。对应于聚居人群的"行"与"驻"两种基本活动，聚落的空间体系由街道和场地所组成，并由人群活动的性质和规模形成空间的规模和形态，如人群在聚落内的通行和对外的通行对应产生了街道空间；人群因节庆、信仰和商品交换等集聚活动而产生了相应规模的场所空间。

正是由于聚居人群的活动多种多样，由此对应所形成的聚落空间体系各具特色，而空间体系的特色凝结在其空间结构上，加之聚落的空间结构又作为规模生长的骨架，从而使得对传统聚落空间的保护，具有了更为重要的意义和价值。传统城镇聚落和乡村聚落因其有着类型上的差异，使其在空间结构上存在有较大的不同，即使是同类型的聚落，也因职能、规模和环境的差异而产生较大的不同。聚落空间体系承载着人群的物质、精神、社会和商业等多方面的生活行为，所以将空间结构作为保护的内容和建立相应的方法，其价值不仅仅体现在"硬的"物质建造层面，而是重在指向"软的"建造规则层面，即提取人群活动方式和活动尺度投射在空间结构上的建造规则，并加以保护和延续。结合传统聚落的类型以及人群活动特征，提取相应的空间结构原型，

有利于深入挖掘聚落中积淀的历史文化，有利于资源特征的持续利用。

一、聚落主街

在传统聚落空间体系中，聚落主街作为街道空间的核心主体，是聚落从肇基到生长的骨架空间，不仅关联起了整个聚落的物质空间，而且还贯穿了整个聚落的演变过程，其自然就蕴含有聚落中绝大部分的历史文化信息。主街作为聚落街巷空间的主体，承载着栖居其中人群的绝大部分日常生产生活行为，顺应着基地的地形走向、连通起聚落中重要的场所，同时也是当今人们感知聚落历史文化的主体线路。相较于关注聚落的实体对象而言，针对聚落主街的空间开展保护工作，是将聚落物质形态的保护拓展到了聚落的营造脉络上，为在划定保护区范围基础上的细化和深化，有利于凸显聚落的历史文化价值，也有利于传统聚落的当代呈现和利用。城镇与乡村不同类型聚落的主街，各有其承载的功能与空间尺度之间的对应逻辑，并由此产生各不相同的营建规则，侧重对聚落街道空间，尤其是主街空间的保护，是延续聚落历史文化脉络的重要措施。

河北省域内的传统聚落在类型上为城镇和乡村两类，在生成营造方式上可分为人文结构和自然结构两种，城镇聚落以及长城防御体系中的聚落，普遍为人文结构主导下的营造，即有承载功能目标而规划的主街；乡村聚落尤其是太行山中的村落，普遍为地形环境结构主导下的营造，即因承载生产生活行为而生成的主街，如广府古城中的南北向和东西向主街，呈错动相交的两个"丁"字形态，主街的位置与宽度均按照府州城市的规制、职能和承担的通行功能需

图8-3-1　张家口堡子里主街

求而设置。府州城镇的东西向主街与南大街相交处，通常建设有府衙和衙署前广场，形成了建立在人文结构基础之上的主街空间形态；再如长城防御体系中的堡寨，张家口的堡子里尽管规模不大，但却也是在人文结构基础之上建立起来的聚落主街，即为战时军士人员的快速调动需要而建（图8-3-1、图8-3-2）。蔚县众多的生土堡寨与长城的军事堡寨相似，其主街空间为了防御劫掠和商贸运输车辆的通行而建（图8-3-3）。太行山中传统村落的主街形态，均与村址的地点环境结构相对应，承载聚居人群的日常生活主

街空间规模尺度小，底界面以台阶来顺应地形的高低起伏，如武安市安子岭村的主街沿山坡曲折攀升，不仅连接上下蓄水池以利农耕生产活动和日常出行活动，还是聚居其中的人群出殡的仪式线路（图8-3-4）。坐落在太行山交通孔道上的传统村落，聚落主街既承载聚居人群的日常生活行为，也承载跨区域的贸易商道通行功能，如邢台市的鱼林沟村跨商道而建，穿村而过的商道成为聚落的主街（图8-3-5），为便于运输而采取坡道的方式顺应村址地形的高低起伏变化。

图8-3-2　张家口堡子里街道文昌阁

图8-3-3　蔚县宋家庄镇主街

图8-3-4　安子岭村主街

传统聚落的主街一经形成后，在其长期的历史发展过程中保持相对稳定，其营造的逻辑和规则保持稳定。尤其是传统城镇聚落，其后续发展所导致的规模增长，主要体现在主街空间的延续上，即将主街延续至城门之外的城厢地带建设，如井陉县的天长镇，其东门外的城厢就是依托延伸的主街而建。传统乡村聚落规模增长的主要途径，也是主街延伸后在其两侧建造民居建筑和院落，如邢台的英谈村就是沿村址的冲沟及沟侧的聚落主街，逐渐攀升拓展而建（图8-3-6）。主街作为聚落空间体系的主体以及骨架，蕴含着聚落物质空间和历史文

化的演变脉络，构成了在聚落层面的保护主体，与文物保护单位等不可移动文物的对象实体保护相互协同，对于保护和延续传统聚落的价值大有裨益。强化聚落主街的空间保护，对传统聚落作为历史文化资源的当代利用，亦具有重要的价值。

二、聚落巷道

在传统聚落空间体系中，除了聚落主街之外，还有大量的巷道空间，尤其是规模较大的聚落，其巷道数量

图8-3-5 鱼林沟村主街

图8-3-6 英谈村主街

众多，空间形式和尺度多样。如果视传统聚落为一个有机整体，连通聚落主街的众多巷道，状如人体组织中的毛细血管，建立起了聚落中心空间直至聚落末端民居建筑入口之间的各种活动承载路径。聚落内的巷道空间因所承载的活动及通行行为而产生，因承载何种通行行为而相应地产生何种巷道空间的尺度，也因建在何种地形上而相应地产生何种巷道空间的形态。传统聚落中有两侧民居建筑或院落墙体构成的巷道，也有聚落边缘处的单侧建有民居建筑墙体的巷道。鉴于传统聚落中的巷道空间，普遍为由两侧界面+底界面构成的空间，在划定保护范围的边界时，宜顺应传统聚落空间的生长方式，而不宜参照现代规划的方式，将巷道的中心线作为边界，而是宜将巷道两侧界面或民居院落纳入。这样的保护方式有利于针对完整的巷道空间，实施不同要求的保护和更新方法。

城镇聚落和乡村聚落中巷道空间，因承载人群活动规模的差别和通行方式的差别，而各有着不同的宽度（即通常所说的"街巷空间尺度"）。聚落的街巷空间尺度，原本就是指以所承载的活动方式来判别街巷宽度，即以人的行为方式为"尺"来"度"所承载的空间。在对传统聚落街巷空间（包括主街和次级巷道）的调查和保护中，通常关注街巷空间的宽高比，其依据源自芦原义信所著《外部空间设计》中的统计研究数据，但这宽高比数据是人们感知空间的比例，并非是街巷空间的建造尺度，也并非是承载人群行为方式的空间数据统计研究。从空间分析研究方面看，仅有比例而没有宽度数据的街巷宽高比，无法建立起与人群行为之间的对应意义。回到营造方式上看，构成街巷空间两侧垂直界面的高度，由民居建筑使用材料的规格确定；而构成街巷空间底界面基本宽度，则由通行其中的人、车辆和轿子确定，因此街巷空间的高度与宽度之间并无直接的对应关联。如传统聚落的街巷宽度较大，则源于大街需要通行运输的畜力车；小街宽度较窄，则源于需要通行轿子；

图8-3-7 聚落中街巷的"拐弯抹角"空间

小巷宽度更窄，则源于只通行人或挑担的人。传统聚落主街和大街的底界面平整，是因为要满足通行车辆而设；街巷中铺设连续石板的做法，是因为要满足通行独轮车而建；在街巷交叉处的"拐弯抹角"做法，是因为要满足轿子转弯而建（图8-3-7）。

基于上述的内容，就聚落层面的保护而言，巷道空间相较于民居建筑的物质实体，相较于民居院落内部的空间而言，其生成的逻辑要更加对应和贴合人群的活动行为，其蕴含的聚落历史文化价值亦较高，对其进行保护的重要性也就较高。保护传统聚落中的巷道空间，不仅要保护其"主街、小街和小巷"的空间体系层级，还要保护构成巷道空间的宽度及其界面的材质，以存留聚落层面的历史文化信息，如蔚县宋家

图8-3-8　上苏庄响堂街

庄镇上苏庄村中的响堂街，为便于骡马通行并排放东侧地表径流，而以大石块铺砌巷道地面，由此因水流经过发出的响声而得街名，并成为聚落的重要特色（图8-3-8）。再如保定市清苑区冉庄镇冉庄村中的大街、小巷下方开掘有防御和通行的地道，形成了聚落地上和地下两层的空间体系，这两层通行空间构成了冉庄村历史文化价值的核心特色。

三、聚落场所

　　传统聚落中的场所或者说公共活动场地，为聚落空间体系的组成部分，其营造同样也是对应着栖居人群的活动需求。不同于承载人群通行活动的街巷空间，聚落场所承载的是人群的驻留活动，因此场所的营造在要素、形态、位置和规模等诸多方面，就必然与驻留活动的特点以及人群集聚的规模等相对应。人群的集聚驻留为公共性活动，随之这类社会性公共活动的长期积淀和传承，其活动的特征落在聚落场所的营造之上，使得场所空间蕴含了特定的氛围，也据此成为聚落空间体系中的特色。

　　由于从事农耕劳作的人群不太重视公共事务性的活动，尤其是对于非血缘宗族家族的杂姓聚居人群而言，使其集聚进行的公共活动普遍为信仰崇拜和节庆活动等行为。传统聚落中承载人群精神生活的场所，如寺、庙、观和戏台等建筑前的场地，承载了聚居人群定期定点的祈福娱神和节庆娱己等活动，对栖居的人群起到了凝聚作用，也建立起了聚落所在地区的文化认同（图8-3-9）。对传统聚落中这类场所的保护，不仅有利于保护聚落有形的物质层面的历史文化资源对象，也有利于保护起到凝聚人群作用的、无形的精神层面上的特色文化资源。

　　传统聚落在类型和规模上的差异，导致场所在聚落中的承载功能、营造数量和规模等方面，呈现出各不相同的状态，再加之民间人群的精神信仰、节庆活动的丰富多样，使得场所的营造及其组成要素多种多样。由于聚落场所承载的多为人群精神信仰方面的活动，其构成要素多为供奉对象建筑群与门前场地，如传统城镇聚落内的儒、释、道与其前部广场，即文庙、关帝庙、佛教寺院、道教宫观等，衙署建筑群及其前部广场也是传统城镇聚落中的一种场所。而受文化"小传统"的影响，在传统乡村聚落中承载精神信仰功能的场所规模较小、类型多样，如关帝庙、三义庙、观音殿和五道庙等。这类聚落场所尤其是乡村聚落中的精神信仰场所，对于在精神信仰层面将聚居的人群凝聚成一个共同体，有着重

图8-3-9 于家石头村村口清凉阁

图8-3-10 茶旧沟村主街边碾台

要的作用。河北省所在的北方地区，由于历史上多次战乱导致族群向南方迁移，使得在传统乡村聚落中栖居的多为从外地迁徙而来的杂姓人群，由于村落中血缘家族不强，加上人口管理的保甲制度形成的人群关系固化，使得村落中以个体家庭为单元，人群的社会结构呈现碎片化的状态。而这共同的精神信仰，则是将人群凝结成"小共同体"的核心要素，由此承载精神信仰活动的聚落场所，就多处在聚落的中心位置。尽管传统城镇聚落和乡村聚落在场所空间的营造上有所差别，但也有共同的要素特征，如戏台空间则不仅是在城镇内建有，在乡村内也同样建有。在人群的祭祀和节庆活动中，延请戏班在台上唱戏奉献给供奉的神明，娱神的同时也娱己，成为传统聚落中承载人群文化精神生活的核心。基于此，对聚落中各种场所的保护，有利于保护和传承丰富多彩的民间文化。

从传统聚落中场所空间的营造目标上看，有刻意营造和非刻意营造的两类场所，前者之上人们的活动有行为规则，而后者之上人们的交往行为则呈现随机的状态。刻意营造的场所多为承载精神生活的功能，如大梁江村中台地之上的场所，由宗祠、五道庙、戏台和小广场组成；如上苏庄村中春节拜灯山活动的场所，由高高的灯山楼及前部场地组成。非刻意营造的场所则为民居院落之间的剩余场地，这类聚落中民居建筑房前屋后的边界空间，通常成为聚居人们邻里之间的聊天处（图8-3-10）。这类场地通常在不经意间产生，空间形态灵动活泼，如英谈村主街旁的碾台处、大梁江村巷道旁的鸡舍处（图8-3-11、图8-3-12）。刻意和非刻意营造出的两类场所，承载着聚落中精神和世俗的生活行为，存留有独特的历史文化信息和氛围，是传统聚落保护的重要空间。

图8-3-11 英谈村碾台处空间

图8-3-12 大梁江村石质鸡舍

第四节 聚落保护案例

一、永年广府城

1. 核心价值与保护逻辑

永年广府城因借广阔平坦的农耕土地、丰沛的河流水系、通达的道路交通等地宜，历代作为封国，王朝的都、郡、州、府、县治所在地，兼具生产经营、定居繁衍和组织管理等职能。古城的规划以生活居住为主，兼有旅游观光、商业服务和文化交流，目标为建成体现华北平原传统古城历史人文风貌和太极武术文化的邯郸市花园式卫星城。

广府古城作为平原水网地区的府州城镇，在其肇基环境影响下形成规整的四边城墙，"双水环城""三山不显四海不干"的城池格局形态，体现了古城与周边环境的紧密关联。以四条大街为主干，八小街、七十二小巷为分支的丁字街巷格局体现了内部人群的生活聚居状态。保护中重点划定包括护城河、古城墙、边角皮塘在内的环城墙带和由东、西、南、北四条大街串联起来的古城历史文化街区带。

广府古城府县合一的职能特点影响下，形成了"府县双署、双学、双武、双庙"等点状公共建筑格局。古城耕读文化浓郁，是杨式、武式太极拳的发祥地，历史底蕴深厚。众多的名人故居、宗教场所以及遗址、碑刻、构筑物等凝结了丰富的地方文化，体现了优良的地区传统，是保护的重点。

2. 保护修缮技术措施

依据保护内容本体、承载信息价值、保存现状等的不同，分类采取保护方法，如分级保护的范围划定与保护要求，古城内的风貌景观保护，古城的建筑高度控制，各级文物古迹及传统民居宅院的保护，土地利用与道路交通调整规划等。

环城墙带保护中，重点对城墙和四个城门、两个瓮城本体进行修缮维护，恢复马道，沿城墙开辟绿化通廊。对四角的众多皮塘水面进行恢复和整治，形成市民休憩公园。对古城的三个传统制高点，即府署前东大街与南大街交会处的府前口、与囤市街交会处的囤市口，及南大街和慎贤街交会处的县前口加以标识。

古城历史文化街区带中，重点保持古街原有的空间尺度，保护现有的传统街巷铺地，未来其他街巷的地面铺装逐渐恢复传统特色，步行街巷采用青砖铺砌。电线杆、有线电视天线等逐步转入地下或移位。街巷两侧建筑以传统民居和传统商业建筑为主，可发展传统柜台商铺和产商结合的手工作坊。建筑的门窗、墙体、屋顶等均依据传统风貌进行保护。所有传统街巷均恢复传统地名，并维持现有各类小庙提示街巷起止点的空间特征。

保持古城延续至今的府县合一的点状传统公共建筑格局，恢复府城隍庙、府文庙，修建遗址公园形成中央绿地。恢复府署门前牌坊，修复游击署大门，其他遗址地立标志碑牌。集中布置公共设施用地，建设太极拳教学及展示中心。

传统民居选择完整地段成片保护，力求反映原有空间形式和建筑格局，体现民居生活特色。对区内传统民居建筑进行维修，建筑色彩、建筑装饰、建筑形式、装饰细部等均采用传统样式。

环护城河大堤以内除历史文化街区的部分作为建设控制地带，需要控制建筑高度。广府古城环护城河大堤以外、永年洼外围大堤以内的环境协调区需控制新建使得风貌与古城协调一致。

二、暖泉古镇

1. 核心价值与保护逻辑

元代时期暖泉镇因商贸的繁荣形成了"三堡、六巷和十八庄"的规模，镇内核心区由三个古堡、商业街、暖泉水系三个部分组成，其中由北官堡、西古堡、中小堡组成的三个古堡形成了呈对角关系的堡寨群。暖泉镇整体空间是中轴线的布局方式，街道空间清晰，南北走向的主干道位于寨堡中心，镇内包括暖泉书院、庙宇、戏台等公共空间。

蔚县是明代长城沿线的九边重镇之一，寨堡文化是当地文化的重要组成部分，北官堡、西古堡、中小堡的空间格局体现出了明清时期以来寨堡聚落在军事防御上的特色，保护时要以古镇"三堡"核心区——北官堡、西古堡、中小堡为重点，明确三堡之间的关系。中小堡外有两条明清重要的商业街，基本保留了明清时期的风貌与尺度，体现着明清时期该地区的商贸文化，是保护的重点。镇内有修于清康熙年间的观音庙、始建于明代的关帝庙与佛镜、元代工部尚书王敏的家塾暖泉书院等不同形式的建筑类型。中小堡村的民居质量保存完好，大型连环套院是蔚县院落形式的典型代表，体现了儒家思想礼制制度对村民生活的影响，在保护中应重点考虑。古镇特色建筑受损并存在安全隐患，应采取修缮措施加以保护。

2. 保护修缮技术措施

延续古镇的历史文化环境与历史风貌特点，保留古镇原有的街道与集市，保证古镇的建筑以砖墙为主，街道以厚实的石头铺建，以统一古镇风格、延续古镇风貌特色。

根据古镇"三堡"空间结构，确定核心保护区、建筑控制区和风格协调区，依据不同规划区的要求严格控制古镇新建建筑的风格，以保证整体风貌的协调统一，形成"多堡—堡—街—巷—院"的空间结构。

注重节点、街巷、街坊等多层级空间布局的保护与恢复，控制古镇的空间轴线与肌理，明确街巷的主次关系，规定传统街巷的规模与尺度、界面形式、铺装与材料，严格按照风貌和高度来控制更新。

根据建筑的质量与价值进行分类分级保护，对建筑遗产的质量与风貌进行评级分类，具体包括保护修复型、控制完善型、整治更新型，在不破坏整体风貌的前提下补救，对破坏严重的进行做旧翻新。

三、天长古镇

1. 核心价值与保护逻辑

天长古镇因借桃河流出太行山东麓河谷与河北平原西部边缘交界处的地理优势，作为天长军驻守的要隘扼守井陉古道。古镇选址在桃河河谷处，地形北高南低，东西向呈现弧形，两端沿山脊筑到山顶，"高城固壁"保护至今基本完好。古镇有东、南、西三个城门，东南角外另建有小南门，依山临河就势建设形成了形似簸箕的规整形态。山—水—城的格局体现了临交通要道军镇治所的区位特征，城墙和城门体现了古镇防御性的特征，作为历史价值的重要体现是保护的重点。

天长古镇地处山地和溪流环绕的阶地而拥有充足的耕地资源，加之临井陉窑，发展出繁荣的手工业和商业经济。天长古镇沿桃河而建，以东西向城内大街、东关大街和南北向北关大街为主干道，其余街巷与之垂直，以主街为轴线向两侧发展，构成五街三巷的网络格局。古镇以明清县衙为中心，东西两侧分别为皆山书院和城隍、孔庙等。城内还有井陉古瓷窑遗址、文庙、城隍庙、龙窝寺、显圣寺、女子学校旧址、同济桥等，体现了文化的繁盛和商业的活跃。街道骨架和众多的历史建筑是古镇治所职能和地方文化的重要体现，是保护的主要内容。

2. 保护修缮技术措施

保护古镇现状城墙本体的连续性，按照修旧如旧的原则对古城墙进行分期修复。重点加强对东、西城墙的裸露部分和北城墙（土墙）墙体的加固，裂缝、剥蚀处进行干预处理。对侵占城墙修建的建筑物进行逐步拆除。城墙南端外侧结合护城河绿化可规划为公共绿地。对小南门进行保护修缮，建立日常保养机制，对东、南、西三个城门遗址进行保护，保留城门口的仪式性空间。综合周边山水环境、古城墙本体、城门等进行古镇防御体系的整体展示和阐释。

保护古镇原有的道路骨架，延续传统的石板铺砌方式。控制主要街道两侧的建筑体量和高度，建筑装饰均采用传统元素。对主街两侧的井陉县第二中学、城隍庙、女子学校等进行立面清洗修复，清除遮挡物，对电线进行重新整理。古镇内的文物保护单位如都堂府、总兵府等被外单位占用的建筑进行腾退和修复。现状保存较好的文物建筑本体定期进行日常保养，建立历史建筑档案。

四、鸡鸣驿古城

1. 核心价值与保护逻辑

鸡鸣驿古城位于洋河北岸、鸡鸣山下，以其特殊的地理位置及交通优势作为控扼"上谷干道"的兵驿和保障人员、物质输送的邮驿驿站。古城地处居庸关大道，是秦汉时期西北行至蒙古等地，辽代连接西津府（北京西南）的邮路必经之地。永乐十年扩建成为宣化府进京第一大站，承载了重要的历史价值。古城内保存较好的防御和邮驿体系，众多的文物建筑及壁画、雕刻等承载了重要的文化价值。

鸡鸣驿倚路建城，顺路设门，城墙上均匀分布4个角台、东西两座城门及越楼，呈现出近似正方形的聚落形态。青砖包砌的城垣、东西两侧城门和越楼、西门外的校场等体现了军事防御功能，在保护中需要整体考虑。

鸡鸣驿古城贯通东西城门的街道构成主街，三条东西向和两条南北向直抵城墙的大街构成了"三横二纵"的街巷结构。城内军政管理、商业服务、驿仓驿学、寺庙等功能分区体现了邮驿驿站的规划特点，应当予以保护。古城内驿衙、署、馆占据中心位置，马号、驿仓位置突出的空间特征体现出对交通工具驿马的高度重视。相当数量的祠庙、"驿学"和沿街商铺体现出当时人口的繁盛和文化的昌盛，是保护的重点。

2. 保护修缮技术措施

对与驿站防御功能直接相关的古城墙、瓮城、挡水坝及城墙上的垛墙、瞭望孔、排水孔等进行整体保护，对残毁开裂等病害严重的垛口墙进行修缮。对于古城的肇基环境，鸡鸣山和惠民河进行开发保护，保护护城河水系和护城石坝。

保护"三横二纵"的街巷结构和3区9块12片"井"字形用地格局。梳理现状道路交通，完善道路设施，展现街巷风情。对前街从西城门至关帝庙的中轴线包含药铺、财神庙、面铺、酱坊、客栈、店房、关帝庙、名人故宅等历史建筑进行梳理，保留传统风貌特色，评估建筑情况，制定保护修缮对策，保护和恢复部分商业活动。

对现有的驿丞署、驿馆、驿学、马号、大仓、寺庙等明清古建筑进行清理腾退，对其蕴含的历史信息进行梳理，建立历史建筑档案，探讨合理的展示和阐释。古面铺、信诚永等店铺及现状保护较完好的古民居保持"四合院"传统建筑形态。对现状部分残存如基址的西凉古城遗址、碑文、壁画等进行原状保护，探讨数字化展示。

五、英谈村

1. 核心价值与保护逻辑

英谈村是在营盘基础上建立起来的村落，村外筑高墙，长约2000米，以抵御土匪的入侵，村落空间具有高度防御性特征。村内大街小巷四通八达，院落小巷相互连接，体现了生活和军事的双重需要。

英谈村是风格完整、特色鲜明的太行山古村落，其空间形态、街道格局和建筑风格保存完好。村内的四座建筑、寨墙与寨门、桥梁等均为明末清初所建。因地处太行山区，英谈村石材资源丰富，民居、寨墙、石桥石巷等均为红石所建，红石构成的城堡群是英谈村的特色，体现了太行山的红石建筑文化。英谈村有四大堂，分别是贵和堂、汝霖堂、德和堂和中和堂，是村内宗族文化的象征。"七七事变"后鹿钟麟曾在中和堂办公，八路军冀南银行总部和兵工厂也曾设在英谈村，这些都是近现代革命的遗迹，也是宗教文化与革命文化的体现。以上应在保护中重点考虑。

2. 保护修缮技术措施

保护山体、植被、河流等传统景观，控制不同区域的建筑高度，使风貌协调一致。为保护街巷的规模和尺度，不得破坏原有的材料、色彩。进村道路适当拓宽，水泥路面改为石路面。协调好后英谈、前英谈、东庄三个自然村之间的关系，重点保护村落肌理保存较为完好的后英谈村。

对英谈村公共空间的位置和形态进行梳理，并对存在的问题和功能缺陷进行调整。英谈村的代表性建筑是贵和堂、汝霖堂、德和堂、中和堂，在村内占据核心地位，对其进行重点保护与修缮。

保护英谈村红石建筑的风格，充分发挥当地多样的砌筑方式，对粘结剂的配置、石材的选择及堆砌的方法进行总结，结合当代古建筑加固的新材料、新技术制定保护方案，对特色石头建筑进行保护。修缮加固村寨围墙、大门、古桥，整修古桥水泥护栏。对村内百年以上的古树进行登记与保护，加强村落石碾、石磨的保护，可在周围适当修建休憩空间，结合特色元素增加公共空间。保持英谈村梯田的完整性与层次性。

六、冉庄村

1. 核心价值与保护逻辑

冉庄村是典型的团状结构村落，具有华北平原中部传统村落的独特形态和结构。村落以东西大街、南北大街为主干，形成"十"字形框架结构，是"一心、两轴、多巷"的空间布局，村内拥有较多承载精神生活功能的寺庙。

冉庄村保存了较为完整的空间格局，目前保留有20世纪三四十年代冀中平原的风貌，村内路网格局基本保存了原状，支线道路与胡同基本为纵横排列，传统院落集中于两侧巷内，构成了具有不同风格特点的北方传统村落空间格局。

冉庄村有独特的建筑构造与装饰，村内房屋多建于20世纪三四十年代，以青砖砌筑，注重重点部位的建筑艺术性，通过在檐下及门窗四周的砖雕加强轮廓。南北街中段的传统商铺保持了原有的风貌，十字街部分传统风貌保存较好。冉庄村有光辉的地道战红色历史，村内地道战作为抗日战争的重要遗址，保留着地道战遗址、庙堂、古井、古树等承载历史记忆的元素，在保护中应重点考虑。

2. 保护修缮技术措施

保护原有的历史空间格局，街巷空间的控制向外延伸西至西环路，东至张望公路，南至九龙河，北至张望公路，确保此范围的新建建筑与传统风貌相协调，不影响视廊。

保护和修缮历史街巷，统一街巷建筑的整体风格，保护街巷两侧具有传统历史风貌的建筑立面和风格。重点保护十字街，保护现状6米内的街道风貌，对街边两侧坍塌的建筑进行修缮，维护与十字街相连街道的连续性与通畅性。对街巷建筑风格立面进行整治，并进行分类保护，整治街巷景观。

保护地道战遗址，全面整治与修复地道口，梳理现存作战设施的种类，在修复时确保各类型的完整。对于已经开放的地道进行定期的维护与管理。

保护冉庄村历史环境要素，加固十字街路口的古槐树、古钟，保护修复九龙桥，将其作为村内重要的景观节点，保护反映村民生活的古井、石碾等节点，结合节点设置公共空间，提升空间的丰富性。

七、伯延村

1. 核心价值与保护逻辑

伯延村南依太行山支脉鼓山，北临南洺河，地势南高北低。村落地处盆地，村里的富商经常受到土匪的侵扰，因此村落的整体格局具有较强的防御性特征。总体格局为多层次向心式，以家庭为基本单位，由外向内分为三个层次，分别是大家族聚居区、单一家族居住区、同家族血亲的独立住宅，房家庄园与徐家庄园是独立住宅的典型代表。村内的建筑以层次递进式体系排列，由外至内分别是村落围墙、围墙外巷道、内巷道、宅院外墙，防御能力依次提升，以确保内部核心区的安全。

伯延村保留了原有的"九进三出归一处"街巷格局，院落为堡垒式组团结构，以各个庄园作为防御体系的基本单位，其中包括灵活的院落布局方式、竖向的防御机制、特色的细部防御伪装口，房家庄园、徐家庄园作为该村的典型代表，应重点保护。元宝坑广场是伯延村面积最大的公共空间，广场区域内现存一颗古槐树。伯延村有村口阁、街心阁、街巷阁等各种类型的阁，均建于清末及民国时期，村内的庙宇也极其普遍，规模与类型各不相同，包括关帝庙、菩萨庙、奶奶庙等。伯延村的城墙并非独立式围墙，而是各个庄园外墙的组合，体现了村落防御节点元素，在保护时应给予足够重视。村里现存有古桥、古碑、古树等，古桥是古时伯延人交通的重要通道，村内的石碑存量极多，大部分嵌于庙宇的墙上，在保护时应将承载历史载体的元素列为重点。

2. 保护修缮技术措施

划定东起大庙沟，北至伯延小学，西至清泉街，南至程家花园为保护范围，明确规定该范围内的街道空间保持原有的规模和色彩，保留现有的青石路面，现有的电线等做隐藏处理，整体风貌符合传统特色。

保护村内主要街巷，如徐家街，首先对沿街建筑进行保护评定，按不同等级分类制定保护措施，重点对徐家庄园、武伦佩故居进行修缮，以"修旧如旧"为原则，保持其风貌原真性，可在街巷中适当加入环境设施以提升街道环境的整洁。

保护完善公共空间，重点整治沿街立面与商铺立面，确保整体风格的统一，对元宝坑以北的古槐树进行登记保护，围筑树池，可将其作为整个广场的景观中心。

保护非居住建筑"阁"，伯延村的丁字阁建于清代，是伯延人自身文化的代表之一。对丁字阁阁座部分进行维修，采用传统材料加固以确保通行安全，对阁楼的庙宇屋架部分进行维修检测，对屋面进行修整，加强防水，拆除新建空庙，恢复庙宇原始风貌。

清理古桥桥洞下的垃圾，清除桥面垃圾与泥土，同时清理桥体，定期检查古桥主体结构，将其作为伯延村的重要景观节点。

八、安子岭村

1. 核心价值与保护逻辑

安子岭村由西南东北走向的山岭形成的沟峪连接山寨和村落，肇基环境保留较好，可以体现选址之初农业经济背景下生存资源环境选择的考量。村落顺沿两侧山岭而建，形成了若干个组团，由菩萨庙、关帝庙等公共建筑联系，呈现不规则的自然形态。村中古河道常年干涸，河道上有单孔石桥。村落以青石砌筑为主的传统民居，体现了村落的建造对地方材料的依赖和地区环境的应对，具有山地聚落的特征。

村中的菩萨殿、关帝庙、祠堂、磨坊等古建筑构成了布局结构，阴阳日月池在满足村落给水、排水需求的基础上作为风水池集中体现了村民的精神生活需求，是地区文化的反映。南北两侧山坡分别由河道两侧的道路进入，南侧旧村以两条主要街道进入，主街两侧伴有宅前巷道，交通道路格局较为舒展。安子岭村民居院落格局保存基本完整，但由于缺水、坡度较大，现代交通难以进入等现实问题逐渐被闲置。

2. 保护修缮技术措施

保护村落周围山峰、沟域、河道、古树等肇基环境。梳理村落的交通道路格局，对街巷立面进行整饬。保护安子岭村的主街，新建建筑需要保持原地面标高。梳理街巷界面，延续传统的青石材料，道路和开阔处可以依据使用需求改善材料处理的精细度，适度调整材料的铺砌方式。对当街"活戏楼"所在的东部位置及所留下的柱坑进行保护，节庆时可恢复传统戏曲演绎等活动。日池月池周边的栏杆选择传统材料，定期对池内进行垃圾清理和水体净化，恢复传统风貌。

对菩萨殿、关爷庙等文物保护单位进行保护修缮，油坊、磨坊等场所和制作器具承载了众多历史信息，予以保留和展示。对传统民居建筑视情况进行结构加固、原貌修复，定期进行日常保养，做好保护研究的档案记录。民居修缮以采取传统材料和做法为主，适应现代生活需求可以进行功能布局的调整。对保存完好的木门窗原物及图样进行定期维护和图样留底。

聚落名称	地点	历史	类型（职能）	级别	页码
安子岭村	河北省邯郸市	明初	农业	第一批中国传统村落	148
王硇村	河北省邢台市	明永乐	农业	第六批中国历史文化名村 第二批中国传统村落	149
大梁江村	河北省石家庄市	元末明初	农业	第五批中国历史文化名村 第一批中国传统村落	159
于家石头村	河北省石家庄市	明成化	农业	第三批中国历史文化名村 第一批中国传统村落	164
上苏庄村	河北省张家口市	嘉靖二十二年（1543年）	农业	第六批中国历史文化名村 第一批中国传统村落	169
倒坮村	河北省邯郸市	不详	半农半牧	—	176
渐凹村	河北省邢台市	元末明初	半农半牧	第三批中国传统村落	181
西道沟村	河北省保定市	不详	半农半牧	—	185
郑家窑村	河北省张家口市	唐代（追溯） 辽代（繁荣）	手工业	—	193
冶陶村	河北省邯郸市	明永乐（繁荣）	手工业	第一批中国传统村落 第五批中国历史文化名镇	199
鱼林沟村	河北省邢台市	明末清初（繁荣）	商贸	第七批中国历史文化名村 第五批中国传统村落	207
固新村	河北省邯郸市	唐末	商贸	第一批中国传统村落	214
英谈村	河北省邢台市	明永乐	堡寨	第三批中国历史文化名村 第一批中国传统村落	224
水涧子堡	河北省张家口市	清乾隆	堡寨	第二批中国传统村落 第四批河北省历史文化名村	230
前上营村	河北省张家口市	明洪武	堡寨	—	236
开阳堡	河北省张家口市	战国（追溯） 唐代（繁荣）	戍堡	第一批中国传统村落 第六批中国历史文化名村 第一批河北省历史文化名村	241
西大坪	河北省张家口市	明代	戍堡	—	248
小枣堡	河北省张家口市	明代	戍堡	—	250

[1] 史云扬, 张益宾, 郝晋珉. 乡村振兴背景下河北省县域乡村发展类型及其乡村性评价研究 [J]. 中国农业资源与区划, 2021, 42 (04): 18-28.

[2] 杨文斌, 王雯悦, 刘莉, 焦学佳. 生存理性视角下的山地聚落选址及其空间格局研究——以河北省没口峪村为例 [J]. 华中建筑, 2021, 39 (02): 104-108.

[3] 黄燊, 赵逵, 王特. 河北省邢台市路罗镇英谈古寨——国家历史文化名城研究中心历史街区调研 [J]. 城市规划, 2020, 44 (10): 73-74.

[4] 张慧, 蔡佳祺, 肖少英, 刘晶晶, 岳小超. 太行山区传统村落时空分布及演变特征研究 [J]. 城市规划, 2020, 44 (08): 90-97.

[5] 王苗, 梁海娟, 谢超. 乡村振兴背景下张家口市蔚县传统村落价值分析 [J]. 河北建筑工程学院学报, 2020, 38 (03): 60-67.

[6] 魏占杰, 高景霄. 白洋淀水文化资源的保护与开发利用研究 [J]. 城市发展研究, 2020, 27 (05): 18-22.

[7] 杨文斌, 刘莉, 王慕宇. 共生思想视域下传统聚落保护与活化研究——以武安万谷城村为例 [J]. 石家庄学院学报, 2020, 22 (03): 16-23.

[8] 张慧, 范旻昕, 赵春梅, 张雪旸, 蔡佳祺. 冀西山地传统村落空间形态特征探析——以河北省大梁江村为例 [J]. 河北工业大学学报 (社会科学版), 2020, 12 (03): 89-94.

[9] 范霄鹏, 李伯炎. 沟峪聚落 邢台市路罗镇鱼林沟村 [J]. 室内设计与装修, 2020 (09): 134-137.

[10] 范霄鹏, 姚尚远. 崖上石寨 邯郸磁县陶泉乡倒垛村 [J]. 室内设计与装修, 2020 (08): 134-137.

[11] 李晶晶. 乡村振兴战略下河北省传统村落的保护与发展研究 [J]. 国土与自然资源研究, 2020 (04): 83-85.

[12] 星球研究所, 中国青藏高原研究会. 这里是中国 [M]. 北京: 中信出版集团股份有限公司, 2019.

[13] 林祖锐, 韩刘伟, 张潇, 王帅敏. 河北阜平传统聚落的空间格局与建筑特色分析 [J]. 南方建筑, 2019 (01): 58-63.

[14] 董成. 河北省暖泉古镇历史文化特色研究 [A]//中国建筑学会建筑史学分会, 北京工业大学. 2019年中国建筑学会建筑史学分会年会暨学术研讨会论文集 (下) [C]. 中国建筑学会建筑史学分会, 北京工业大学: 中国建筑学会建筑史学分会, 2019: 1.

[15] 林琢, 吉少雯. 北方地区传统村落规划改造和功能提升——梁村、冉庄村传统村落保护与发展 [M]. 北京: 中国建筑工业出版社, 2018.

[16] 黄锰, 蔺兵娜. 迁移与流变: 冀南川寨的山地融合特征与生态适应——以河北省沙河市王硇村为例 [J]. 城市建筑, 2018 (23): 45-48.

[17] 范勇, 袁赟, 王林申, 马明春. 乡村振兴背景下传统村落空间的重塑与再生路径探析——以磁县徐家沟乡村规划为例 [J]. 西部人居环境学刊, 2018, 33 (03): 96-101.

[18] 解丹, 邱赫楠, 谭立峰. 河北省太行山区关隘型村落特征探析——以明清时期保定市龙泉关村为例 [J]. 建筑学报, 2018 (S1): 81-86.

[19] 杨文斌, 杨恒, 代汝宁. 冀南武安伯延村传统建筑防御体系研究 [J]. 河北工程大学学报 (自然科学版), 2018, 35 (02): 89-94.

[20] 邓晗, 张晨. 蔚县寨堡聚落防御性特征初探——以上苏庄村为例 [J]. 遗产与保护研究, 2018, 3 (07): 134-137.

[21] 朱宗周, 周典, 薛林平, 马頔瑄. 文化线路视角下的井陉古道及沿线传统村落调查研究 [J]. 新建筑, 2018 (03): 158-162.

[22] [日] 芦原义信 著. 外部空间设计 [M]. 尹培桐, 译. 北京: 中国建筑工业出版社, 1985.

[23] 邹逸麟. 中国历史人文地理 [M]. 北京: 科学出版社, 2017.

[24] 潘玉君, 伊继东, 孙俊等. 中国民族地理 [M]. 北京: 科学出版社, 2017.

[25] 刘君德, 靳润成, 周克瑜. 中国政区地理 [M]. 北京: 科学出版社, 2017.

[26] 王恩涌. 中国政治地理 [M]. 北京: 科学出版社, 2017.

[27] 王恩涌, 胡兆量, 周尚意, 赫维红, 刘岩. 中国文化地理 [M]. 北京: 科学出版社, 2017.

［28］周立三. 中国农业地理［M］. 北京：科学出版社，2017.

［29］陈航，张文尝，金凤君等. 中国交通地理［M］. 北京：科学出版社，2017.

［30］谢空，王珊. 冀南地区传统村落风貌保护现状探讨［J］. 山西建筑，2017，43（26）：7-8.

［31］息琦，董健菲. 河北井陉大梁江传统村落民居形态及"活化"保护研究［J］. 城市建筑，2017（23）：69-71.

［32］范霄鹏，祝晨琪. 河北开阳堡乡土聚落调查［J］. 中国名城，2017（09）：84-90.

［33］范霄鹏，刘晓卫. 立堡破朔风 前上营村乡土田野调查［J］. 室内设计与装修，2017（08）：128-131.

［34］张伟然. 历史与现代的对接：中国历史地理学最新研究进展［M］. 北京：商务印书馆，2016.

［35］李颖欣，范霄鹏. 河北井陉县大梁江村民居田野调查［J］. 古建园林技术，2016（01）：59-63.

［36］杨宽. 中国古代都城制度史研究［M］. 上海：上海人民出版社，2016.

［37］林祖锐，理南南，余洋，冯明丽. 太行山区历史文化名村传统街巷的特色及保护策略研究［J］. 工业建筑，2015，45（12）：74-78+103.

［38］聂湘玉，张琰，孙立硕，翟杨杨，刘秉良. 传统村落类型与价值认定——以河北石家庄市域传统村落为例［J］. 规划师，2015，31（S2）：198-202.

［39］张敏，戴荣，彭奕涛，黄逸中. 张家口万全古城保护与旅游发展规划［J］. 中国名城，2015（05）：50-54.

［40］吴巍，刘硕，邢天河. 河北蔚县石家庄历史文化名村保护规划探析［J］. 小城镇建设，2015（05）：85-89.

［41］范霄鹏，石琳. 河北蔚县暖泉镇生土聚落田野调查［J］. 古建园林技术，2015（03）：53-56.

［42］孙春杰，刘秉良，聂湘玉. 井陉县域传统村落调查研究［J］. 湖南农业科学，2014（14）：62-64.

［43］李泽光. 河北蒙古族历史文化概述［J］. 西部蒙古论坛，2014（03）：78-82，128.

［44］国家文物局. 中国文物地图集. 河北分册（上）［M］. 北京：文物出版社，2013.

［45］周振鹤. 中国历史政治地理十六讲［M］. 北京：中华书局，2013.

［46］邹逸麟. 中国历史地理概述［M］. 第3版. 上海：上海教育出版社，2013.

［47］王子今. 秦汉交通史稿［M］. 北京：中国人民大学出版社，2013.

［48］林建桃，曹磊. 古城保护与利用对策研究——以正定为例［J］. 天津大学学报（社会科学版），2013，15（05）：432-435.

［49］沈旸，梅耀林，徐宁. 民间智慧的惠泽与反哺——英谈历史名村的农村面貌改造提升［J］. 建筑学报，2013（12）：27-32.

［50］赵勇，唐渭荣，龙丽民，王兆芳. 我国历史文化名城名镇名村保护的回顾和展望［J］. 建筑学报，2012（06）：12-17.

［51］王卫. 河北地理［M］. 北京：北京师范大学出版社，2012.

［52］方韬译注. 山海经［M］. 北京：中华书局，2011.

［53］侯仁之. 历史地理研究：侯仁之自选集［M］. 北京：首都师范大学出版社，2010.

［54］辛塞波. 特定文化结构下传统聚落特征考略——以河北怀来鸡鸣驿为例［J］. 建筑学报，2009（S2）：58-62.

［55］未撇，罗香. 石头古村落——井陉于家村［J］. 中国名城，2009（09）：61-64.

［56］严耕望. 唐代交通图考［M］. 上海：上海古籍出版社，2007.

［57］李孝聪. 中国区域历史地理［M］. 北京：北京大学出版社，2004.

［58］刘华领，莫鑫，杨辉. 古村落的保护与开发策略研究——以河北省井陉县于家石头村为例［J］. 规划师，2004（12）：80-83.

［59］王尚义. 刍议太行八陉及其历史变迁［J］. 地理研究，1997（01）：68-76.

［60］刘全友. 河北省坝上尚义县自然环境特征与沙化的关系研究［J］. 环境科学进展，1996（05）：48-55.

［61］（清）顾祖禹 撰. 读史方舆纪要选译［M］. 陆岩司，程秀龙，吕福利，译. 太原：山西人民出版社，1978.

　　由绵延奔腾的太行山脉和燕山山脉环绕，南临漳河、东奔渤海的河北省，拥有着多样的自然地理形态和地貌类型，蕴含有深厚的历史演进脉络和人文环境。丰富的地区资源和地貌类型，建构起了河北传统聚落的地区特征；深厚的历史地理和人文环境，构建起了栖居于传统聚落中人群的社会特征，两者相互叠加并相互作用，共同建构起了河北多姿多彩的传统聚落，在聚落选址、功能类型和结构形态等诸多方面极具特点。数量众多的历史文化名城、名镇和名村，以及各级文物保护单位和传统村落，以其丰富的建成环境资源与特色，吸引了各领域的专家学者开展广泛和深入的研究，形成了丰硕的研究成果。这些丰富的研究成果，对于本书的写作有着重要的基础价值。

　　传统聚落虽由众多的民居建筑、民居院落或民居建筑群组成，但认识到聚落的规模并非民居建筑群的扩大版；认识到聚落作为一类独立的对象有其相应的研究尺度，且并非仅是民居建筑研究尺度的扩大版。聚落和民居同为承载人的栖居生活而建，但认识到聚落营造对应的是栖居人群社会而非仅是人们的家庭；聚落和民居同由实体与空间组成，但认识到聚落更侧重关注"门外"空间的功用，而非关注空间的形态与"门内"空间的功用。基于这样的认识，本书从传统聚落的地区"点状"分布和地点"面状"建设两个层级开展写作，并尝试结合传统聚落的建成环境状况和特征，展开从描述性表述→解释性表述→规律性论述的研究。

　　本书作者虽有数十年翻山越岭调查民居建筑、调查传统聚落的经历，但由于企望离开传统聚落建成环境的硬营造，来论及其物质空间建造的软规律，所以时常感到资料的缺乏和聚落调查得不够细致，导致枯坐灯下、下笔艰涩的同时，也促使不断南奔山中、北奔雪中反复调查。虽收集了大量的资料，但也拖延了大量的写作时间，幸得中国建筑工业出版社的唐旭、李东禧和吴绫主任以及孙硕编辑的理解、支持与宽容，在此一并表示感谢。

　　本书作为"中国传统聚落保护研究丛书"中的一册，自立项至今已历三年有余，多事缠身下的断断续续写作总归效率有缺，所幸赶上了最后的交稿。在这三年多期间，中国建筑工业出版社艺术中心组织了多次各分册作者的交流会议，每每对比其他分册作者的写作进度、每每看到几位主任与编辑"欲催又止"的眼神，只能权当赶上了提升心理素质的机会，在此一并表示愧疚。

　　本书的写作得到团队中众多研究生的支持和帮助，孙小鹏和薛碧怡两位博士帮着收集保护规划的案例，以及承担终稿插图工作；张德欢、范雨民、纪昕雨、李伯炎、杜佳馨和张文六位硕士绘制了聚落的分析图。书稿的完成，离不开整个"饭团"团队所有成员的相互协作和共同努力。

本书从编写到成稿，离不开编委会顾问和各方面专家的帮助。感谢丛书主编华南理工大学陆琦教授对写作取向的支持，感谢太原理工大学朱向东教授对本书的细致审稿。北京建筑大学的吉少雯老师，听说作者在写河北传统聚落，特意将她与林琢老师编著的《北方地区传统村落规划改造和功能提升》相赠，借此书稿提交之际，顺表衷心的感谢！

图书在版编目（CIP）数据

中国传统聚落保护研究丛书. 河北聚落／范霄鹏著
. —北京：中国建筑工业出版社，2021.12
ISBN 978-7-112-26560-2

Ⅰ.①中… Ⅱ.①范… Ⅲ.①乡村地理—聚落地理—
研究—河北 Ⅳ.①K928.5

中国版本图书馆CIP数据核字（2021）第185329号

本书以归纳河北省传统聚落空间分布规律、结构生长逻辑和地区建构共识等为研究梳理的出发点，在河北省域范围内已获历史文化名城名镇名村以及传统村落称号的聚落中，选取不同自然生境和人文生境中的聚落类型，论述其与环境之间的对应性关联和聚落本体建造的结构性规则，开展对传统聚落规律化建构的探索，对于数量众多且形态各异的传统聚落开展"求同"研究，在当代的保护传承和今后的地区建造实践汇总有着现实的意义，也有助于为传统聚落的后续跨学科和转型研究提供参考。本书可供建筑、城乡规划、风景园林、人文地理、文物保护等相关专业的读者及文化旅游爱好者参考阅读。

扫一扫
观看本卷聚落视频资源

责任编辑：唐 旭 胡永旭 吴 绫 贺 伟 张 华
文字编辑：孙 硕 李东禧
书籍设计：付金红 李永晶
责任校对：王 烨

中国传统聚落保护研究丛书

河北聚落

范霄鹏 著
*
中国建筑工业出版社出版、发行（北京海淀三里河路9号）
各地新华书店、建筑书店经销
北京锋尚制版有限公司制版
天津图文方嘉印刷有限公司印刷
*
开本：889毫米×1194毫米 1/16 印张：21¾ 插页：9 字数：568千字
2022年12月第一版 2022年12月第一次印刷
定价：**238.00**元（含视频资源）
ISBN 978-7-112-26560-2
（36758）